적그리스도의 영을 정복하라

Conquering the antichrist spirit

By Sandie Freed

Copyright ⓒ 2009 By Sandie Freed
Published by Chosen Books
A division of Baker Publishing Group
P.O Box 6287, Grand Rapids, MI 49516-6287

Korean translation Copyright ⓒ 2010 by Pure Nard
2F 774-31, Yeoksam 2dong, Gangnam-gu, Seoul, Korea

The Korean edition is published by arrangement with Chosen Books
All rights reserved.

본 저작물의 한국어판 저작권은 Chosen Books와의 독점 계약으로 한국어 판권은 '순전한 나드'가 소유입니다.
저작권자의 허락 없이 이 책의 일부 또는 전체를 무단 복제, 전재, 발췌하면 저작권법에 의해 처벌을 받습니다.

적그리스도의 영을 정복하라

초판발행 | 2012년 2월 20일

지은이 | 샌디 프리드
옮긴이 | 장보식

펴낸이 | 허철
편집 | 송수자
디자인 | 오순영
인쇄소 | 고려문화사

펴낸곳 | 도서출판 순전한 나드
등록번호 | 제2010-000128
주소 | 서울 강남구 역삼2동 774-31 2층
도서문의 | 02) 574-6702 / 010-6214-9129
편집실 | 02) 574-9702
팩스 | 02) 574-9704
홈페이지 | www.purenard.co.kr

Printed in Korea

ISBN 978-89-6237-111-6   03230

적그리스도의 영을 정복하라

샌디 프리드 지음

✼ ✼ ✼

저를 위해 기도하시는 신실한 중보기도자들에게 이 책을 바칩니다. 그 분들의 "파수"가 없었다면 이 책은 출판될 수 없었습니다. 또한 나의 영적 가족들인 시온 미니스트리의 모든 분들께 이 책을 바칩니다. 미니스트리의 한 분 한 분을 생각하지 않고 보낸 날들이 없었으며, 여러분의 헌신이 있었기에 금요 모임인 "Friday Fire"도 존재할 수 있었다는 사실도 잊어버린 적이 없습니다. 이 책은 하나님의 나라를 이루기 위하여 모두가 힘을 합한 노력의 산물입니다. 여러분 모두가 제 마음을 사로잡았으며, 또 여러분을 통해서 제 눈이 열렸습니다. 여러분으로 인하여 "영원히 지속될 수 있는 관계"의 소중함도 깨달았습니다.

Contents

추천의 글 • 8
감사의 글 • 20
서문 • 22

제 1 부

1장 적그리스도와 그의 사악한 구조 • 29
2장 하늘의 법정 • 51

제 2 부

3장 광야로부터의 해방 • 83
4장 씨를 품으라 • 105
5장 헬라 사상과 거짓 가르침 • 123

Conquering the antichrist spirit

제 3 부

6장 약속의 땅을 차지하라 Ⅰ • 155

7장 약속의 땅을 차지하라 Ⅱ • 181

제 4 부

8장 광야의 정류장들 • 203

9장 제련가의 불과 천국의 열쇠 • 227

10장 시내 광야에서 시온까지: 광야의 여정 중에 있는 언약궤 • 245

제 5 부

11장 40일이냐? 40년이냐? • 271
　　　광야로부터의 해방을 돕고 적그리스도의 구조를 벗어나도록 돕는 40일 기도 지침

미주 • 300

추천의 글

"너희를 대적하는 원수는 분명히 존재한다. 그러나 너희 안에
거하는 나는 이 세상에 있는 그 어떤 원수보다 크고 강하다"

어느 날 새벽 두시에 나는 주님의 임재를 구하고 있었다. 그날은 잠을 청해 봐도 잠이 오지 않았다. 사실 한순간 잠깐 졸기는 했다. 하지만 그 순간 깜짝 놀랄만한 꿈을 꾸었고 그 꿈으로 인하여 완전히 잠에서 깨었다. 꿈속에서 나는 어느 교회에서 훈련팀원들과 함께 동그랗게 둘러앉아 있었다. 그런데 갑자기 그중 한 명이 사람의 모습에서 우리가 흔히 알고 있는 루시퍼의 모습으로 바뀌었다. 앉아 있던 사람들 중에서 유일하게 나만 그 변형을 알아보았다. 잠시 후 그는 아무개(John Doe)[1]로 바뀌더니 다시 루시퍼로, 그리고 또다시 아무개로 바뀌었다. 그런데 당황한 것은, 내가 그의 정체를 알고 있다는 것을 그도 알고 있었다는 것이며, 다른 사람들은 그의 외모에 넋을 잃고 있었다는 것이다.

나는 잠에서 깨자마자 거실로 가서 무릎을 꿇고 기도하며 주님의 임재를 구하였다. 그때 위의 말씀을 나에게 주시며, 이어서 주님께서는 다음과 같이 말씀하셨다. "두려워 말라, 너는 원수들의 공격을 역이용하여 원수들을 이기게 될 것이다. 지금도 역사하는 원수를 분별할 수

있는 능력을 네게 주겠노라."

매우 많은 변화들, 체계와 구조의 변경과 재조정, 그리고 나라들이 재편성되는 상황 속에서 우리는 누가 적인지 분별할 줄 알아야 한다. 누가 적이며, 그 적은 어떤 행동을 하는지 아는 것은 전쟁의 수행에 있어서 대단히 중요한 일이다. 이를 위하여, 먼저 적그리스도의 체계에 대한 깊은 이해를 가져야 한다. 특정한 적그리스도 한 명에 대한 이해를 말하는 것이 아니다. 그리스도의 몸 된 교회의 전진을 직접적으로 훼방하는 "사악한 체계"를 말하는 것이다.

샌디 프리드의 저서인 《적그리스도의 영을 정복하라》는 이 시대에 주신 놀라운 도구이다. 이 책은 일반적인 삶 속에서는 거의 나타나지 않는 "영적 씨름"에 관한 주제를 다루고, 복잡한 "대적의 체계"를 명료하게 설명해 주었고, 승리의 삶을 살 수 있는 통찰력을 제공하는 유용한 매뉴얼을 준비해 주었다.

우리는 모두 광야의 시간을 통과하게 될 것이다. "예수님께서 지상명령을 주신 이후, 우리에게 주시는 첫 번째 과제가 바로 광야이다. 예수님께서 대적자를 만나셨다면, 우리도 대적자들을 만나게 될 것이다." 주님은 모든 종류의 광야를 어떻게 통과하는지를 보여주신 분이다. 주님은 적그리스도의 영을 직면하셨고 또 극복하셨다. 이 일을 하신 주님이 우리 안에 계셔서 우리를 위하여 또 하실 것이다.

샌디는 우리가 만날 "광야 경험"의 정의만 내린 것이 아니라 광야기간 동안 직면하고 극복해야 할 대상인 지옥의 지배자가 누구인지에 대하여도 정의했다. 이 책은 우리에게 사악한 영적 체계를 헤치고 나갈 방향을 제시하는 지도이며 안내서이다.

요한일서와 요한이서는 우리에게 적그리스도의 정체를 알 수 있는 단서들을 제공해 준다. 요한일서 2장 18절은 "아이들아 지금은 마지막 때라 적그리스도가 오리라는 말을 너희가 들은 것과 같이 지금도 많은 적그리스도가 일어났으니 그러므로 우리가 마지막 때인 줄 아노라"라고 말한다. 22절이 이렇게 보충한다. "거짓말하는 자가 누구냐 예수께서 그리스도이심을 부인하는 자가 아니냐 아버지와 아들을 부인하는 그가 적그리스도니." 요한일서 4장 3절은 이렇게 말한다. "예수를 시인하지 아니하는 영마다 하나님께 속한 것이 아니니 이것이 곧 적그리스도의 영이니라 오리라 한 말을 너희가 들었거니와 지금 벌써 세상에 있느니라."

요한이서 1장 7절이 결론을 맺는다. "미혹하는 자가 세상에 많이 나왔나니 이는 예수 그리스도께서 육체로 오심을 부인하는 자라 이런 자가 미혹하는 자요 적그리스도니."

"적그리스도"라는 단어는 요한일서와 이서에서만 나오지만 기원을 따라 올라가면 구약성경, 곧 다니엘이 말세에 관한 환상을 보았던 장면에서 그 뿌리를 찾을 수 있다. 다니엘 7장 25절을 보면 하나님과 그의 백성들을 대적하는 한 지배자(적그리스도, 일반적 의미에서 그리스도의 대적인 적그리스도가 아닌 마지막 때 등장할 인물인 "적그리스도")에 대한 이야기가 나온다.

하지만 전체의 내용은 마지막 때 등장할 특정한 인물인 적그리스도가 아니라 하나님과 성도들을 대적하는 대적의 영인 적그리스도의 체계에 대하여 설명하고 있다. 이 적그리스도의 체계는 의인들을 심각하게 핍박

할 것이며, 자신을 숭배하도록 강요하게 될 것이다(단 8장 참조).

역사를 통하여 볼 때 항상 적그리스도라고 여겨질 만한 사람들이나 체계가 있었다. 적그리스도의 체계라고 생각될 만한 제국들도 있었다. 적그리스도의 체계는 다음과 같은 특징을 가지고 있다.

1. 예수님의 성육신과 신성을 모두 부인한다. 또는 예수님의 인성은 인정하지만 신성은 부인한다.
2. 대부분 강력한 카리스마를 가지고 체계를 구축하면서 스스로 자신을 "구원자"로 높인다.
3. 마귀의 영감을 받은 사악한 힘을 가지고 있으며 잘 조직된 체계를 가지고 있다. 나치주의와 공산주의가 현대의 대표적인 적그리스도의 체계이다. 하지만 적그리스도 체계는 정권을 잡지 않고서도 하나님의 뜻에 반대되는 가치와 신념을 통해서 전국을 장악하기도 한다.

나의 책 《교회가 싸울 미래의 전쟁》(The Future War of the Church)에서, 나는 적그리스가 역사하는 다섯 영역에 대하여 설명을 했는데, 사실 이 영역은 많은 그리스도인들에게 곧잘 무시되었다. 어쩌면 이 영역들이 중요하지 않게 보일 수도 있다. 하지만 이러한 영역에 속한 태도를 가진 사람들이 장악한 곳에 하나님의 축복이 임할 수 없다는 사실을 사탄은 매우 잘 알고 있다.

이 다섯 방법을 사용하여 한 지역을 더 많이 장악할수록, 사탄은 그 영역 안에 있는 사람들의 마음을 더 많이 가릴 수 있는 능력을 얻게 되어 그들로 하여금 복음의 영광스러운 빛을 못 보게 할 수 있다. 그러므로 교회가 최후의 승리를 얻기를 원하고, 또 영혼들을 위한 싸움에서 계속적으로 이기기를 원한다면, 이러한 싸움이 닥치기 전에 이 세계를 이해해야 하며, 싸울 전략을 얻어야 한다.

다섯 영역들은 아래와 같다.

1. 반유대주의(Anti-Semitism): 시온주의자들이나 종말론자들의 견해를 이해하든지 이해하지 못하든지, 혹은 수긍하든지 그렇지 않든지 관계없이 우리는 성경을 전체적으로 볼 수 있는 능력이 우리에게 없다. 또한 하나님께서 "영원함"이라는 단어를 종종 사용하시면서 이스라엘과 맺은 언약도 다 이해하지 못한다.

로마서 11장에서 사도바울은 이방인인 우리들에게 "우리는 그리스도를 믿는 믿음을 통하여 돌감람나무로부터 거룩한 나무(이스라엘)로 접붙임을 받아 거룩한 나무의 풍성함에 참여하게 되었다"라고 했다(롬 11:16-24 참조). 하나님께서 그 택하신 백성을 잊지 않으신다고 성경이 분명히 말씀한 이상, 믿는 자들은 이스라엘에 대한 수동적인 자세를 버려야 한다. 성경을 통하여 볼 때 이스라엘은 단지 하나님의 백성으로서의 역할만 감당했을 뿐 아니라, 그리스도의 몸인 교회를 예언적으로 나타내주는 역할까지 수행했음을 알 수 있다.

그렇기 때문에 사탄이 이스라엘 백성들에게 분노하였고 그들을 미워하였으며 또 그들의 멸망을 위하여 집요하게 일해 왔던 것이다. 반유대주의의 배후에 있는 존재가 바로 적그리스도의 영이다.

지난 세기 동안 우리는 아돌프 히틀러나 홀로코스트 등을 통하여 적그리스도의 영이 어떻게 반유대주의와 연결되어 있는지 볼 수 있었다. 히틀러는 악의 화신인 적그리스도로 여겨지기도 한다. 비록 그가 다니엘이 예언한 그 적그리스도는 아닐지라도 히틀러가 만들어낸 체계와 적그리스도의 체계가 동일하다는 면에서는 그를 적그리스도라고 부른 사람들의 말에도 일리가 있다. 히틀러의 주된 증오와 파멸의 대상이 바로 유대인이었기 때문이다!

하나님은 "하나님의 백성들"을 저주하는 그 어떤 개인이나 단체, 혹은 종교들을 축복하지 않으신다. 그러므로 당신이 살고 있는 지역에서 반유대주의가 일어나고 있지 않은지 주의 깊게 관찰해야 한다. 주님이 그 지역에서 계속하여 역사하실 수 있도록, 교회가 일어나 반유대주의 영을 대적하며 외쳐야 한다.

2. 예언 은사의 남용(Abuse of the Prophetic Gift): 모든 지역마다 그 지역 사람들이 찾는 방향을 제시해 줄 수 있는 사람이나 메시지를 전하는 "예언자의 소리"가 있다.

지난 수년 동안 주님께서는 교회 안에 예언의 은사를 회복시키셨다. 하지만 만일 우리가 예언자들을 세워주지 않는다면, 그 결과 그 지역에 하나님의 음성이 전달되지 못하게 될 것이며, 사탄이 우리의 침묵을 틈타 거짓 예언을 만들어서 모든 집단의 사람들을 장악할 것이다. 잠언 29장 18절이 말한다. "묵시가 없으면 백성이 방자히 행하거니와…."2) 이 구절은 예언적인 계시가 없을 때 백성들이 뒷걸음치게 되어 승리의 기회를 놓치게 된다는 의미이다. 미국은 지난 수십 년 동안 원수의 음성을 듣는 일에 온통 이끌려 왔다. 거짓 선지자들의 주절대는 소리는 우리로 하여금 도덕성을 따르게 하는 대신 맹목적으로 돈을 따르게 만들었고, 책임은 외면하게 만듦과 동시에 자유를 지나치게 강조하게 만들었다.

그 결과 이제 미국은 기독교가 사라진, 포스트 크리스천 시대로 접어들고 말았다. 이렇게 말할 수 있는 이유는, 아직 진정한 기독교가 남아있다면 이러한 일들을 용납하지 않았을 것이기 때문이다. 적그리스도가 꾸미는 주된 일 중의 하나가 바로 사람들을 진리의 복음으로부터 멀리 끌어내는 일이다.

하지만 하나님께서는 적그리스도의 영으로부터 오는 거짓된 예언적 음성에 대항하여 일어날 예언자들, 곧 남은 자들을 이 나라에 준비해 놓으셨다.

3. 여성 억압(Oppression of Women): 예수님의 지상 명령을 수행함에 있어서 여성의 역할은 중대하다. 남자를 돕거나 봉사

하는 그 이상의 역할이다! 남자와 여자가 교회에서 함께 나란히 일어날 때만 하나님의 형상이 최고로 그리고 명백하게 드러난다. 왜 마귀가 모든 계층에서 성별(性別)간의 일치를 파괴시키려 하는지 의아하는가? 사탄은 에덴의 회복을 참을 수 없으며, 에덴동산에서 그랬던 것 같이 남자와 여자가 결속되는 것도 견디지 못한다.

이러한 회복이 이루어지면 악한 뱀들의 권세가 파괴될 수밖에 없기 때문이다. 그래서 마귀는 이러한 일들이 교회뿐 아니라 가정에서도 일어나지 못하도록 방해한다. 여성을 억압하거나 여성에게 주신 하나님의 은사를 사용하지 못하게 만드는 것은, 교회를 "전쟁에서 절대로 승리하지 못하는 상태"로 머물게 하려는 마귀의 책략이다.

하나님은 우리의 결정이 아닌 하나님의 주권에 따라 소명을 주시고 기름을 부으신다. 성별에 관계없이 영적 은사를 받은 자들을 인정해주고 그들이 사역할 수 있는 길을 내어주는 것이 우리의 할 일이다.

이 일에 게으르면, 교회를 무능하게 만들려고 하며, 최소한 하나님의 예비하신 것에 비하여 조금이라도 덜 효과적인 교회로 만들려고 하는 적그리스도의 영에게 빌미를 제공하게 될 것이다.

4. 인종적 지배(Ethnic Domination): 하나의 인종 그룹이 다른 인종 그룹을 지배하게 될 때 적그리스도의 영이 활동하기 시작

한다. 학대, 지배, 억압, 권위주의 등 사람들을 노예화하거나 말살하는데 사용되는 도구들은 모두 복음의 강력한 영향력을 약화시키려는 원수의 교묘한 술수들이다. 이것이 바로 최근 수 년 동안 그리스도의 몸인 교회 안에서 "인종간의 화해"에 대한 집중적인 관심을 볼 수 있는 이유이다. 서로 한마음이 되어 회개한 결과로 나타난 화해는 오랫동안 적대시 하고 있던 여러 집단 사이에서 복음의 역사가 활발히 일어나게 되는 직접적인 원인이 되고 있다.

왜 회개가 부흥의 문을 열까? 적그리스도의 체계에 의하여 움직이는 억압과 지배로부터 우리를 벗어나게 하여 정반대 방향인 "하나님으로부터 오는 영들"을 향하게 하는 것이 회개이기 때문이다. 하나님께서 주신 전략인 회개는 모든 인종 그룹을 결박하고 복음에 눈먼 자가 되게 하는 사악한 구조의 배후를 파괴시키는 힘을 가지고 있다.

5. 변태 성욕(Sexual Perversion): 사람들의 눈을 멀게 하여 복음을 보지 못하게 하는데 사용되는 적그리스도 체계의 다섯 번째 무기는 변태 성욕이다. 변태(Perversion)란 "의도적인 반역, 사악함, 타락", 그리고 "옳은 것으로부터 돌이켜 멀어짐"이라는 사전적인 정의를 가지고 있다. 변태 성욕이 날뛰도록 내버려두는 사회는 스스로 자신의 생각을 적그리스도 체계에 열어주게 될 것이다. 왜냐하면 반역, 사악함, 진리의 타락 등을

묵인할 뿐 아니라, 점차 이러한 일들을 일반적인 일들로 여기게 될 것이기 때문이다.

실제로 하나님의 진리는 점점 "관대함이 부족한 것"으로 여겨지고 있으며, 원수는 이러한 생각을 가진 자들을 성적 방종이라는 올가미로 묶고 있다. 변태 성욕은 점점 더 옳은 것으로 여겨지는 반면 하나님의 진리는 점점 잘못된 것으로 여겨지고 있다. 이러한 추세는 이제 오늘날의 미국 사회에서 거부할 수 없는 일이 되어 버렸다. 사회는 점점 더 불법화 되고 있다. 뒷골목과 도심지의 폭력으로부터 상류사회 사람들의 범죄에 이르기까지 불법적인 행태는 점차 더 증가한다. 이 책은 적그리스도의 영의 권세와 활동에 대한 여러분의 이해를 도울 것이다.

불법과 적그리스도의 영의 활동에 대하여 이해하려면 다니엘서를 다시 읽어봐야 한다. 다니엘은 "옛적부터 항상 계신 이"에 대한 계시를 받은 사람이다.

> 내가 본즉 이 뿔이 성도들과 더불어 싸워 그들에게 이겼더니 옛적부터 항상 계신 이가 와서 지극히 높으신 이의 성도들을 위하여 원한을 풀어 주셨고 때가 이르매 성도들이 나라를 얻었더라 단 7:21-22

우리가 나라를 얻을 때까지, 즉 우리가 지배권을 가지고, 통치하며,

우리 주변의 모든 권세를 장악할 그때까지 "옛적부터 계신 이"는 계속하여 우리 편이 되어 주실 것이다. 그런데 24절과 25절을 보면 이런 말씀이 있다.

> 그 열 뿔은 그 나라에서 일어날 열 왕이요 그 후에 또 하나가 일어나리니 그는 먼저 있던 자들과 다르고 또 세 왕을 복종시킬 것이며 그가 장차 지극히 높으신 이를 말로 대적하며 또 지극히 높으신 이의 성도를 괴롭게 할 것이며 그가 또 때와 법을 고치고자 할 것이며 성도들은 그의 손에 붙인 바 되어 한 때와 두 때와 반 때를 지내리라

원수가 하려는 일을 주목하라. 그는 때와 법을 고치고자 할 것이다. 그는 법을 바꾸려고 할 것이며, 우리를 하나님의 시간으로부터 끌고 나오려고 할 것이다. 우리는 하나님께서 우리에게 법으로 정해주신 하나님의 타이밍과 하나님의 영적 경계선이 무엇인지 반드시 깨달아야 한다. 그렇지 않으면 원수의 미혹이 쉽게 우리의 삶 속으로 침투할 것이다.

불법이 세상을 완전히 장악할 날이 이 땅에 오고 있다. 현재까지는 불법이 제지당하고 있다. 교회가 전쟁을 하려 하는 한, 그리고 성령님을 인정하는 한, 불법은 제지당할 것이다. 이렇게 불법이 제지당하는 기간에, 우리는 거짓 종교와 하나님의 실체 사이의 뚜렷한 대비가 또다시 시작되는 것을 보게 될 것이다. 이는 신약성경에 나오는 예수님과 사두개인 및 바리새인들 사이에 있었던 대립과 비슷할 것이다. 종교적

집단에 동조하는 정치적인 체계들이 등장할 것이다. 이러한 일이 벌어지면 적그리스도 체계는 새로운 차원으로 활동을 개시하게 된다. 이렇게 정치적 힘을 가진 종교 집단은 자유와 성령의 역사를 대적하면서 스스로를 세우게 될 것이다.

이러한 주제를 다룬 샌디 프리드에게 경의를 표한다. 아직도 이 세상에 샌디와 같이 대적을 분별하는 사람이 있다는 사실과, 대적을 공격할 수 있는 사람이 있다는 사실에 대하여 하나님께 감사를 드린다.

척 피어스 박사
인터내셔널 시온의 영광 선교회 총재
글로벌 스피어스 총재

감사의 글

저에게는 사명을 완수하도록 모든 지원을 아끼지 않으신 두 분의 아버지와 두 분의 어머니가 계십니다.

먼저, 지금은 예수님의 품에 안기신 저의 부모님, 버드 데이비스와 데나 데이비스께 감사를 드립니다. 저를 양육하시고 바르게 가르쳐 주신 두 분의 헌신에 영원히 감사드립니다. 두 분은 다양한 분야에서 저를 양육해 주셨습니다. 특별히 충성, 존중, 성실, 그리고 탁월함의 분야에서 바로 설 수 있도록 양육해 주셨고, 성경을 바탕으로 한 든든한 기초를 놓아 주셨습니다.

또한 저의 영적인 아버지이신 빌 감독님과 어머니이신 에블린 헤이몬께 감사드립니다. 두 분은 끝까지 저를 신뢰해 주셨습니다. 그분들을 통하여 영적으로 성장할 수 있었고, 온전해질 수 있었습니다. 그분들의 지혜와 나눔은 너무도 소중합니다. 저를 조건 없이 사랑해주신 그분들의 모습 속에서 영적인 아버지와 어머니의 모습을 확실히 발견할 수 있었습니다.

놀라울 정도의 인내심을 가지고 저의 남편 미키는 적당히 일을 마치는 것을 결코 허용하지 않으면서 저를 격려했습니다. "예수님을 제외하면 당신이 최고야!" 물론 실제의 저의 모습과는 거리가 먼 모습이지만요. 이 책이 완성되기까지 보여준 남편의 사랑과, 또 이 책을 위하여 "함께 보낼 수 있었던 즐거운 시간들"을 희생해 준 남편께 감사드립니다.

이 책을 위하여 추천의 글을 써 주신 척 피어스 목사님께 감사드립니다. 척 목사님으로부터 놀라운 예언적 통찰력과 가르침을 많이 받았는데, 이를 통하여 나는 더 많은 연구를 할 수 있는 힘을 늘 얻었습니다. 척 목사님, 주님을 향한, 그리고 그분의 교회를 향한 당신의 희생과 헌신에 감사드립니다.

우리의 신실한 친구인 닥터 짐과 제니 데이비스에게 특별한 축복과 감사의 말을 전합니다. 수년 이상 우리의 진실한 친구인 그들은 책을 집필할 때마다 저를 계속 격려해 주었습니다. 당신들을 사랑합니다.

저의 첫 번째 영적인 어머니인 마르다 밀팅과 그분의 훌륭한 남편인 빅터에게 감사의 말을 전합니다. 이 분들은 저를 처음 만난 후 지금까지 여전히 저를 사랑하고 양육하고 계십니다. 두 분은 저에게 참으로 귀한 존재입니다. 두 분이 없었다면 나는 지금 이 자리에 있을 수 없었습니다.

마지막으로, 탁월한 편집자이면서 친구인 제인 캠벨과 그레이스 사버! 우리는 함께 일했고, 대적의 계획을 성공적으로 드러냈으며, 그리스도의 몸인 교회에게 용기를 돋우어 주었습니다. 저에게 힘을 불어 넣어 주며, 하나님의 나라를 세우기 위하여 애쓴 당신들의 모든 수고에 감사드립니다.

서 문

수년 전 "선지자는 어떤 사람일까"라는 생각을 하는 중, 입이 큰 사람의 형상을 보았다. 그런데 내가 본 것이라곤 입 밖에 없었다. 그 사람이 어떻게 생겼는지, 어디에서 사는지는 중요하지 않았다. 중요한 것은 그가 '무엇을 말하느냐, 혹은 무엇은 선포하느냐'였다.

하나님은 나에게 선지자의 심장을 주셨다. 나 자신이 바로 내가 본 선지자의 모습에 딱 들어맞는 사람이다. 나는 입을 가지고 있으며, 선포할 내용도 가지고 있다. 나 역시, 구약의 선지자들처럼 하나님이 나의 심장에 새겨주신 말씀을 선포해야 한다. 나는 이 책을 읽는 사람들이 하나님의 음성을 듣게 되기를 바라는 강한 열망을 가지고 이 책을 썼다. 나는 하나님께서 말씀하시려는 것을 듣고자 하는 강한 소망을 가진 독자들이 필요하다. 글을 쓸 때마다 내 안은 불타오른다. 만일 그 불이 분출되지 않으면 나는 재가 되어버릴 것이다. 이러한 열망을 가지고 내 말을 들어주실 분들을 찾을 것이다.

내가 원했든 아니든, 나에게는 선지자적인 기름부음이 있다. 마지막 때에 나타날 미혹의 영에 관하여 나의 책을 읽어 보신 분들은, 나의 영적인 은사가 자연 세계로 계시를 드러내는 은사임을 아실 것이다. 주님은 축사의 영역에서 나의 영분별의 은사를 사용하신다. 또한 나를 통하여 능력을 다른 사람들에게 전이시키심으로 그들에게 있는 거룩한 가능성이 발현될 수 있도록 하신다.

많은 선지자들이 사람들의 죄를 드러내며, 성경에 기록된 심판 속에 나타나는 하나님의 진리를 말하는 데 우선순위를 두지만, 나의 기름부음은 조금 다르다. 나의 마음은 항상 원수, 곧 거짓된 신앙 체계를 통하여 사람들의 마음을 미혹하는 원수를 드러내는 일을 향하여 있다. 진실로 나는 하나님의 백성들로부터 풍성한 삶을 도적질하려는 사탄의 계획을 폭로하고, 주님의 몸 된 교회로부터 악한 영을 축출하며, 치유와 해방을 주고자 하는 열정으로 불타고 있다.

이러한 열정을 가진 이후 나는 그리스도의 몸 된 교회가 권세를 왜 더 많이 사용하지 않는지에 대한 의문을 수년간 계속 가지고 있었다. 그러나 추호의 의심도 없이 믿는 것은 "하나님께서 우리 각자를 위한 약속의 땅을 만드셨다"는 사실이다. 그렇다면 왜 우리는 광야를 벗어나지 못하고 있을까? 하나님께서는 우리에게 최고를 주셨는데, 우리는 그 최고의 것을 받지 않고 있거나 최선의 삶을 살지 않고 있기 때문이다. 이런 일이 일어나는 이유는 무엇일까? 도대체 그리스도 예수를 통하여 우리에게 주어지는 승리는 어디에 있을까? 왜 우리는 그것을 찾지 못할까?

약속의 땅에 들어가기 전 광야에서 40년 동안 헤맸던 이스라엘 백성들처럼, 우리 역시 지나간 과거에 붙잡혀 종노릇 하고 있다. 이스라엘 백성들은 해방되었으면서도, 마음을 새롭게 하고 진리를 찾으려는 노력이나 하나님을 추구하는 일을 오랫동안 하지 않았다. 그렇기 때문에 그들은 오랜 세월 애굽과 죄의 노예 상태로 머물러 있었다. 그들이 애굽의 강력한 영향력 아래 있었던 것처럼, 우리 역시 어둠의 속박 아래에 머물게 하려는 악의 감독(사탄)의 영향력 아래에 있는 것이다. 우리의 마음은 "애굽"의 영향을 받고 있으며, 그 애굽(사탄)은 우리를 지나간 과거에 얽매이게 만들며, 죄의 노예로 만드는 일을 계속하고 있다.

하지만 그리스도께서는 우리가 치유되었다고 말씀하신다. 그분은 우리가 완전히 해방되었으며 자유를 얻었고 온전케 되었다고 말씀하신다. 원수가 우리로 하여금 과거에 집중하도록 만들었을 때, 그리스도께서는 미래의 승리에 초점을 맞추고 계신다. 그분은 우리에게 주어진 "약속의 땅"을 바라보라고 하신다! 예수님은 제자들에게 다음과 같이 말씀하셨다. "그러므로 아들이 너희를 자유롭게 하면 너희가 참으로 자유로우리라"(요 8:36). 주께서 말씀하신 것은 우리가 죄나 사탄의 노예가 되지 않음에 관한 것이다. 예수님께서는 "완벽한 수준의 자유", 곧 "주께서 말씀하신 진리로 인하여 주어지는 죄의 속박으로부터의 완전한 자유"를 제자들에게 주시겠다고 말씀하신 것이다. "참으로"라는 단어는 "완전한 진리"를 의미한다. 제자들은 자유에 대하여는 어느 정도 이해를 하고 있었지만 예수님께서 말씀하신 온전한 진리에 관하여는 배우고 있던 중이었다. 오늘날도 마찬가지이다. 예수 그리스도, 기름부음 받으신 그분께서는 완전히 자유케 하시는 진리를 우리에게 주신다.

반면 적그리스도는 그리스도와 정반대의 것을 준다. 곧 기만에 의

거한 완전한 속박이다. 사랑하는 성도님들, 만일 마귀가 당신의 마음에 다음과 같은 생각, 곧 "나는 부족해", "두려워", "할 수 없어", "나는 허약해", "너무 짓눌렸어", 혹은 "이 광야를 절대 벗어날 수 없을 거야"라는 등의 생각을 준다면 그것은 모두 적그리스도의 생각들이라는 사실을 기억하라.

나는 이전에 내가 쓴 책에서 믿는 자들에게서 사명을 도적질하려는 여러 종류의 견고한 진과 미혹의 영에 대하여 분별해 놓았다. 이전에 쓴 미혹의 영에 관한 것을 부정하고 새로 쓰기 위하여 이 책을 쓰는 것이 아니다. 오히려 예전에 썼던 것을 토대로 하여 그 위에 더 새로운 것을 이 책에서 쓰도록 하겠다. 우리는 믿음에서 믿음으로, 강함에서 강함으로, 그리고 영광에서 영광으로 옮겨가야 하기 때문에, 하나님을 이해하게 되는 더 위대한 차원으로, 그리고 안일함과 영적권세의 결핍을 부수는 그분의 방법 안으로 옮기기 위한 시도를 할 것이다. 하나님은 적그리스도의 기만이 폭로되는 일에 특히 관심이 많으시다. 많은 사람들은 적그리스도가 예수님의 재림 직전에 나타날 것이라고 믿고 있다. 그 때문에 그들은 "지금" 땅을 차지하라고 주신 영적 무기들을 받으려는 노력을 하지 않는다. 이는 마치 하나님을 심각하게 만나기 위하여 종말까지 기다리겠다는 나태한 태도와 마찬가지의 일이다. 깨어나라! 지금이 바로 마지막 때이다.

사랑하는 성도 여러분, 이제 우리가 그리스도의 대적의 정체를 밝혀야 한다. 하나님의 진리의 횃불을 타오르게 함으로써 적그리스도의 세계에 있는 틈을 비추게 해야 한다. 그렇게 함으로써 우리는 하나님께서 우리를 위하여 예비하신 승리의 길을 걷게 될 것이다. 약속의 땅을 상속받기 위하여 적그리스도의 정체를 드러내자!

제1부

이 책을 통하여 나는 여러분들이 하나님께서 각자를 위하여 준비하신
모든 것을 받고자 하는 열망에 더 사로잡히게 되기를 바란다.
이 책의 단어 하나하나를 통하여 여러분의 심령이 감동을 받고,
또 성령의 감화를 받음으로 "하나님의 약속을 제대로
누리지 못하는 삶"을 탈피하기를 바란다.
나는 이 책을 준비하면서 단지 여러분의 목적을 방해하는
적그리스도의 체계를 밝히는 것만 목적으로 하지 않았다.
여러분이 요단강을 힘차게 건넌 후 마침내 목적을 달성할 수 있는
능력을 받는 것도 이 책의 목적이다.
이를 위하여 나는 이 책을 다섯 분야로 나누었다.
제1부에서는 적그리스도와 그의 체계에 대하여 자세히 알아볼 것이다.
이 체계의 CEO는 사탄 자신이며 그가 세운 조직은
자신이 조종하는 악한 영들에 의하여 지배되고 있다.
우리는 예전부터 마귀가 세워온 견고한 진을 파헤칠 것이며
아울러 사탄이 어떻게 우리의 믿음을 미혹하는지,
그리고 우리가 오늘날 직면하고 있는 정체성의 위기를
어떻게 주도하고 있는지도 드러낼 것이다.
그렇게 한 다음 우리는 하늘의 법정을 살펴볼 것이며,
"옛적부터 항상 계신 이"에 대하여 공부하면서 그분이 어떻게 우리의 대적인
적그리스도(혹은 그의 사악한 조직)를 심판하시는지를 볼 것이다.
또한 우리와 우리 후손들의 사명을 도적질하기 위하여 세워진
적그리스도의 체계가 어떻게 생겨나게 되었는지도 면밀히 알아볼 것이다.
이러한 일들을 통하여 우리는 하나님께서 광야,
즉 우리를 포로로 잡고 있던 광야에서 우리를 일으켜 세우시고
해방시키신다는 사실을 믿게 될 것이다.

1장

적그리스도와 그의 사악한 구조

The Antichrist and His Demonic Structure

적그리스도에 대하여 질문할 때는 "그는 누구인가?" 혹은 "그것은 무엇인가?" 이렇게 두 종류의 질문을 해도 된다. 왜냐하면 적그리스도는 사람이기도 하고 악한 영이기도 하기 때문이다.

간단히 말하자면, 적그리스도는 그리스도를 대적하는 모든 것이다. 다른 말로 하면, 그리스도의 복음 또는 그리스도 자체를 반대하는 모든 것이 적그리스도이다. 예수님을 반대하는 가장 큰 존재가 마귀이므로, 사탄 자신이 적그리스도이며 그를 따라 영원히 타락한 악령들이 적그리스도이다. 적그리스도라는 단어는 단지 성경의 네 구절에서만 나온다. 그 네 구절은 모두 예수님께서 그의 제자들에게 거짓 선지자를 경계하라고 말씀하신 요한일서와 이서에 있다(이에 대하여는 나중에 자세히 다루겠다). 그러나 많은 신학자들과 미래학자들은 적그리스도가 요한계시록과 다니엘서에 나오는 "짐승"이라고 믿고 있다.

많은 사람들이 기사와 책을 통하여, 또 TV의 황금시간대에 출연하여 설교하면서 누가 적그리스도일 것인가, 혹은 그가 어디서 올 것인가에 대하여 개인적인 의견을 피력해 왔다. 내가 책을 쓴 목적은 말세에 나타날 적그리스도의 특징을 가진 사람이 누구인지, 그의 이름을 밝히려는 것이 아니다. 분명한 것은 사탄 자신이 적그리스도이며, 그는 성경이 말하는 마지막 때에 특정한 한 사람의 몸을 빌어서 나타날 것이라는 사실이다. 또한 나는 적그리스도의 체계가 마지막 때에 세상을 "적그리스도화"시키기 위하여 사악한 영향력을 발휘할 것이라는 사실을 확신한다. 이 적그리스도의 체계는 하나님의 자녀들을 표적으로 삼는 존재이며, 우리로 하여금 우리 자신에 대하여 뿐 아니라 하나님에 대하여 잘못된 믿음을 가지도록 미혹하는 존재이다. 내가 책을 통하여 밝히려는 것이 바로 이 사탄의 체계이며 그의 악한 영향력 안에 있는 세상의 조직들이다.

용어에 대한 짧은 토의

이 책을 읽으시면서 독자들은 아마 내가 "적그리스도의 체계"(antichrist system)라는 단어와 "적그리스도의 구조"(antichrist structure)라는 단어를 혼용한다는 사실을 알게 될 것이다. "체계"(system)라는 단어의 여러 정의 중의 하나가 "여러 부분으로 이루어진 계획과 책략의 전체"이다. "체계"의 또다른 정의는 "일련의 상호의존적 관계를 이루며 연결된 것들"이다. 그러므로 적그리스도의 체계란 사악한 방법으로 조직된 제도로서, 이 제도는 사악한 영감을 받은 철학들, 거짓된 신앙 체계, 그리고 거짓 종교 등 많은 부분으로 이루어져 있다. 철학 체계, 정부 체계, 태양계, 또는 법체계나 화학 체계들이 우리에게 쉽게 인식되는 것처럼, 적그리스도의 체계 역시 하나님의 사람들의 믿음과 마음속에 쉽게 침투할 목적으로 조직화된 사탄의 계략과 계획이다. 적그리스도의 체계는 우리를 그리스도의 정 반대편에 서도록 충동하는 사탄의 전략이다. 즉, 사탄은 그리스도가 나타나는 모든 것을 대적한다. 마지막 때에 사는 우리는 그리스도의 모든 가르침을 대적하는 적그리스도의 체계에 대하여 한층 강한 경계심을 가져야 한다.

적그리스도의 구조도 비슷하다. 모든 물리적 구조물들을 건축하는 일은 계획을 세우는 일에서부터 시작된다. 예를 들면 설계 및 건축 기사들이 고층 건물이나 교량을 건축할 때, 계획과 방법이 잘 정리된 설계도면을 먼저 작성하는 일부터 시작한다. 내가 "적그리스도의 구조"라는 용어를 사용할 때는 철학, 조직, 그리고 아이디어 등의 구조물을 건축하는 방법과 과정을 의미한다. 또한 사탄이 우리의 삶과 신앙 체계 안에서 어떻게 발판과 자리를 잡는지를 폭로할 때도 "적그리스도의 구조"라는 용어를 사용할 것이다. 아울러 사악한 권세를 가지고 있는 대적들의 영적인 조직에 대하여도 논의하겠다.

이 책을 읽으시면서 독자들은 "견고한 진, 악의 영들, 그리고 악한 힘" 등의 용어를 보게 될 것이다. 더 많은 탐구를 시작하기 전에 몇 가지 신학적 가이드라인을 설명하고자 한다. 첫째로, "견고한 진"이란 우리 삶 속에서 사탄이 강하게 붙잡고 있는 영역들을 가리킨다. 예수님께서 제자들에게 마귀의 축출에 관하여 비유를 들어 설명하신 적이 있다. 그때 주께서 말씀하시기를, 누군가를 자유케 하거나 악령들을 축출하기 전에 먼저 강한 자(사탄 혹은 악령)를 묶어야 한다고 하셨다(막 3:27 참조). 원수(강한 자)는 우리 안에 견고한 진을 형성하지만, 하나님은 우리가 자유케 되는 것을 참으로 원한다. 진리를 알면 자유케 된다. 그러므로 저의 사명은 우리의 생각과 신앙 체계 안에 견고한 진을 형성하고 있는 적그리스도의 영과 체제의 거짓말 위에 하나님의 진리를 드러내는 것이다. 하나님의 진리는 우리의 사명을 도적질하려는 모든 종류의 적그리스도의 속임으로부터 우리를 자유케 한다.

이 책의 목적은 우리의 생각에 악한 영향을 끼친 견고한 진을 허물도록 그리스도의 몸을 돕기 위함이다. "결코 자유케 될 수 없다", "완전한 상속을 받지 못할 것이다"라는 거짓말을 한 후, 그 거짓말을 믿도록 미혹했던 적그리스도를 제압할 것이다. 바울이 말한 것처럼 우리는 견고한 진을 무너뜨릴 것이고 "모든 이론을 무너뜨리며 하나님 아는 것을 대적하여 높아진 것을 다 무너뜨리고 모든 생각을 사로잡아 그리스도에게 복종하게" 할 것이다(고후 10:4-5).

사도바울은 에베소서 6장 12절에서 이렇게 말했다. "우리의 씨름은 혈과 육을 상대하는 것이 아니요… 이 어둠의 세상 주관자들과 하늘에 있는 악의 영들을 상대함이라." 이 구절은 "주관자들"과 "악한 영들"이라는 일반적 용어를 사용하여 사탄의 조직과 구조를 설명하였다. 하지만 개역한글은 악령의 계급과 권세에 대하여 좀 더 자세히 설명한다. "이는 우리의 씨름은 혈과 육에 대한 것이 아니요 정사와 권세와 이 어두움의 세상 주관자들과 하늘에 있는 악의 영들에 대함이라." 성경이 악한 권세들을 구분해 놓기는 했지만 사실 힘들은 모두 사탄이라고 하는 동일한 근원에서 나왔다. 그리고 사탄이 행하는 모든 일은 그리스도를 대적하는 일이다. 사탄은 나름대로 자신의 권력조직을 가지고 있는데, 이 권력조직은 그리스도를 대적하는 조직 혹은 영적인 구조체이다. 그러므로 적그리스도의 구조(antichrist structure)는 하나님께서 그분의 자녀들을 위하여 세우신 돌파(breakthrough)의 때와 기한을 바꾸는 일을 꾸민다.

이 책에서 내가 사용하는 용어들, 특히 악의 영들, 견고한 진, 주관자들, 혹은 적그리스도의 구조 등에 동의하지 않아도 마음 편히 읽어주기 바란다. 나는 결코 다른 분들의 신학적 관점이나 성경해석을 부인하거나 논쟁하려는 것이 아니라 오히려 주님께서 보여주셨을 것들에 계시를 추가하고 싶을 따름이다. 당부하기는, 이 책에 사용된 용어나 종말론으로 인하여 주제를 벗어난 논쟁대신 "자유에 대한 새로운 비밀"로 그리스도의 몸을 무장시켜줄 계시적 가르침을 받아들이시기 바란다.

마지막으로, 용어와 관련되어 한 가지 더 말씀드릴 것이 있다. 내가 적그리스도라는 단어를 사탄을 가리키거나, 마지막 때 세상을 정복하려고 하는 특정한 인물인 "적그리스도"를 가리키고자 할 때는 고딕체를 사용하여 **"적그리스도"**라고 표기하겠으며, 적그리스도의 영이나 체계 혹은 구조를 가리킬 때는 밑줄 없이 "적그리스도"라고 표기하겠다.[1]

주님, 그들을 광야에서 이끌어 낼 수 있도록 저를 도우소서

서문에서 밝혔듯이, 나는 귀하신 성도들이 광야에서 빠져나오기를 원한다. 하나님께서 주신 이 사명을 감당하기에 나는 아직 부족하다고 느끼고 있다. 적그리스도의 구조를 드러내는 책임을 왜 나에게 부여하셨냐고 하나님께 여쭈어 보았다. 그때 주님께 드렸던 기도 내용은 다음과 같다.

> 나는 침례교파 중에서도 매우 보수적인 근본주의파 출신입니다. 우리 교파의 적그리스도에 대한 가르침은 "적그리스도는 교회가 휴거되기 직전에 등장한다"였습니다. 그러나 주님께서는 이미 적그리스도의 지배가 지구상에서 시작되고 있다고 말씀하셨습니다. 내가 평생 동안 배워온 것과 주님께서 저에게 알려주신 것은 서로 상충됩니다. 저의 종말론은 항상 "예수님께서 다시 오시기 전에 성공하라"였습니다. 그런데 주께서는 저에게 어둠의 왕국을 파쇄하라고 명령하셨습니다. 나는 내가 알고 있는 사실조차도 가끔씩 신뢰할 수 없습니다.
>
> 주님, 내가 "당신의 교회들에게 능력을 줄만한 새로운 계시를 달라"고 기도한 건 사실이지만 이건 좀 힘드네요. 지금 주님께서 제게 하늘을 여시고, 새로운 것들을 말씀하고 계심을 알고 있습니다. 그런데 도대체 내가 누구관대 이러한 것들을 제게 말씀하시나요? 그냥 평범하게 살면 안 되나요? 주님, 저는 주

님으로부터 부름을 받은 사람들이 그 사명을 감당하려면 결코 평범한 삶을 살 수 없다는 것을 잘 알고 있습니다. 저는 모세가 가졌던 그 기분을 느끼고 있습니다. 준비도 되어 있지 않고, 주님께서 명하신 것을 할 능력도 없습니다. 최소한 떨기나무 불꽃을 보여주시든지, 아니면 다니엘에게 행하셨던 것처럼 천사라도 보내셔서 제게 말씀하게 해주십시오. 아니면 모세에게 그러셨던 것처럼 지팡이를 주셔서 기적이라도 행하게 해주시면 좋겠습니다. 응답하실 때까지 계속 기도하겠습니다. 제발 도와주십시오.

하지만, 아직까지도 천사는 나타나지 않았고 모세가 보았던 떨기나무도 보지 못했다. 그렇지만 이 책에서 쓴 내용들이 내 안에서 타올랐다. 주께서 하신 말씀이 내 심령 안에서 불꽃이 된 것이다.

이제 그 내용들로 이 책을 채워보려고 한다. 하지만 나는 신학자가 아니며 신학자가 되도록 부르심을 받지도 않았다. 나는 나보다 더 성경에 관해 뛰어난 분들에게 학자의 은사를 주셨다는 사실을 알고 있다. 그리고 경험상, 신학자들은 논쟁을 많이 해야 하는데, 나는 성품상 대결을 잘하지 못한다. 나는 항상 평화를 선택하는 사람이지만 마귀나 어둠의 세력들과 대치해야 할 경우는 예외이다. 나는 악령의 권세에 대한 예리한 분별력을 가지고 있다. 자신 있게 말씀드릴 수 있는 것은, 악한 영이 분별되면 절대 뒤로 물러가지 않는다는 것이다. 마귀를 무찌르는 일은 나에게 마치 서부 텍사스의 방울뱀 사냥 시즌과 같다. 사냥 시즌

이 오면 거대한 방울뱀을 사냥하기 위하여 방울뱀들을 추적한다. 선지자인 나는 마귀의 머리를 적극적으로, 공격적으로 밟은 후 마치 우리 할머니가 뒤뜰에 있는 빨랫줄에 젖은 옷가지를 널어 말리셨던 것처럼 늘어진 마귀를 거리에 건 후 말려버리고 싶은 강한 욕구를 가지고 있다.

독자들도 내가 책을 쓰기에 얼마나 부족한 사람인지 이제 알았을 것이다. 나에 대하여 다 공개했다. 진실을 말씀하지 않고서는 이 책을 쓸 수 없다. 나는 이 책을 쓰기에 부족한 사람이지만 내 안에 계신 그분께서 능히 하실 것이다. 그래서 나는 순종하기로 결정했다. 적그리스도는 우리의 미래를 파괴하려 한다. 여선지자인 나는 적색경보를 내렸다. 사랑하는 여러분이여, 나는 지금 우리의 사명을 도적질하는 사악한 구조를 향하여 경보음을 울리고 있다.

태초로부터 진행된 일

적그리스도라고 하면 많은 그리스도인들은 마지막 때에 등장해서 그리스도를 "대적하는 상황"으로 세상을 이끌 그 인물만을 생각한다. 하지만 적그리스도의 영은 태초부터 역사해 왔다. 적그리스도의 영은 심지어 하와가 에덴동산에 있을 때도 일을 꾸몄으며 그 후로도 계속 하나님의 백성을 하나님으로부터 멀어지도록 유혹하고 있다. 우리는 모두 사탄이 어떻게 하나님의 역사를 침식시키려 하는지를 잘 알고 있으며 그와 동시에 에덴동산에서 하와를 미혹하기 위하여 사용한 속임수에 대하여도 알고 있다(창 3장 참조). **적그리스도**의 주된 일은 속이는 일이다. 이 속임의 영은 마지막 때까지 모든 사람들을 과녁으로 삼을 것이다. 사탄의 기만적 본성의 흔적들은 창세기부터 요한계시록에 이르기까지 성경 곳곳에서 찾아볼 수 있으며, 그 기만적 본성은 요한계시록 13장 4절에서 볼 수 있듯이 **적그리스도**, 곧 사탄 자신에 이르러 절정을 맞이할 것이다.

만일 마귀 자신과 그의 기만을 이해하는 것이 하나님의 백성들에게 중요하지 않다면 왜 하나님께서 마귀의 정체를 성경의 첫 번째 책에서부터 폭로했을까? 히브리어로 "시작"이라는 의미를 가지고 있는 창세기에 마귀의 정체가 드러나 있다. 창세기 1장 1절이 말한다. "태초에 하나님이 천지를 창조하시니라", 즉 하나님께서는 가장 첫 번째 구절에서 하나님의 역사의 시작을 말씀하셨고, 그 후 세 번째 장에서 인류에 대한 사탄의 첫 번째 공격을 말씀하셨다.

> 뱀은 여호와 하나님이 지으신 들짐승 중에 가장 간교하니라 뱀이 여자에게 물어 이르되 하나님이 참으로 너희에게 동산 모든 나무의 열매를 먹지 말라 하시더냐 창 3:1

성경에 등장한 사탄의 첫 번째 모습은 "기만적 본성"을 드러낸 모습이었다. 그 이후로부터 원수는 줄곧 악한 말들을 퍼뜨렸으며, 우리의 생각과 마음에 악한 씨를 심었다.

이런 속임수는 오늘날에도 일어나고 있다. 아직 **적그리스도**가 등장하기 전인 지금은 사악한 영감을 받은 체계, 곧 우리 자녀들의 마음을 도둑질하고 믿는 자들의 사명을 무너뜨리려는 적그리스도의 체계가 "속임의 일"을 하고 있다. 정치가를 통하든, 낙태 클리닉을 통하든, 혹은 법원, 입법기관, 공립학교 교육, 거짓 종교의 구조들, 종교적 율법주의, 텔레비전, 뉴스 미디어, 또는 할리우드를 통하든 이 대적은 자신의 목소리를 크고 분명하게 내고 있다.

뱀, 그리고 우리의 정체성 위기

우리가 오늘날 경험하는 것들 중의 하나는 하와가 에덴동산에서 이미 겪었던 것들이다. 바로 정체성의 위기이다. 우리는 우리 자신이 그리스도 안에서 누구인지 모르고 있으며, 마귀는 우리의 무지함을 사용하여 우리를 파괴하려 한다. 마귀는 마치 하나님인양 말하려 한다. 그의 간교함을 경계하라. "뱀은 여호와 하나님이 지으신 들짐승 중에 가장 간교하니라 뱀이 여자에게 물어 이르되 하나님이 참으로 너희에게 동산 모든 나무의 열매를 먹지 말라 하시더냐"(창 3:1).

성경은 최초로 등장한 하나님의 백성들의 원수인 사탄을 "뱀"(serpent)이라고 불렀다. "뱀"에 해당하는 히브리어는 "쉿 소리를 내다" 또는 "속삭이듯 주문을 외우다"라는 뜻을 가지고 있다. 그러므로 창세기의 앞부분에 등장한 하나님의 대적인 사탄의 모습을 통하여, 원수가 그리스도의 몸을 공격할 때 사용하는 주된 무기인 "간교함"의 시작과 기원도 볼 수 있다(이에 대하여는 나중에 더 자세히 공부할 것이다).

또한 위 구절은 사탄이 교활한 존재, 즉 간교한 존재라고 말한다. 간교함에 해당하는 히브리어는 "사악한 조언을 하다"라는 뜻이 있다. 다시 말씀드리자면, 뱀 또는 사탄은 하와에서 잘못된 조언을 주었다. 그때로부터 시작하여 미혹이 시작되었다.

> 그런데 뱀은 여호와 하나님이 지으신 들짐승 중에 가장 간교하니라 뱀이 여자에게 물어 이르되 하나님이 참으로 너희에게 동산 모든 나무의 열매를 먹지 말라 하시더냐 여자가 뱀에게 말하되 동산 나무의 열매를 우리가 먹을 수 있으나 동산 중앙에 있는 나무의 열매는 하나님의 말씀에 너희는 먹지도 말고 만지지도 말라 너희가 죽을까 하노라 하셨느니라 뱀이 여자에게 이르되 너희가 결코 죽지 아니하리라 너희가 그것을 먹는 날에는 너희 눈이 밝아져 하나님과 같이 되어 선악을 알 줄 하나님이 아심이니라 창 3:1-5

사탄은 하와로 하여금 "하나님은 자신이 하나님같이 되는 것을 원치 않으신다"라고 믿게 하였다. 다시 말하면, 뱀은 하와에게 "열등감"을 심어준 것이다. "열등감", "거절감", 그리고 "잊혀짐" 등의 감정이 들어올 때 사람은 약해진다. 사탄은 "하나님은 그 누구도 하나님처럼 되는 것을 원치 않는다"라는 사악하고 교활한 미끼로 하와를 미혹했다. 사탄은 하와에게 "너는 충분히 그렇게 될 수 있는 존재지만, 하나님께서는 네가 아무것도 알지 못하는 존재로 남아있기를 원하신다"라는 은밀한 거짓 암시를 주었던 것이다.

이러한 유혹이 처음에는 우스꽝스럽게 보일 수도 있다. 그러나 잠시 걸음을 멈춘 후 곰곰이 생각해 보면, "뭔가를 알고자 하는" 마음이 우리 속에 있음을 발견할 수 있다. 뭔가를 잘 아는 사람이 되고 싶지 않은가? 우리는 어떤 일인가에 대하여 정확하게 아는 무리 중의 한 명이 되고 싶어 한다. 그리고 다른 사람들의 모든 비밀도 알고 싶어 한다. 만일 "더 알게 되는 특권"에서 제외되면, 그 일이 비록 나와 관계없는 것일지라도 "거절감"(혹은 "소외감")을 느끼게 된다. 반면 남들은 모르고 있는 일을 알게 되면, 웬일인지 자신이 좀 더 중요한 사람이 된 기분을 느끼게 된다. 그래서 모든 것을 다 알고자 애쓰는 것이다. 그렇기 때문에 주의 하지 않으면 가지고 있는 지식과 알고 있는 모든 사실에 대하여 쉽게 떠벌이게 되고 만다. 인간이 가지고 있는 약점 중의 하나가 바로 지식을 가지고 있을 때 쉽게 교만해지고 자만심에 빠지는 것이다.

사탄은 하와의 이 약점을 알고 있었다. 그래서 그 약점을 공략했으며 진리를 왜곡시켰던 것이다. 하와는 이미 하나님과 같은 존재였다. 그녀는 하나님의 형상을 따라 창조되었으며, 하나님의 생명이 숨을 통하여 그녀 안에 들어가 있고 또 손으로 직접 만드신 존재이기 때문에 그녀에게는 모든 것이 가능했었다. 하지만 하와는 자신이 그리스도 안에서 누구인지를 완벽히 알지 못했다. 즉, 하와는 정체성의 위기를 겪었던 것이다. 사탄은 하와를 무너뜨리기 위하여 그녀의 이 무지를 사용하였다. (아담도 같은 방법으로 무너뜨렸다.) 마귀는 다른 약점을 공격할 수도 있었지만 하와의 정체성을 선택했다. 영리한 판단이었다. 교묘하며 간교하고 교활했다.

마귀는 오늘날에도 우리의 무지함을 사용하여 우리를 무너뜨리려는 똑같은 방법을 쓴다. 그는 지금도 하와에게 했던 것처럼 우리의 정체성과 관련된 간교한 제안을 한다. 하와가 실패했던 것처럼 우리도 매일 같은 함정에 빠진다. 사탄은 교묘하게 위장을 한 후 사악한 조언을 주기 위하여 우리에게 다가온다. 그리고 우리는 그 미끼를 덥썩 문다. 우리의 대적은 미혹하는 자이며 교활한 존재이다. 마귀는 우리의 정체성을 무너뜨리기 위하여 마음과 믿음 체계를 공격한다. 에덴동산의 음흉한 존재였던 그는 오늘날에도 음흉한 존재이다. 적그리스도의 구조에 속한 모든 것들은 우리로 하여금 하나님과의 관계 및 주님 안에서의 우리의 정체성에 대하여 의심하게 만드는 존재들이다.

그렇다면 우리 신앙인들은 무엇을 해야 하는가? 성경은 "새 사람을 입었으니 이는 자기를 창조하신 이의 형상을 따라 지식에까지 새롭게 하심을 입은 자니라"라고 우리를 권면하고 있다(골 3:10). 이 말씀은 우리가 입고 있던 옛 옷, 혹은 과거에 입었던 모든 것을 벗어야 한다는 뜻이다. 예를 들어 우리가 수치라는 옷을 입고 있었다면, 이제 수치의 옷을 벗어 버리고, 하나님의 형상을 입어야 한다. 만일 죄책감의 옷을 입고 있었다면, 죄책감의 옷을 벗은 후, 하나님의 형상을 입어야 한다. 분노의 옷을 입고 있었다면, 분노의 옷도 벗어버린 후, 하나님의 형상을 입어야 한다. 무엇보다 우리는 하나님의 형상을 따라 지음 받은 존재임을 잊지 말아야 한다. 우리는 하나님처럼 보이는 존재이다. 다만 우리가 그것을 모르고 있는 것이 문제이다. 우리는 하나님께서 우리를 정말로 사랑하시며 우리를 축복하시기 원한다는 사실과, 우리에게는 마귀를 물리칠 수 있는 도구가 있다는 사실을 모른다. 우리는 정복자가 되도록 지음을 받았으며 빛의 존재로 지음을 받았다. 하나님께서 작정하신 우리의 모습을 다 이루기 원한다면 끊임없이 마음을 새롭게 해야만 한다. 또한 적그리스도의 구조를 무너뜨리기 원한다면 하나님께서 허락하시는 더 높은 차원의 삶으로 나아가야 한다.

적그리스도에 관한 신약의 가르침

이제, **적그리스도**에 대하여 신약성경이 말하는 것을 살펴보자. 넬슨 성경사전은 "**적그리스도**는 요한계시록 12장과 13장 4절이 말하는 용이며, 창세기 3장에 나오는 뱀이고, 요한계시록 13장 4절에 (구약의 선지서인 다니엘 7장에도 나옴) 나오는 짐승들의 총체이다. 또한 그는 거짓 선지자이며 (요일 2:18, 22, 4:3, 요이 7절) 아울러 **적그리스도**는 사탄으로부터 능력을 부여받은 무법자로서 하나님에 대한 최후의 반역을 주도할 자다"라고 말한다.

누가 어떻게 하여도 너희가 미혹되지 말라 먼저 배교하는 일이 있고 저 불법의 사람 곧 멸망의 아들이 나타나기 전에는 그 날이 이르지 아니하리니… 악한 자의 나타남은 사탄의 활동을 따라 모든 능력과 표적과 거짓 기적과 불의의 모든 속임으로 멸망하는 자들에게 있으리니 이는 그들이 진리의 사랑을 받지 아니하여 구원함을 받지 못함이라 살후 2:3, 9-10

비록 바울이 미혹하는 대적을 **적그리스도**라고 (혹은 적그리스도의 신앙체계) 지칭하지는 않았지만, 그리스도의 재림 전에 대대적인 배교와 타락이 나타난다는 사실은 분명히 이해하고 있었다. 또한 바울은 성도들에게 "믿음 위에 굳게 서라"고 강력하게 권고하였으며 "미혹하는 **적그리스도**가 그 능력으로 거짓 기적, 표적, 기사를 베풀어도 속지 말라"고 권면하였다. 신약성경 중에서, 어쩌면 성경 전체에서 적그리스도에 대하여 가장 정확하고 분명하게 설명한 구절은 요한의 서신에서 발견될 것 같다. 사도 요한은 "적그리스도의 영"을 그리스도를 대적하는 존재라고 말했다.

사랑하는 자들아 영을 다 믿지 말고 오직 영들이 하나님께 속하였나 분별하라 많은 거짓 선지자가 세상에 나왔음이라 이로써 너희가 하나님의 영을 알지니 곧 예수 그리스도께서 육체로 오신 것을 시인하는 영마다 하나님께 속한 것이요 예수를 시인하지 아니하는 영마다 하나님께 속한 것이 아니니 이것이 곧 적그리스도의 영이니라 오리라 한 말을 너희가 들었거니와 지금 벌써 세상에 있느니라 자녀들아 너희는 하나님께 속하였고 또 그들을 이기었나니 이는 너희 안에 계신 이가 세상에 있는 자보다 크심이라 그들은 세상에 속한 고로 세상에 속한 말을 하매 세상이 그들의 말을 듣느니라 우리는 하나님께 속하였으니 하나님을 아는 자는 우리의 말을 듣고 하나님께 속하지 아니한 자는 우리의 말을 듣지 아니하나니 진리의 영과 미혹의 영을 이로써 아느니라 요일 4:1-6

요한의 적그리스도의 영에 대한 설명을 요약하면 아홉 가지 요점으로 간추릴 수 있다.

1. 하나님께 속한 영인지 분별하라.
2. 세상에는 많은 거짓 선지자들이 있다. 이들은 잘못된 교리와 거짓을 가르친다.
3. 그리스도를 시인하지 않는 영들은 하나님으로부터 온 것이 아니며 적그리스도의 영이다. 그러므로 그리스도가 구주라고 고백하지 않는 그 어떤 종교나 교사들은 모두 적그리스도의 본성을 가지고 있다.
4. **적그리스도**는 이미 와 있다. (예전부터 활동했고 지금도 확실하게 활동하고 있다. 결코 마지막 때가 오기까지 기다리지 않는다.)
5. 만일 우리가 하나님의 자녀라면 (그분의 씨라면) 우리는 적그리스도의 영과 거짓 선지자들의 가르침을 파쇄할 수 있다.
6. 적그리스도의 영은 세상으로부터 온다. (나는 이것을 사탄의

씨라고 부르기로 했다. 왜냐하면 하나님께서 당신의 씨를 가지고 계신 것을 사탄도 흉내 내기 때문이다.)

7. **적그리스도**가 말하는 모든 것은 세상으로부터 온 것이며 오직 세상만이 그의 말에 귀를 기울인다. 세상에 속한 사람들만 그의 거짓된 가르침을 듣는다. (이는 다음의 질문에 대하여 숙고하게 만든다. "왜 우리는 대적의 거짓말을 믿는가?" 만일 사탄이 세상에 속한 존재이며 우리는 아니라면, 그의 거짓말에 신경 쓸 필요가 없다.)

8. 하나님을 아는 사람들은 참된 사도들의 말을 경청한다. 하나님께 속하지 않은 자들은 건전한 교리를 무시한다.

9. 적그리스도의 영은 미혹의 영에 그 뿌리를 두고 있다.

요한은 "그리스도께서 행하시는 모든 일을 반대하는 자"를 가리킬 때 "**적그리스도**"라는 용어를 사용하였다(요일 2:18, 22, 4:3, 요이 7절 참조). 간단히 말하자면, 그리스도를 위하지 않는 모든 것이 "적그리스도"라는 것이다.

요한의 구체적인 설명에 따르면 **적그리스도**는 거짓 선지자이며 자신을 "진리"인 것처럼 속이는 악한 존재임을 알 수 있다. 오늘날 진리를 안다고 주장하는 목소리들을 여기저기서 들을 수 있다. 또, 많은 사람들이 스스로가 그리스도라고 주장하고 있다. 놀라운 것은 사람들이 자칭 그리스도의 제자가 된다는 사실이다. 예를 들면 내 고향인 텍사스 주에서는 데이빗 코레쉬라는 사람이 거짓된 교리에 입각한 사교(邪敎)

단체를 세웠다. 그가 세운 "다윗파"(Branch Davidians)는 거짓 교리에 의거하여 일부다처제, 불법 무기 소지 등을 시행하다가 정부에 의하여 해산되었다. 또 다른 예는 산 안토니오에서 멀지 않은 텍사스의 엘도라도 근교에 위치한 몰몬파의 일부다처주의자들로서 최근에 그 잘못된 가르침이 밝혀지면서 드러나게 되었다. 십대 소녀들에게 나이 많은 남자와 결혼하라고 가르쳤고, 또 그런 결혼을 강제로 시행하게 한 이교단체의 집단 거주지에서는 거의 400명에 가까운 어린아이들이 살해되었다. 또한 그 집단의 많은 남자들이 미성년자들을 성적으로 학대한 것으로 알려졌다. 이들의 가르침과 행동은 예수 그리스도의 가르침과는 정반대이다. 무니교, 이슬람, 유니테리언, 여호와의 증인, 몰몬파, 그리고 많은 세속적인 리더들을 포함한 거짓 교사들의 목소리는 전부 그리스도를 대항하는 목소리들이다.

오늘날의 적그리스도

개인적인 생각이지만, 오늘날 활동하는 적그리스도의 구조들(structures)은 예수 그리스도의 충만한 복음을 대적하는 종교단체나 종교체계를 통하여 자리를 잡고 있다고 생각한다. 위에서 말씀드린 거짓 종교와 거짓 가르침들이 바로 이런 부류라는 것은 말할 것도 없이 명백한 사실이지만, 그리스도의 가르침을 완전히 붙잡지 않는 기독교 교리 역시 이 부류에 속한다는 것도 사실이다.

성경은 신약시대에 활동하던 적그리스도들 중 일부는 타락하여 거짓된 교리를 가르쳤던 복음 사역자들이었다고 분명히 증거한다. 그러므로 적그리스도의 체계는 이미 사도시대부터 일하고 있었다.

적그리스도에 속한 교사들은 오늘날에도 오류를 가르치고 미혹의 말을 하는 등, 여전히 활동하고 있다. 믿는 사람 중 누구도 고의로 혹은 자발적으로 그리스도의 복음을 떠나지는 않지만, 종교적 사고방식에 빠지면 하나님의 나라로 나아가는 신앙의 여정에 방해를 받게 된다. 얼마나 많은 목사들, 교사들, 또는 기독교 리더들이 성령의 은사를 부정하는가? 방언 기도를 인정하는 목회자들이 있는가 하면, 방언은 마귀로부터 오는 것이라고 주장하는 목회자들도 있다. 또 예언을 인정하고 믿는 목사들이 있는 반면, 예언은 사람의 생각에서 오는 것이지 성령으로부터 오는 것이 아니라고 믿는 목사들도 있다. 많은 분들은 치유, 표적, 기사는 신약성경이 기록된 시점부터 혹은 사도들이 세상을 떠난 때부터 중단되었다고 믿는다. 이런 가르침은 모두 **적그리스도**가 충동하여 퍼뜨린 거짓말들이다. 하나님의 말씀은 살았고 지금도 역사한다. 만일 성령의 은사들을 받아들이지 않으면 적그리스도의 신앙과 본성을 받아들이게 된다.

만일 주님께서 하신 모든 말씀을 믿지 않는다면, 우리를 미혹하려는 적그리스도의 영을 받아들이는 것이다. 마귀가 말하는 것을 믿는다는 것은 이미 그 안에 적그리스도의 신앙 체계가 세워져 있다는 것을 의미한다. 우리의 신앙 체계가 적그리스도화 되었다면, 행동과 신학도 적그리스도화 될 수밖에 없다.

우리는 우리의 생각 속에서 높은 위치를 차지하고 있는 견고한 진을 무너뜨려야 한다. 성경이 **적그리스도**에 대하여 기록한 가장 중요한 이유는 그저 한가롭게 생각이나 해보라는 권면을 하기 위함이 아니라, 믿는 자들로 하여금 "적그리스도의 미혹에 속지 말며 잘못된 길을 가지 말게" 하기 위함이다(마 24:4-5, 23-24 참조). 거짓 가르침이 우리의 삶 속의 그 어디에도 들어오지 못하게 해야 한다. 말세에 깨어 주의하지 않으면 사악한 거짓 음성에 미혹당하고 말 것이다.

말세의 징조 중의 하나가 많은 적그리스도의 출현이다(요일 2:18 참조). 매튜 헨리는 **적그리스도**에게서 나타날 특징을 "그리스도의 사람, 교리, 나라를 대적하는 많은 일들"이라고 설명하였으며, 요한일서 2장 18절에 나오는 악한 자가 바로 거짓 그리스도와 거짓 선지자(살후 2:8-10. 마 24:24 참조)라고 말했다. 그는 또 "그리스도인들 사이에 미혹하는 자들이 일어난다는 성경의 예언을 잊지 말고 미혹에 대비하여야 한다"라고 말했다. 다른 말로 하면, 깨어서 적그리스도의 미혹을 경계하여야 한다는 뜻이다. 아울러 매튜 헨리는 말세에 성벽 위의 파수꾼이 있어야 하는 중요성에 대하여 말했다.[2]

우리가 그 파수꾼이 되어야 한다! 우리는 오늘날 우리의 생각의 패턴들, 교회들, 사역들, 공립학교들, 정부와 법조계들, 실로 사회의 모든 체계와 구조에 영향력을 미치는 적그리스도의 체계에 대하여 경계해야 한다. 우리의 대적은 우리의 미래를 빼앗고, 죽이고, 멸망시키기 위하여 온 도둑이다!

승리는 우리의 것이다

우리는 여전히 싸우고 있지만, 이미 승리는 우리에게 주어졌다. 악한 무리에 대한 전투는 에덴동산에서 시작되었으나 또 다른 동산에서 끝이 났다. 그렇다. 그리스도께서 우리를 위하여 자신의 생명을 버리시기로 결정하신 그때, 주님이 겟세마네 동산에서 사탄의 계획을 무너뜨리시고 이기셨다.

많은 사람들이 사탄의 거짓말에 속고 있으며, 하나님께서 선포하시고 정하신 일들과 정반대되는 말들을 믿고 있다. **적그리스도**와 그의 사악한 구조에 귀를 기울이면서, 하나님께서 약속하신 극히 일부를 누리는 것으로 만족하고 있다. 이 책의 모든 내용은 대적이 당신으로부터 빼앗고 착취해간 "당신을 향한 하나님의 모든 약속" 하나하나를 다시 되찾아 회복하는 데 초점을 두고 있다. 이 책을 통하여 내가 할 일은 적그리스도의 영의 활동에 관하여 경고하는 일과, 당신이 삶 속에서 이길 수 있는 능력을 얻도록 돕는 일이다. 마지막 시대인 오늘날 승리자가 되려면, 우리의 사명을 계속 도적질하며 우리의 마음을 공격하기 위하여 **적그리스도**가 어떻게 세상의 체계들을 조직하고 사용하는지를 연구해야만 한다. 원수를 안팎으로 다 파악해야, 원수를 이길 수 있는 하나님의 전략을 얻을 수 있다. 이 책을 통하여 그것을 알게 될 것이다. 다음 장들에서 악한 자들이 사용하는 더 많은 구조들과 활동을 배우게 될 것인데, 악한 자는 우리의 신앙 체계와 자화상을 끊임없이 공격하는 사악한 조직을 계속하여 세우고 있다. 이 책을 통하여 여러 견고한 진들과, 정사들(Principalities), 그리고 악령들의 존재를 알게 될 것이다. 그 중 어떤 것들은 특정한 이름, 예를 들면 리워야단, 라합(용), 이세벨, 그리고 형제들을 참소하는 자 등의 이름으로 불릴 것이다. 때때로 하나님의 나라에 관한 현대인들의 사고방식에 영향을 주는 종교적 패러다임에 관하여도 언급하겠다. 이 책의 각 장들을 통하여 당신은 계시적 능력으로 무장될 것이며, 그 결과 하나님의 권세와 함께 전진하게 될 것이다.

아울러 우리는 사탄으로부터 오는 대적의 영을 직면함으로써 우리의 사명을 망가뜨리려는 그의 도모들을 파할 것이다. 당신은 하나님의 깨어있는 용사가 되어 이 시대에 역사하는 원수를 마주하여 싸우게 될 것이다. 당신이 이 책을 읽어감에 따라 하나님은 그분의 임재로 당신을 덮으실 것이다. 믿음의 여정을 끝마치지 못하게 하는 모든 방해물을 파괴할 강한 믿음이 당신 안에 잉태될 것을 기대하라. 아니, 지금 아래의 말을 선포하라.

> 주님, 내가 책을 읽어감에 따라 주께서 저를 거룩한 임재로 덮으실 것과, 당신의 말씀 안에서 성숙해짐에 따라 주님의 거룩한 지혜와 계시를 제게 부어주실 것임을 선포합니다. 그렇게 함에 따라 저를 무장시키셔서 주께서 저에게 주신 나의 사명을 빼앗으려는 적그리스도의 체계를 정복할 것임을 선포합니다.

2장

하늘의 법정

The Courts of Heaven

하나님께서는 하늘에 있는 법정의 숨겨진 비밀을 보여주시기 위하여 선지자 다니엘을 택하셨다. 수백 년 전, 다니엘의 선조인 야곱은 여행 중에 길을 멈추고 휴식을 취하다가 하나님이 주신 꿈을 꾸었다. 그 꿈은 야곱의 인생을 바꿀만한 꿈이었다. 하나님께서는 다니엘에게도 "하늘이 열리는 꿈"을 주셨으며 하나님께서는 꿈을 통하여 다니엘에게 영원한 목적에 관한 거룩한 비밀을 보여주셨다. 비록 꿈이었지만 다니엘은 마치 자신이 그곳에 있었던 것처럼 하늘의 법정에서 일어난 일들을 생생하게 목격했다. 다니엘은 단지 천국을 구경하는 특혜를 누리기 위하여 뽑힌 자가 아니라, 하나님의 사람들을 대적하는 적그리스도의 악한 계획에 하나님의 법정이 어떻게 법적인 대응을 하는지를 보고 증언하도록 선택되었다.

"내가 보니 왕좌가 놓이고 옛적부터 항상 계신 이가 좌정하셨는데" (단 7:9). 이 구절은 하늘의 법정에서 일어나고 있는 일들을 보여준다.

다니엘은 꿈속에서, 전능하신 하나님께서 지상에 악한 영향을 미치는 적그리스도의 영향력, 곧 사탄 또는 "성도들을 무너뜨리려고 스스로를 높이 끌어 올린 사악한 정사"를 심판하기 위하여 좌정하시는 모습을 보았다. 신학자이자 주석가인 매튜 헨리는 **적그리스도**의 역사는 다니엘이 꾼 예언적인 꿈에 기초를 두고 있다고 명확하게 지적했다.

> **적그리스도**를 통하여 나타나는 사탄의 역사는 다니엘이 꾼 꿈의 내용에 기초를 두고 있다. 다니엘은 열 개의 뿔과 작은 하나의 뿔을 가진 무서운 짐승에 관하여 말하였는데(단 7:7-8), 옛적부터 항상 계신 이가 이 짐승을 죽이시고 불에 던지실 것이며(단 7:11) 인자와 같은 이가 영원한 나라를 상속하게 될 것임을 증거하였다(단 7:13-14).[1]

다니엘은 청소년 시절에 유대땅에서 추방되어 유대의 전통과 뿌리로부터 분리되었다. 그는 바벨론 왕국에 의하여 바벨론의 체계를 섬기는 자로 선택되었다. 바벨론 왕국은 다니엘이 신앙을 버리고 바벨론의 통치를 받아들일 것으로 기대했다. 그들은 전능자에 대한 다니엘의 신앙을 빨리 지워버릴 목적으로 다니엘에게 바벨론 신의 이름을 딴 새 이름을 주기도 했다. 그들이 노린 것은 단지 다니엘이 알고 있던 지식이나 고향에 대한 추억을 제거하여 새로운 문화에 빠져들게 하는 것이 아니었고, 전능하신 하나님에 대한 다니엘의 신앙을 흔들어버리는 것이었다. 하지만 그 어떤 것도 다니엘의 신앙을 흔들 수 없었다.

적그리스도 체계의 원동력을 드러내는 일에 사용된 사람이 "하나님의 마음에 합한 자"였다는 사실이 흥미롭다. 주님께서 의도적으로 그렇게 하셨다고 확신한다. 왜냐하면 다니엘은 비록 세상에 있었지만 세상적인 사람은 아니었기 때문이다. 다니엘 이외에 누가 하나님을 떠난 세상 나라의 왕과 세상 법정이 주는 압력을 이해할 수 있었겠으며, 다니엘 외에 누가 그런 상황 가운데에서도 그 마음을 오직 하늘의 법정을 향하게 할 수 있었겠는가? 다니엘이 바벨론의 법정에서 받은 훈련은 다니엘에게 "왕권과 권위"에 대한 놀라운 지혜와 이해를 가져다주었다. 그는 왕과 왕국의 권위, 그리고 특정한 영역에 대한 권위를 이해하게 되었다.

이처럼 세상 왕의 법정이 가지고 있는 힘들이 무엇인지 알았던 다니엘이었기에, 꿈을 통하여 하늘이 열리고 하늘의 법정이 가지고 있는 비교할 수 없는 위대한 능력을 보자 압도되고 크게 고무될 수밖에 없었을 것이다. 다니엘은 세상 법정의 불법과 부정도 이해하고 있었다. 다니엘은 단지 기도했다는 이유 때문에 핍박을 받았으며, 쉽게 정죄하고 처벌해 버리는 왕의 잔인함도 목격하는 등 세상 법정의 부정을 직접 경험했다. 그런 그가 하늘의 법정에 나타난 사악한 고소자들을 보고, 또 그리스도의 몸을 대적하려는 그들의 부정한 계획을 목격하자, "그리스도의 몸"이 당할 고통에 공감하는 마음이 다니엘 안에 강하게 일어났다. 이 환상은 다니엘에게 기도에 대한 깨달음을 주었는데, 그것은 성도들, 특별히 말세에 사는 성도들에게 영향을 미칠 악한 영향력을 어떻게 기도로 대적하는지에 대한 깨달음이었다.

나는 우리 모두가 다니엘과 같은 상황에 놓일 수 있다고 믿는다. 그가 경험한 일은 우리가 매일 겪는 일과 비슷하다. 적그리스도의 영향력을 상징하는 바벨론적인 시스템은 지금도 "하나님이 없는 체계"에 참여하라고 우리를 설득하고 유혹하고 있다. 또한 그들은 우리로 자제력을 잃어버리게 하려고, 또는 적그리스도의 체계를 섬기게 하려고 우리를 압박하고 있다.

하지만 그와 동시에 다니엘이 가졌던 거룩한 잠재력, 곧 승리과 자유를 향한 전진을 방해하는 모든 적그리스도의 영과 체계를 정복할 거룩한 잠재력이 우리에게도 있다. 우리 역시, 하늘의 법정에서 이루어지고 있는 "우리에게 승리의 능력을 주는 법적 조치"들을 볼 수 있다. 하지만 우리는 먼저 변화의 자리, 곧 하늘의 법정으로 들어갈 수 있는 자리로 나아가야 하며, 하늘이 열리고 비밀이 계시되는 자리로 나아가야 한다. 원수가 이 시대를 변개하려는 이때, 우리는 다니엘과 같은 사람이 되어야 한다.

바벨론적인 "세상의 체계"

다니엘의 이야기에서 바벨론은 "세상 체계"의 상징이다. 그것은 또한 결박, 노예, 포로 그리고 압제를 의미한다. 바벨론의 기원은 성경의 첫 번째 책인 창세기에 등장한다. 바로 바벨탑의 건축이다. 하나님을 향한 마음이 강퍅해진 사람들은 하나님처럼 되고 싶은 마음에 하늘에 닿을 탑을 세우기 시작했다. 다시 말하면, 그들은 스스로의 왕국을 세운 것이며, 하나님처럼 될 수 있는 능력을 가졌다고 자랑했던 것이다.

나의 좋은 친구이자 탁월한 목회자인 제인 헤이몬은 그의 책 《키루스의 법령》(The Cyrus Decree)에서 바벨론을 다음과 같이 정의했다.

> 성경의 첫 부분부터 마지막 부분까지, 바벨론은 불의한 재물을 통하여 세워지고, 세상의 화폐구조에 의하여 인수된 거짓 종교 체계와 불의한 정부 체계의 상징으로 사용되고 있다. 바벨론은 거짓된 모든 것 위에 세워진 왕국을 상징하며 의와 진리 위에 세워진 하나님의 나라를 대적한다.2)

바벨론에 머무는 동안 다니엘은 실제로 사자 굴속에 던져졌다. 다니엘은 생명과 안전을 위협하는 모든 대적과 협박에도 불구하고 믿음을 지켰던 것이다.

오늘날 우리도 같은 일을 경험할 수 있다. 많은 분들이 바벨론적인 세상 체계의 영향력을 목격하고 있으며 날마다 사자 굴을 직면하고 있다. 예를 들면 우리가 "의로움" 위에 바르게 서려면 직업상 핍박을 만나게 된다. 우리 중에는 끊임없이 학생들을 위하여 중보기도 하는 공립학교 교사들도 있을 것이며, 또 적그리스도의 체계와 반대되는 방향으로 자녀들을 키우기 위하여 근면하게 일하는 분들도 있을 것이다. 그런데 우리가 의로움 위에 바로 서며, 믿고 확신하는 바를 말하면, 마치 사자 굴에 던져진 것 같은 상황에 빠져버리곤 한다.

그러나 다니엘에게 바벨론을 이길 힘과 적그리스도 체계의 술수를 이길 힘을 주신 하나님은 우리에게도 신실하신 하나님이시며 악에서 우리를 구해주실 하나님이시다. 두려워할 필요가 없다!

다니엘은 하나님의 초자연적인 능력이 사람을 통하여 나타나서 악한 세력, 곧 사악한 왕들과 왕국들, 나라들과 정부들, 그리고 거짓된 신앙 체계를 맞서게 하신다는 것을 보여주는 예표이자, 전능자를 신뢰하는 믿음 안에 있을 때 하나님의 초자연적인 능력이 강하게 나타난다는 것을 보여주는 예표이다.

바벨론에 살면 우리의 마음이 종종 적그리스도의 영과 사악한 구조에 의하여 오염된다. 사탄은 자신이 우리의 해방과 돌파의 시간을 바꿔 버릴 수 있다고 믿어 의심치 않는다. 그런데 문제는, 우리도 그렇게 믿고 있다는 것이다! 이 책을 읽어감에 따라 당신이 가지고 있었던 잘못된 믿음, 곧 "나에게는 사명을 이룰 능력이 부족하거나 없다"고 하는 거짓 믿음을 부술 수 있도록 주께서 당신을 인도하실 것이다. 또한 이 책을 읽으면서 대적의 거짓말들도 드러날 것이다. 그에 따라 당신은 당신의 미래에 대한 잘못된 믿음을 버릴 것이며, 그 결과 당신의 삶 속에서 왕 노릇하고 있었던 마귀의 음성을 깨뜨릴 힘을 얻게 될 것이다.

느부갓네살과 대대로 이어지는 그의 공격

다니엘은 꿈을 해석하는 영적인 능력으로 인하여 느부갓네살 법정에서 권세를 얻게 되었다. 다니엘은 느부갓네살 아래에 있으면서, 꿈을 분별하고 해석하는 훈련을 하나님께 받았다. 그 꿈들은 교만한 바벨론의 왕을 낮추고 회개의 자리로 인도하기 위하여 주께서 주신 꿈이다. 하지만 느부갓네살 왕은 회개하기는커녕 오히려 더 교만해졌으며, 위대한 제국을 세운 자신의 능력을 큰 소리로 자랑하기에 이르렀다. 다니엘이 계속하여 본 느부갓네살의 모습은 "자기중심적이며 자기 자랑에 빠져버려 스스로를 신의 위치로 올리고 싶어서 안달이 난 모습"이었다. 그가 이러한 과대망상적인 자랑에 빠진 이유는 아마 자신이 당시 세계에서 가장 위대한 정복자 중의 한명이라는 사실 때문이었을 것이다. 그는 명예와 부, 그리고 강력한 능력을 가지고 있었으며 유대를 비롯한 많은 민족들을 지배하고 있었다.

느부갓네살은 자신이 가지고 있는 세상의 모든 권력들이 오직 하나님 한분으로부터 오며 그분이 허락하셔야만 주어진다는 사실을 인정하지 못했다. 그는 자신을 더 높이고 영화롭게 만들기 위하여 금신상을 만들도록 명령했다. 그것은 높이 육십 규빗(약 27 미터), 넓이 여섯 규빗의 크기로서 바벨론의 두라 평지에 세워졌다. 대부분의 신학자들은 이 거대한 신상이 느부갓네살 자신의 형상일 것이라고 믿는다. 그가 스스로를 어떻게 여기는지를 생각해 보면 거의 맞는 말 같다.

신상이 세워진 지역인 "두라"는 "원" 또는 "거주"라는 뜻이 있으며 "원 안에 남다"라는 의미를 내포하고 있다. 자신의 우상을 세우기에 얼마나 합당한 장소인가! 바벨론의 사악한 왕은 자신의 관할 지역을 에워싸 장악했으며, 하나님 같이 되려고 했으며, 백성들을 자신이 만든 원 안에 남아 있게 함으로써 그들의 마음을 사로잡으려 했다. 만일 백성들이 원을 벗어나면 목숨을 대가로 바쳐야만 했다!

느부갓네살은 스스로를 이른바 "사탄의 보좌"라고 불리는 높은 위치로 올렸다. 사탄의 보좌에 관하여는 나중에 더 자세히 다루겠다. 그러면서 바벨론 왕은 모든 세대들을 지배하려고 했다. 세대(generation)라는 단어는 "시간의 회전"이라는 의미가 있다.3) 이는 시간의 주기적인 순환 혹은 회전을 의미한다. 시간의 회전을 가장 잘 설명할 수 있는 것은 아마 시계일 것이다. 시계의 바늘은 분(minute)에서 분으로 시간에서 시간으로 끊임없이 원을 따라 회전한다. 또 다른 시간의 회전은 달력의 날들이다. 날들은 12월 31일에 이르러 한 주기가 끝나기까지 하루에서 다른 하루로, 월(month)에서 월로 계속 순환한다.

느부갓네살이 그의 백성들을 "원 안에 남게" 하려 했던 것과 똑같이 사탄도 우리의 세대들, 곧 가족들을 공격하여 우리 모두를 광야라고 하는 순환의 장소에 가두려고 한다. 사탄이 왜 이런 일을 할까? 왜냐하면 우리의 때와 법을 변개함으로써 우리 세대들의 미래를 바꿀 수 있음을 알고 있기 때문이다. 때로는 하나님께서 우리를 광야로 인도하시기도 한다. 하지만 어떤 이유에서든지 우리가 광야로 들어가면 원수는 우리가 그 광야에서 빠져나오지 못한 채 순환의 고리 속에 갇혀있게 만들려 한다. 이스라엘 사람들이 광야에서 40년 동안 방황했던 것처럼 우리 역시 마귀에게 속아 "순환의 고리"를 끊지 못한 채 그 안에 머물러 있으면, 대적은 우리의 "돌파"의 시간을 바꾸어 버릴 수 있다. 그 결과 희망과 승리의 시간은 점점 더 늦춰지게 될 것이다.

순환의 고리에 남지 않기로 결정한 세 명의 유대인들

느부갓네살 왕은 하나님의 백성들을 없애버리고 그들의 부르심을 파괴시키기로 결정했다. 그는 음악이 연주되는 순간 민족, 언어, 종교에 관계없이 모든 사람은 즉각 땅에 엎드리어 신상에게 경배하라는 명령을 내렸다. (아마 "느부갓네살 왕 만세, 왕 중의 왕이여" 같은 음악이었으리라 추측된다.) 그런데 바벨로니아 제국에서 중직을 담당하고 있는 세 명의 용감한 유대인들은 거짓 우상 앞에 절하는 것을 거부했다. 느부갓네살 왕은 매우 분노했지만 그들을 풀무불 속에 던지기 전에 한 번의 기회를 더 주었다.

그러나 이 세 명의 유대인들은 영적인 타협을 거절했으며, 바벨론의 압력에 굴복하는 것도 거부했다. 그들은 비록 집과 사랑하는 모든 것으로부터 멀리 떨어진 "광야"로 잡혀와 있지만 바벨론의 "순환 고리"에 남아 있기를 거부했다. 이렇게 하나님을 따르기로 결정한 결과, 이들은 굴복당하는 대신 하나님의 사람으로서의 승리를 경험하게 되었다. 즉, 사드락, 메삭, 아벳느고는 사탄이 놓은 덫에 걸려 들어가는 대신, 다니엘과 함께 신앙의 상징적인 인물이 되어 후대의 백성들이 따를 모범적인 인물들이 되었다.

사탄은 자신의 압력에 굴복하지 않거나 자신의 계획과 의도에 무릎 꿇지 않는 사람들을 증오한다. 경건한 남자와 여자들이 하나님의 뜻을 따르기로 할 때, 마귀는 분노한다. 우리가 그의 악한 계획에 굴복하기를 거절할 때, 사탄은 우리를 찾아내려고 악한 전령들을 보낸다. 사탄은 그의 사악한 종들을 시켜 우리를 찾아낸 다음 그의 책략에 무릎 꿇도록 압력을 가한다. 우리의 경배와 복종을 원하는 사탄은 끊임없이 우리의 마음을 공격함으로써 참되시고 유일하신 하나님을 믿는 우리의 신앙을 도적질하려 한다.

이러한 상황에서도 세 명의 유대인은 그의 위협에 굴하지 않았다. 나는 그들의 고백을 좋아한다.

> 느부갓네살이여 우리가 이 일에 대하여 왕에게 대답할 필요가 없나이다 왕이여 우리가 섬기는 하나님이 계시다면 우리를 맹렬히 타는 풀무불 가운데에서 능히 건져내시겠고 왕의 손에서도 건져내시리이다 그렇게 하지 아니하실지라도 왕이여 우리가 왕의 신들을 섬기지도 아니하고 왕이 세우신 금 신상에게 절하지도 아니할 줄을 아옵소서 단 3:16-18

얼마나 위대한 믿음인가? 사랑하는 여러분, 사악함을 만날 때마다, 이 자세를 지속적으로 발전시켜야만 한다. 우리는 여호와 하나님 이외의 그 어떤 신에게도 경배하지 말아야 한다. 나는 최근에, 박해 가운데서도 신앙을 버리지 않고 하나님을 선택하겠다는 그리스도인이 겨우 20%밖에 되지 않는다는 기사를 읽었다. 성도 여러분, 그리스도를 위하여 굳세게 일어나야만 한다. 원수가 만들어놓은 순환 고리에 빠지지 않기로 분연히 결정한, 그리고 진리를 위하여 타협 없이 일어난 세 명의 유대인과 같은 사람이 되어야만 한다!

굳건한 믿음을 가지라

사탄이 우리의 믿음을 어떻게 미혹하는지 보겠다. 이 책에서 나는 원수가 사용하는 몇 가지 종류의 미혹을 폭로할 것인데, 각각의 미혹은 모두 적그리스도 구조의 일부분이며 오늘날에도 존재하는 것임을 기억해야 한다. (마지막 때에 있을 사탄의 미혹에 관한 더 깊고 자세한 내용을 알고 싶다면, 내가 쓴 《사명을 훔치는 도둑들》Destiny Thieves을 추천한다.)

디모데서는 마지막 때에 있을 공격, 즉 하나님을 향한 우리의 믿음에 대한 공격을 경고하면서 미혹의 영과 거짓된 가르침(적그리스도 체계에 속한 거짓된 가르침)과 마귀에게 틈을 주지 말라고 경고한다. "그러나 성령이 밝히 말씀하시기를 후일에 어떤 사람들이 믿음에서 떠나 미혹하는 영과 귀신의 가르침을 따르리라 하셨으니"(딤전 4:1). 디모데서가 말하려고 하는 것은 큰 영적전쟁에 관한 것이다.

사도바울은 그리스도 안에서 굳게 서라는 가르침을 더한다. "이는 너희가 믿음으로 섰음이라"(고후 1:24). 믿음의 형제자매들이여, 만일 우리가 마귀의 압력과 미혹에 속아 세속적인 믿음 체계를 받아들인다면, 이미 마귀에게 "하나님의 향한 믿음"을 빼앗겨 버린 것이다.

적그리스도의 구조를 대항하기 위하여 굳게 설 수 있는 열쇠는 하나님의 전신갑주를 입는 것이다. 만일 우리가 매일 영적인 갑옷을 입지 않는다면, 우리는 전장에 벌거벗은 채 서 있을 것이며, 굳게 설 수 없을 것이다.

마귀의 간계를 능히 대적하기 위하여 하나님의 전신 갑주를 입으라 우리의 씨름은 혈과 육을 상대하는 것이 아니요 통치자들과 권세들과 이 어둠의 세상 주관자들과 하늘에 있는 악의 영들을 상대함이라 그러므로 하나님의 전신 갑주를 취하라 이는 악한 날에 너희가 능히 대적하고 모든 일을 행한 후에 서기 위함이라 엡 6:11-13

"서다"에 해당하는 헬라어는 "히스테미"이며 이는 "계약"이라는 단어와 연관이 있다.4) 우리는 하나님의 약속 위에 있을 때에만 굳건히 서 있을 수 있다. 자신의 힘을 의지하여 서면, 믿음이 점점 약해지고 결국은 적의 압력에 굴복하여 무릎을 꿇을 수밖에 없다. "서다"라는 단어는 "굴복하다" 또는 "무릎 꿇다"라는 뜻을 가진 헬라어 "티데미"와 대조되는 단어이다. 이는 우리가 하나님의 계약적인 언약에 굴복할 때에만 굳건히 설 수 있는 힘을 얻게 된다는 뜻이다. 마지막 때인 지금, 우리는 하나님께서 주신 거룩한 원칙들과 진실한 믿음에 굴복해야 하며, 거룩한 원칙들과 진실한 믿음을 위해서 일어서야만 한다. 그렇지 않으면 원수 앞에서 무기력하게 서 있을 수밖에 없다.

이번 장의 첫 부분에서 나는 야곱이 경험한 "하늘이 열리는 일"에 대하여 말씀드렸다. 브엘세바를 떠난 후, 그는 한 장소에 이르러 잠이 들었으며 꿈속에서 예수 그리스도를 통하여 주어지는 하나님의 언약을 보았다. 야곱이 하나님의 임재를 만났던 그 장면을 보자.

한 곳에 이르러는 해가 진지라 거기서 유숙하려고 그 곳의 한 돌을 가져다가 베개로 삼고 거기 누워 자더니 꿈에 본즉 사닥다리가 땅 위에 서 있는데 그 꼭대기가 하늘에 닿았고 또 본즉 하나님의 사자들이 그 위에서 오르락내리락 하고 또 본즉 여호와께서 그 위에 서서 이르시되 나는 여호와니 너의 조부 아브라함의 하나님이요 이삭의 하나님이라 네가 누워 있는 땅을 내가 너와 네 자손에게 주리니 네 자손이 땅의 티끌 같이 되어 네가 서쪽과 동쪽과 북쪽과 남쪽으로 퍼져 나갈지며 땅의 모든 족속이 너와 네 자손으로 말미암아 복을 받으리라 내가 너와 함께 있어 네가 어디로 가든지 너를 지키며 너를 이끌어 이 땅으로 돌아오게 할지라 내가 네게 허락한 것을 다 이루기까지 너를 떠나지 아니하리라 하신지라 창 28:11-15

위 본문 "한 곳에"의 "한"(certain)은 "일어서다" 혹은 "서다"라는 뜻을 가진 히브리어 "쿰"과 관련되어 있다.5) 그러므로 야곱은 하나님의 약속 위에 굳건히 서야 할 장소로 간 것이다. 하나님께서는 야곱에게 무엇을 약속하셨는가? 야곱은 하나님으로부터 사명을 약속받았으며, 하나님께서 그 약속을 친히 이루어 주시겠다는 언약이 야곱에게 보증으로 주어졌다.

신앙의 동지들이여, 이 같은 일은 오늘날에도 똑같이 일어난다. 원수는 우리에게 "하나님의 사랑을 받고 그의 언약 속에 거하기에는 내가 너무 부족해, 나는 가치 없어"라는 신념을 계속 불어넣으면서 우리의 생각 속에 의심과 불신이라는 견고한 진을 세웠다. 그 결과 우리는 원수의 음모에 굴복당했었다. 그러나 우리 역시 야곱처럼 믿음 안에서 서 있기로 결정해야만 하는 "한 장소"에 도착했다. 또한 하나님과의 언약 관계 위에 서 있기를 선택한 세 명의 유대인 청년들처럼 우리 역시 적그리스도의 체계의 어떤 압력에도 굴복하지 않기로 결정해야 한다. 우리가 굴복해야 할 대상은 하나님과 그분의 말씀밖에 없다.

더 뜨겁게 하라

그러나 굴복을 거절한 결과로 종종 더 강한 영적 전쟁이 다가온다. 세 명의 유대인이 신상에 절하는 것을 거절하자 느부갓네살 왕은 심히 격노하여 풀무불의 온도를 일곱 배나 더 뜨겁게 한 후, 옷을 입은 채로 그들을 결박하여 극렬히 타는 풀무 가운데 던지게 하였다. 우리가 의를 위하여 일어나면 더 뜨거운 불을 경험하게 된다.

이 광경을 보던 왕은 세 명이 던져진 풀무불 속에 네 명이 있는 것을 발견했다. 네 명은 모두 결박되지 않은 상태였고 조금도 상하지 않았다. 느부갓네살은 네 번째 사람이 마치 하나님처럼 보인다고 말하였다. 참으로 네 번째 사람은 하나님 그분이셨다. 하나님은 풀무불 속에서 그들과 함께 계셨다. 왜 그러셨을까요? 그들이 하나님의 약속을 붙잡고 믿음으로 서 있었기 때문이다.

이 순간이야말로 느부갓네살이 하나님께 굴복해야 할 완벽한 기회였다. 하지만 그는 그렇게 하지 않았다. 아니, 느부갓네살은 회개하기 전에 자기 자신의 불을 견디어야만 했다. 세 명의 유대인들에게 주어졌던 불 시험은 끝이 났다. 그들은 자신들에게 다가왔던 "믿음으로 굳게 서는" 시험에 합격했다. 주님께서는 그들을 불 가운데서 지켜주셨다. 머리털 하나도 그을리지 않았고, 옷의 한 부분도 타지 않았으며, 불에 탄 냄새마저도 없었다. 그들은 오히려 하나님의 정제의 불을 통과하여 그들에게 있었던 정결하지 못한 모든 것과 믿음의 부족함이 전부 타서 사라져 버렸다.

느부갓네살은 세 명의 유대인들이 섬기는 하나님에 대하여 큰 감명을 받고 누구든지 사드락, 메삭, 아벳느고의 하나님께 경솔히 말하면 "그 몸을 쪼개고 그 집을 거름터로 삼으라"(단 3:29)는 조서를 내렸다. 하지만 여전히 이 지체 높은 왕은 진정한 회개의 모습을 보이지 않았다. 아니, 여전히 그의 마음과 심장은 마귀의 영향력에 지배되고 있어서 자신을 신으로 여기고 있었다. 이러한 생각을 하고 있다는 사실 자체가 바로 마귀의 영향력 아래 있다는 확실한 첫 번째 증거이다. 또한 그는 사람들이 자신에게 절하고 경배하기를 원했다. (두 번째 증거이다.) 마지막으로, 그의 마음속에는 주님의 형상대신 주님의 모습과는 전혀 다른 "왜곡된 자기 형상"이 들어 있었다. (세 번째 증거이다.)

꿈들, 그리고 위를 우러러 보기

느부갓네살 왕은 계속하여 꿈을 꾸었으며 하나님께서는 각각의 꿈을 통하여 느부갓네살의 교만과 오만을 지적하셨다. 다니엘은 하나님의 성령께서 주시는 지혜를 가지고 그 모든 꿈을 해석하였다.

우리가 성경 전체를 통해서 알 수 있는 것은 하나님께서 자신의 백성들에게 꿈을 통하여 말씀하셨다는 사실이다. 하나님께서는 꿈을 얼마나 중요한 도구로 생각하셨는지, 태중의 예수님을 살리기 위하여 요셉에게 말씀하실 때도 요셉의 꿈속에 천사를 보내어 말씀하실 정도였다. 왜 우리는 주님께서 오늘날에는 다르게 역사하신다고 생각할까? 주님은 "어제나 오늘이나 영원토록 동일"하시다(히 13:8). 주께서 우리와 교통하시는 강력한 방법이 꿈과 환상이다. 예전에 내가 쓴 책 중에는 전체가 꿈과 비전에 관한 내용으로 구성된 책이 있다. 나는 그 책에서, 특별히 하나님께서 특정한 생각의 경향이나 세대(generational)의 견고한 진으로부터 우리를 불러내실 때 꿈과 환상을 통하여 일하신다는 것을 지적했다.[6]

하나님께서 주신 꿈에 대한 느부갓네살의 반응은 우리 중 많은 사람들이 오늘날에도 보이는 반응과 똑같았다. 그는 꿈과 해석을 옆으로 던져놓았으며, 꿈속에서 드러난 경고와 메시지에 주의하지 않았다. 그의 오만 때문이었다. 그는 나중에 총명을 잃고서 정신병자가 되었으며 짐승과 같이 들에서 풀을 먹으며 살았다. 이것이 바로 사악한 신앙 체계가 사람들에게 행하는 일이다. 만일 우리가 자기 자신에 대하여 우쭐한 마음을 가지며, 거짓된 신을 믿고 섬기기로 결정한다면, 결국 추락하게 될 것이며 수치를 당하게 될 것이다. 결국 이 왕은 높은 왕좌로부터 떨어졌으며 자신의 왕국을 잃었다.

하지만 하나님은 여전히 회개의 여지를 남겨주셨다. 칠년이 지난 후 (숫자 7은 성경에서 완전을 의미한다) 느부갓네살 왕은 하늘을 우러러 보게 되었고, 회개하였으며 믿게 되었다. 그러자 그의 총명이 돌아왔다. 그 후 하나님께서는 그의 왕국도 회복시켜 주셨다.

느부갓네살은 총명을 되찾기 위하여 하늘을 우러러 보아야만 했다. 우리도 이 바벨론 왕과 크게 다르지 않다. 우리의 마음도 적그리스도의 영으로부터 매일, 아니 매시간 영향을 받는다. 우리의 신앙 체계는 타협적으로 변했으며 우리 자신의 능력과 각자의 왕국에만 초점을 맞추고 있다. 주변을 관찰하면 이 말이 사실임을 알게 될 것이다. 세상으로부터 크게 존경받는 목회자를 찾아보는 일은 이제 어려운 일이 되었다. 이 사회의 정치적, 법적 체계 역시 성경적인 시각을 잊어버렸다. 공립학교마저 아이들을 하나님으로부터 멀리 떠나게 만들고 있다. 불과 얼마 전까지만 하더라도, 부모들은 자신들이 자녀들에게 기도하는 것을 가르치지 못해도 최소한 학교가 그 일을 대신 해준다는 사실을 알고 있었다. 하지만 지금은 적그리스도의 체계가 공립학교를 장악해 버렸다. 더 이상 그 어떤 사회적 조직체도 하늘을 우러러 보고 있지 않다. 대신 "자신을 바라보는" 사상에 물들어 있다. 우리는 자신의 이익과 평판에만 초점을 맞추는 사람이 되었고 이기적인 태도와 동기를 가지게 되었으며, 자기중심적인 사람이 되었다. 우리 사회 전체에 이러한 사상이 만연되어 있으며 심지어 교회 안에서도 그렇다.

귀하신 성도님들이여! 회개하고 하나님의 길을 추구하지 못한 채 마지막 순간을 맞이했던 그 바벨론 왕같이 살아서는 안된다. 대신 하나님께서 우리에게 무엇인가를 말씀하실 때, 특히 꿈과 환상을 통하여 말씀하실 때, 하나님의 말씀에 귀를 기울이시기를 바란다. 우리 삶 속에 있는 거짓된 보좌가 우리를 부수어 버리기 전에 우리가 먼저 그 거짓된 보좌를 부수어 버리자! 하늘을 우러러 보며 살아가자!

짐승의 환상

잠시 다니엘이 하늘의 법정에서 보았던 환상으로 돌아가겠다. 적그리스도에 관한 환상을 보기 전에 다니엘은 네 종류의 짐승의 환상을 보았다(단 7장 참조).

첫 번째 짐승

첫 번째 짐승은 사자같이 생겼다. 이는 바벨론 제국의 흉포함을 상징하며, 느부갓네살의 교만과 오만함으로 인한 흥왕과 쇠함을 상징한다. 바벨론 시스템은 오늘날에도 여전히 존재하는 "하나님보다 자신을 더 높이려는 시도"로 나타난다.

> 네가 네 마음에 이르기를 내가 하늘에 올라 하나님의 뭇 별 위에 내 자리를 높이리라 내가 북극 집회의 산 위에 앉으리라 가장 높은 구름에 올라 지극히 높은 자와 같아지리라 하는도다
>
> 사 14:13-14

　사탄은 지금도 말한다. "내가" 나를 하나님 위에 높이리라. 때때로 우리 역시 다음과 같이 말하고 싶은 유혹을 받는다. "내가" 나의 계획을 하나님의 뜻 위에, 그리고 내 삶을 향하신 계획 위에 높이리라. 만일 우리가 이런 일을 행하기로 작정한다면, 적그리스도의 체계 아래로 들어가게 된다.

　우리 믿는 자들은 아직 의지를 가지고 있는 동안, 우리의 의지를 하나님의 뜻에 맞추는 법을 배워야 한다. 비록 하나님은 우리들을 조종하려 하지는 않으셔도, 경계와 지침은 주신다. 우리를 향하신 하나님의 뜻은 "하나님께서 우리를 날마다 인도하시고 이끄실 수 있는 능력을 가지신 분임을 우리로 신뢰케 하는 것"과 연관 되어 있다. 그러므로 주님과의 관계 형성이 우리를 더 높은 차원의 자유로 인도한다. 주님은 종교적인 분이 아니시다. 그분은 관계를 원하신다. 그분은 조종하지 않으신다. 대신 그분은 우리를 사랑으로 훈련하시는 분이시다. 반면 바벨론의 문화는, 믿는 자들을 조종하기 위하여 율법주의를 사용하는 오늘날의 세상 시스템과 똑같다. 종교적 율법주의는 하나님과의 순수한 관계나 친밀함이 아닌 자기 행위에 기초를 두고 있다. 나는 종교적 율법주의가 적그리스도 체계에서 온 것이라고 생각한다. 적그

리스도의 신앙 체계는 문자 그대로 "그리스도를 대적"하는 것임을 기억하라. 예수님께서는 이 땅에 계시는 동안 종교적 체계를 꾸짖으셨다. 주님은 기도를 길게 할 수 있는 능력을 매우 자랑스럽게 여기던 바리새인들을 꾸짖으셨다. 그들의 기도에는 생명이 없었다. 또한 주님께서는 종교적 형식은 가지고 있었지만 하나님의 능력은 부인하는 그들을 꾸짖으셨다. 그들은 거룩하게 하는 모든 율법의 조항들은 알고 있었지만 하나님을 몰랐다. 오늘날의 우리 역시 율법주의, 적그리스도적인 가르침, 그리고 적그리스도적인 믿음과 싸우고 있다. 하나님과 율법주의적인 관계에 빠질 때, 우리는 원수에게 유리한 고지를 양보하게 된다. 세상적인 체계를 소중히 여기는 마귀는 바벨론 문화의 흉포함을 가지고 우리를 계속하여 공격하려 한다. 이 바벨론 문화가 바로 사람들을 교만으로 이끈 후 마침내 넘어지게 만드는 세상적인 체계이다.

두 번째 짐승

두 번째 짐승은 곰같이 생겼다. 이는 메대와 바사 제국을 상징한다. 메대와 바사가 곰으로 비유된 이유는 피에 목말라하는 그들의 잔인성 때문이며, 또 이웃 국가를 삼키기 위하여 잔혹하게 침략하기 때문이다. 그들의 잔인성과 보복은 당시 널리 알려져 있었다.

오늘날에 있어서 곰은 우리와의 전쟁에서 드러나는 사탄의 잔혹함을 의미한다. 그는 오직 그리스도의 피로만 이길 수 있는 가공할만한 최후의 원수이다. 사탄과의 영적 전쟁에 있는 우리는 예수님의 보혈을 통해서만 승리를 얻을 수 있음을 분명히 알아야 한다.

더 이상 그리스도의 피가 필요 없다고 말을 할 때 그 자리에서 적그리스도의 구조는 활성화된다. 십자가의 중요성조차 가르치지 않는 교회가 많이 있다. 많은 신자와 교인들이 피 언약의 중요성을 이해하지 못한다. 사랑하는 여러분, 십자가의 능력을 부인하는 것이 곧 그리스도를 부인하는 것이다.

다니엘의 꿈, 특별히 두 번째 짐승의 꿈에서 보여주는 제국은 바로 오늘날 우리를 미혹하는 사탄의 제국과 동일한 것이다. 이 나라를 한마디로 묘사한다면, 살아계시며 진리이신 하나님의 왕국 위에 자신을 높이려 했던 나라라고 할 수 있다.

세 번째 짐승

세 번째 짐승은 표범같이 생겼다. 이는 헬라 제국을 상징한다. "헬라 사상"에 관하여는 나중에 이야기하기로 하고 지금은 두 가지에만 초점을 맞추겠다. 첫 번째로 표범, 즉 헬라 제국은 엄청난 속도와 담대함으로 먹이를 제압해 버린다. 두 번째로, 역사가들은 "지성적인 철학자들을 근간으로 한 자치 정부를 세운 알렉산더 대왕"을 묘사할 때 표범이라는 단어를 사용한다. 그가 중용했던 지성적 철학자들은 그리스도를 대적하는 사람들이었다.

오늘날 표범은 그리스도의 몸을 대담하게 대적하며 하나님께서 세상에 뿌려 놓으신 씨를 재빨리 탈취하는 사탄의 모습으로 나타난다. 마귀는 우리의 마음 밭에 진리가 굳건히 세워지기 전에 우리의 미래를 탈취할 궁리를 꾸민다. 거기에 더하여 우리는 매일 "자아"와 "나의 보좌"라고 하는 견고한 진들과의 전투를 벌인다. 이 견고한 진들은 이렇게 말한다. "나는 기도할 필요가 없어." 또는 "하나님께서 응답하지 않으실 경우를 대비한 두 번째 계획이 필요해", 또는 "학교에서까지 기도할 필요는 없어, 아이들도 스스로 생각할 수 있어야 해."

헬라인들은 자신들의 몸(body)을 숭배하기도 했다. 그런데 오늘날에도 이러한 일이 있지 않은가? 남자나 여자나 각자의 외모에 지나치게 빠져있다. 그뿐 아니라, 많은 여성들은 임신된 상태를 계속 유지해야 할지 여부를 스스로 결정해 버린다. 즉, 많은 여성들이 재판장과 배심원이 되어 태어나지 않은 수백만 명의 어린 생명에게 사형을 선고해 버린다. 몸의 숭배는 낙태를 많이 야기했으며, 이는 하나님께서 몹시 미워하시는 일이다. 이러한 일들은 적그리스도적인 신앙행위이다. 예수님께서 "어린 아이들이 내게 오는 것을 용납하라"고 하셨다. 주님께서 어린 아이들을 귀히 여기셨던 것처럼 우리 역시 그렇게 해야 한다.

법정에서 "살인"을 무죄라고 선고하도록 허락한 우리의 모습을 생각하면 마음이 아프다. 참으로 그리스도의 몸은 수동적이 되어 정부가 하는 일에 아무런 관여를 하지 않기로 작정하였으며 그후, 법정은 아이들을 학대하도록 허용했고, 사회가 자궁으로부터 태아를 낙태하는 것을 묵인했다. 경건한 후보자에게 투표하지 않는 것은 물론, 교회와 정부가 전혀 다른 길을 가도록 허용하고 말았다. 이런 일은 일어나지 말아야 했다. 헌법의 제정자들은 결코 그리스도인들이 세상의 일에 관여하는 것을 금지하지 않았다. 게다가 하나님께서는 우리에게 중재자가 되는 사명을 맡기셨다. 우리는 하나님으로부터 멀어지는 사회가 아닌, 하나님을 따르는 사회의 모습을 적극적으로 추구해야 한다. 믿는 자로서 우리는 자기 중심적 (그리스도를 대적하는) 사회가 아닌 그리스도 중심의 사회를 끊임없이 추구해야 한다.

네 번째 짐승

네 번째 짐승은 가장 무섭고 놀라우며 극히 강한 짐승으로 묘사되어 있다. 철로 된 이로 사냥감을 부서뜨리고 나머지를 발로 밟았다. 이 짐승만이 잠시 후에 말씀드릴 열 뿔을 가지고 있다. 오늘날, 이 네 번째 짐승은 믿는 자들을 대적하는 폭력의 모습으로 나타난다.

주께서 모세에게 명하여 백성들을 이끌고 광야를 통과하게 하셨을 때, 가나안이라고 불리는 약속의 땅을 언급하셨다. 가나안은 "무릎을 굽히다, 매매하다, 굴복시키다, 겸손하다"라는 의미를 가지고 있다.[7] 이스라엘 백성들이 정복할 땅은 그 땅에 들어오려는 자들에게 모욕을 줄 많은 거인들로 가득 차 있는 곳이다. 가나안 사람들은 그들의 영역을 남에게 넘겨줄 의향이 전혀 없었으며, 자신들의 영토를 쉽게 포기하려 하지 않았다. 오히려 가나안 사람들은 이스라엘 백성들이 자신들의 영토로 들어오면 짓밟고 농락하며 모욕하고 위협하며 완전히 부서뜨리기로 결정했다. 또한 가나안 사람들은 이스라엘의 하나님을 인정할 마음이 전혀 없었다. 아니, 이스라엘 백성들이 자신들의 신에게 경배하기를 원했다.

이 이야기를 듣고 뭔가 느껴지는 것이 있는가? 하나님께서 당신에게 주신 약속이 있음에도 불구하고 막상 실행에 옮기려 할 때는 두려움을 느끼는가? 어쩌면 마귀가 당신을 짓밟고 당신의 희망과 꿈을 부서뜨렸다고 느꼈을 것이다. 사랑하는 여러분, 만일 이러한 느낌을 가지고 있다면 당신은 적그리스도의 체계의 영향을 받고 있는 것이다. 원수의 압력에 무릎을 굽히지 않겠다는 결심을 함으로써 어둠의 영들 및 요절(夭折)의 영들과 (spirits of premature death)[8] 싸우기로 지금 선택하라.

다니엘의 꿈속에 등장한 적그리스도

이제 열 뿔과 **적그리스도**에 대하여 살펴보도록 하겠다. 이 짐승은 열 개의 뿔을 가지고 있었다. 이 열 개의 뿔은 열 명의 지도자 혹은 열 개의 정부를 상징한다. 그러나 이 열 뿔들은 다른 작은 뿔에게 자리를 빼앗기게 되는데 이 작은 뿔은 사람의 눈과 자랑하는 말(단 7:8)[9]을 하는 입을 가지고 전능하신 하나님을 말로 대적하였다. 이 작은 뿔은 다른 뿔들보다 작아도 훨씬 강했다. 다니엘은 이 작은 뿔에 관심이 있었으며, 관심을 가져야만 했다. 왜냐하면 이 작은 뿔이 바로 성도들과 싸워 이기려는 존재이기 때문이다.

많은 신학자들은 이 뿔이 로마의 황제나 가톨릭 교회, 즉 교황이 세상에 미치는 영적, 정치권 영향력이라고 생각한다. 하지만 나는 특정인이나 종교를 말하기 위하여 이 책을 쓰는 것이 아니다. 나의 목적은 자신을 높이고 자신의 능력, 곧 하나님의 성도들을 이기고 그들의 사명을 파괴시키는 자신의 능력을 자랑하는 적그리스도의 체계를 폭로하는 것이다. 이 작은 뿔이 가지고 있는 자랑하는 입은 지금도 똑같은 말을 하고 있다. 사탄은 지금도 우리를 속이고 미혹하여 사명을 잊어버리게 만드는 능력을 자랑한다. 사탄은 하나님의 보좌로 나아가려는 형제들을 참소하는 일을 한다. 늘 그렇게 해왔던 대로 거짓 참소를 한다. 이 네 번째 짐승은 우리가 직면하는 가장 강력한 "사악한 힘"이다. 적그리스도의 영과 그의 체계가 숨기고 있는 진짜 의도를 적나라하게 드러내는 존재가 바로 이 네 번째 짐승이기 때문이다.

던져진 보좌들

다니엘은 꿈속에서 보좌들이 던져지는 것을 보았다(단 7:9).[10] 나는 이 구절의 뜻이 사악한 말들, 거짓 지도자들, 악령의 영향을 받은 지도자들 등을 상징하는 악한 보좌들이 던져진 후, 경건한 권세가 제자리로 돌아왔다는 뜻이라고 믿는다. 어떻게 이런 일이 가능한가? 옛적부터 항상 계신 이가 법정에 들어가셨기 때문이다. 그렇다. 옛적부터 항상 계신 이, 재판장, 그리고 시작과 나중 되시며, 과거와 미래가 되시는 유일하신 하나님께서 법정으로 가셔서 원수를 심판하시기 위하여 좌정하셨다. 그분 주위에는 과거와 미래의 모든 영광이 가득했으며, 다니엘은 이 엄청난 주님의 임재에 완전히 사로잡히고 말았다. 모든 것을 소멸하는 불과 같이, 회오리바람 같이, 영광이 주님을 에워쌌다. 심판의 보좌는 마치 찬란한 불꽃같이 타올랐지만 그 가운데 계신 그분의 옷은 여전히 눈같이 흰색이었으며, 그분의 머리털은 가장 깨끗한 양의 털같이 희고 순결했다. 그런데 그분의 보좌만 타오른 것이 아니었다. 그분이 보좌에 앉으시자, 불이 보좌로부터 강처럼 흘러 나왔다. 옛적부터 항상 계신 그분은 단지 불 가운데 계셨던 것이 아니라 불 자체이셨다. 오직 불로 제련할 수 있는 분의 불이 원수, 곧 그리스도의 모든 것을 모방하는 **적그리스도**를 심판할 수 있다. 다니엘은 수백만의 천사들이 그분 앞에서 수종 들고, 수백만의 사람들이 그분 앞에서 심판을 기다리는 모습을 보고는 놀라고 말았다. 하늘의 법정을 본다는 것은 놀라운 경험이었을 것이다.

여러분은 법정에 가 본 적이 있는가? 재판장이 입장하면 집행관은 "모두 기립 하십시오"라고 말한다. 그러면 법정에 있는 모든 사람들은 재판장이 자리에 앉을 때까지 서서 기다린다. 이제, 천국의 모습을 상상해 보자. 천사들이 서로 대화하며 시끌벅적하고 있을 때 옛적부터 항상 계신 분께서 그분의 거룩한 법정으로 입장하신다. 그분이 들어오시는 순간, 수백만의 천사들이 그분 주위에 모여 그분의 영광 앞에 엎드려 경배하기 위하여 앞뒤로 움직인다. 그렇다. 옛적부터 항상 계신 이가 법정에 들어오시면 하늘이 기립한다.

하나님께서 재판석에 착석하시자 법정은 개정되었으며 책들이 펼쳐지고 재판이 시작되었다(단 7:10). 사랑하는 여러분, 책들이 펴 놓이기 전에 이미 원수를 향한 재판은 준비되어 있었다. 옛적부터 항상 계신 그분은 과거를 다 아신다. 또한 이전의 패배, 이전의 고통, 실패, 두려움 등도 아신다. 그리고 그분은 우리가 모태에서 조성되기 이전에 이미 우리에게 선고하셨다는 사실을 기억하신다. 그분은 우리에게 이미 풍성한 삶을 선고하셨다. 그러므로 옛적부터 항상 계신 그분께서는 책들이 펼쳐지기 전에 이미 적그리스도에 대한 심판이 선고되었음도 기억하신다. 마귀가 하나님의 백성들에 대하여 그 어떤 계획이 있을지라도, 그는 이미 하나님께 심판을 선고받은 존재에 불과하다. 사탄의 범죄에 대한 판결은 이미 당신이 태어나기도 전에 정해졌다. 그러므로 준비하라. 하나님께서는 사탄이 작성한 불의한 판결문을 뒤집으실 것이기 때문이다. 당신은 이제 돌파의 문(gates of breakthrough)을 통과하게 될 것이며, 하나님께서 당신에게 주신 약속들이 성취될 것이다.

옛적부터 항상 계신 이는 우리를 위하여 오신다

이어서 다니엘은 자신이 본 환상의 해석을 받게 된다. 다니엘 7장 17절에서 그는 네 짐승이 언젠가 지상에 등장할 네 왕을 상징한다는 말을 듣는다(이 네 왕들은 악한 영에게 지배받는 왕들이나 정부들일 것이다. 어쩌면 나라들을 지배하는 사악한 정사들과 권세들일 수도 있다). 그러나 18절은 우리에게 더 놀라운 일을 약속한다. "지극히 높으신 이의 성도들이 나라를 얻으리니 그 누림이 영원하고 영원하고 영원하리라." 이 말씀을 듣고 놀라서 펄쩍 뛰지 않았는가? 나는 그랬다! 이 말씀의 진정한 의미를 아는가? 요즘과 같은 마지막 때에, 하나님은 우리에게 마귀의 능력을 제어하는 권세를 부여하신다. 원수가 당신의 과거를 도적질 하였을지라도 미래를 빼앗지는 못할 것이다. 당신은 당신의 미래를 장악할 권세를 받으셨다. 주님을 찬양하자!

옛적부터 항상 계신 이가 하늘의 법정에 등장하면 작은 뿔, 즉 **적그리스도**는 입을 다물 수밖에 없다. 그는 더 이상 성도들을 패배시키는 자신의 힘을 자랑할 수 없으며, 더 이상 우리의 때를 변개시킬 수 없고, 우리의 미래를 결정하신 하나님의 판결을 뒤집을 수도 없다. 판결은 시작되었다. 옛적부터 항상 계신 이가 모든 저주를 취소하셨고, 모든 부정적인 판결을 바꾸셨으며, 빼앗긴 과거를 회복하셨고, 하나님의 백성들을 새로운 장소, 곧 새로운 승리의 길로 옮기셨다. 하나님은 오늘날 우리에게 하늘의 문을 여시며 원수들을 심판하신다. 그분은 적그리스도에 속한 사악한 지배자들로부터 권세를 몰수하시며, 당신의 백성들에게 권세와 능력을 주셔서 대적의 모든 악한 일을 이기게 하신다. 할렐루야!

만일 이스라엘의 열두 지파가 약속의 땅을 보았듯이 이 환상도 보았더라면, 즉 하늘의 법정에 계신 옛적부터 항상 계신 이의 환상을 보았더라면, 그들은 40년 일찍 건너갔을 것이다.

   오늘, 여러분은 하늘이 열리는 것을 보았다. 그리고 옛적부터 항상 계신 이도 보았으며 그분이 당신의 원수를 심판하시는 것도 보았다. 하늘의 법정에서는 당신이 승리한다는 판결문이 이미 선포되었다. 이제 심판은 결정되었다. 그리고 하나님께서 당신의 승리를 이미 선언하셨다. 그러니 이제 앞으로 전진하라. 그리고 당신의 길에 있는 모든 거인들을 정복하라. 광야를 만날 때마다 믿음으로 굳게 서야 한다. 그리고 그 안에 빠지지 않겠다고 결정해야 한다. 그리고 문제의 산, 즉 하나님께서 주신 모든 약속을 받지 못하도록 방해하는 사악한 세력에 대하여 이렇게 외치라. "너희 안에 계신 이가 세상에 있는 자[어떤 마귀, 정사, 적그리스도의 영 또는 악한 영향력]보다 크심이라"(요일 4:4). 당신이 성령 안에서 승리하는 자가 되기로 결정하면, 하나님께서 당신을 위하여 예비하신 약속의 땅에 들어가게 된다.

■

Conquering the
*antichrist
spirit*

■

제2부

이제 우리는 "하나님을 기쁘시게 하는 향기를 가지고
광야를 떠나는 일"에 관하여 초점을 맞출 것이다.
또한 하나님의 씨앗들을 품는 일과
그분의 진리들을 더 깊은 차원으로 알아보는 일에 대하여도 논의하겠다.
오직 하나님의 말씀이 우리의 심령 깊은 곳에 심겨 있을 때에만
믿음 위에 굳게 서서, 약속의 길을 가로막는 거대한 적들과 싸울 수 있다.
우리의 신앙 체계에 부정적 영향을 미친
헬라 사상이 만들어낸 견고한 진에 관하여도 논의할 것이다.
우리를 향한 하나님의 계획을 도적질하기 위하여 온 용(dragon)과 적그리스도,
그리고 그의 구조(structure)에 대하여도 조사할 것이다.
하나님께서 예로부터 있었던 악한 영들을 더 많이 드러내시도록
가능한 더 깊이 파보도록 하겠으며
또한 하나님의 나라를 세우는 것이
사람의 나라를 세우는 것보다 얼마나 귀한 일인지도 살펴보겠다.
2부의 중간 부분에 "12일간의 묵상"이 있다.
이 묵상을 통하여 당신은 사랑스러운 몰약의 향기를 발하는 방법을
배우게 될 것이며,
이 향기는 당신을 주님의 심장 고동소리로 더 가까이 이끌 것이다.

3장

광야로부터의 해방

Cycling Out of the Wilderness

솔로몬의 아가서 전체는 사랑하는 연인간의 열정을 풍부하고도 수사적인 언어로 묘사한 아름다운 시들도 가득하다. 아마 여러분은 이런 질문을 하실지도 모르겠다. "아가서가 **적그리스도**나 약속의 땅과 무슨 관계가 있기에 아가서를 언급하시나요?" 무엇보다 히브리어로 "노래 중의 최고 노래"라는 의미를 가지고 있는 "아가서"는 사랑의 노래를 엮은 책으로서 구애와 결혼, 그리고 열렬한 사랑을 묘사하고 있다. 아가서는 그리스도와 신부간의 사랑을 묘사하기 위하여 쓰인 책이다. 그러므로 이런 사실을 잘 알고 있는 독자들이 "이렇게 아름다운 사랑의 시가 원수를 대적하는 일과 무슨 상관이 있죠?"라고 질문하는 것은 당연하다.

답은 간단하다. "엄청난 관계가 있다!" 아가서는 그리스도와 교회 간의 열정적인 사랑을 그리고 있다. 하나님께서는 아가서를 통하여 당신의 백성들을 향한 사랑을 거룩하게 묘사하셨다. 사랑하는 여러분, 하나님을 향한 우리의 열정적인 사랑이 바로 **적그리스도**를 이길 수 있는 최강의 무기이다. 이 무기를 가지면 첫사랑을 빼앗으려고 우리에게 무자비하게 덤벼드는 **적그리스도**와 싸워 이길 수 있다. 열정을 잃으면 꿈을 잃게 되고, 꿈을 잃으면 망한다(잠 29:18 참조[1]). 그렇다. 우리가 꿈을 잃으면 **적그리스도**가 죽음의 구조물을 세워 우리를 사로잡아 노예로 삼고 결국 멸망시킬 수 있게 된다.

솔로몬의 아가서는 우리의 신랑이신 예수 그리스도와의 친밀한 관계에 대한 책이다. 이 책에서 설명한 "친밀함"이 있어야 그분을 이해할 수 있다. 사랑하는 사람들이 하나가 되고, 친밀함을 경험하며, 생명을 잉태하려면 열애에 빠져야 한다는 식으로 단정적으로 설명하는 책은 성경 전체에서 아가서 외에는 없다. 우리는 아가서를 읽으면서 얼굴을 붉힐 수도 있지만, 반면 하나님은 친밀함이라는 주제에 관하여 전혀 거북해 하지 않으시는 분이라는 진리를 깨달을 수도 있다. 사실, 열정을 창조하신 분은 애초부터 하나님이시다. 우리는 이 사랑의 이야기를 영적인 눈으로 보아야 한다. 그래야만 거룩한 것을 잉태하고 태어나게 할 수 있다. 광야를 완전히 벗어나서 주님의 풍성함을 맛보기 원한다면 무엇보다 신랑 되신 주님과의 친밀한 관계를 발전시키는 데 초점을 맞추어야 한다. 그렇게 함으로써 신랑 되신 주님께서는 계속하여 신부인 우리를 기뻐하실 것이다. 우리가 광야를 벗어나기만 하면 그분은 우리를 신부로 받으시고 신방(언약 관계)으로 인도하실 것이다. 그뿐 아니라 하나님과의 언약 관계를 이해하기만 해도 원수는 치명적인 타격을 받고 우리를 광야에 억류하려는 원수의 계획이 무너지게 된다.

향기 테스트

솔로몬의 아가는 광야에서 나온 신부의 모습이 어떠한 지를 묘사한다. "몰약과 유향과 상인의 여러 가지 향품으로 향내 풍기며 연기 기둥처럼 거친 들에서 오는 자가 누구인가"(아 3:6). 이 구절에 의하면, 신부는 "연기 기둥" 같으며 "몰약과 유향의 향품으로 향기"를 풍겼다. 그녀는 광야에서 정결케 하는 불을 통과하였기 때문에 연기 냄새가 났다. 불을 통과함으로써 그녀는 사랑하는 연인을 만날 수 있도록 준비가 되었다. 이 구절의 또 다른 핵심은 여러 가지 "몰약과 유향의 향기"이다.

우리는 그리스도의 신부, 즉 광야에서 나오는 신부들이다. 광야에서 나와 완전한 성취의 땅으로 들어가기 위하여 우리에게 필요한 것은 불, 유향, 그리고 몰약, 이 세 가지이다. 하나님은 우리가 천국의 씨앗을 품을 수 있도록 우리의 심령과 삶을 준비시키신다. 그러나 그전에 먼저 불을 견뎌야 하며, 그분께 기쁨을 드릴 향기를 준비해야 한다.

백화점 향수 코너에서는 향기 테스트를 하는 경우가 있는데, 향수 판매원이 진품 향수와 위조품 향수를 각각의 테스트 종이에 뿌린 후 손님들에게 냄새를 맡게 하여서 진품과 위조품을 구분하도록 한다. 코카콜라와 펩시콜라를 맛으로 구분하는 테스트와 비슷하다. 어떤 것이 진짜이고 어떤 것이 가짜일까?

그렇다. 우리 역시 하나님의 향기 테스트를 통과해야 한다. 가짜로는 통과할 수 없다. 하나님은 우리의 삶 속에 있는 가짜의 향기를 정확하게 구별하실 수 있다. 마귀는 항상 가짜이고, 하나님은 항상 진짜이시다. 싸구려 모조품 향기를 가지고는 광야를 벗어날 수 없다.

아가서는 하나님의 향기 테스트를 통과하는 데 필요한 향기는 연기, 몰약, 그리고 유향, 이 세 가지 향기임을 보여준다. 광야에서 나오는 신부가 되는데 필요한 향기를 얻기 위해서는 반드시 각각의 과정을 견디어내야 한다. 이제 각 향기에 대하여 살펴보도록 하겠다.

우리는 연기가 어떤 냄새를 가지고 있는지 알지만 연기와 함께 일어나는 일인 "태워지는 과정"을 좋아하지는 않는다. 어떠한 형태로든지 그리스도를 위하여 자신의 삶을 희생하는 사람들은 "번제"가 어떤 것인지 알게 된다. 번제물이 되어 태워지는 것은 결코 쉬운 일이 아니다. 하지만 그분의 불은 우리를 정제하고 연단하여 마침내 우리를 그리스도의 완전함에 이르게 한다(말 3:3 참조). 제련가의 불은 우리에게 제거할 수 없는 향기를 남긴다. 그 결과 언제까지나 우리에게서는 그 연기 냄새가 나게 된다.

몰약은 작은 관목의 고무질에서 추출한다. 이 고무질의 맛은 쓰디 쓰지만 반면 매우 사랑스러운 향기를 가지고 있다. 몰약은 과거의 비탄과 충격을 지나 새로운 미래로 옮겨 들어가는 신부의 능력을 상징한다. 즉 신부는 쓰디 쓴 비탄을 이긴 후 그것을 매혹적인 향기로 바꾸어 버린다. 그리스도께서는 그 향기에 이끌려 신부에게 오시며, 신부는 이 일을 통하여 주님의 영광을 드러내게 된다. 그런데 성경을 보면 몰약이 매혹적인 향품으로만 사용된 것이 아님을 알 수 있다. 시신을 묻을 때, 그리고 제사장직을 위하여 기름을 부을 때와 정결케 할 때도 사용되었다. 그러므로 몰약은 죽음, 기름부음, 그리고 정결케 함을 상징한다. 우리는 자아, 야망에 대하여 죽어야 한다. 그리고 "나는 죽고 그리스도만 사는" 수준의 단계까지 나아가야 한다. 우리는 날마다 죽어야 하며 신선한 기름부음을 사모해야 하고, 주께서 우리를 우리의 모든 불의로부터 깨끗케 하시도록 내 자신을 내어드려야 한다. 우리가 광야를 벗어나려면 이 네 가지 과정, 곧 향기, 죽음, 기름부음, 정결케 함의 과정이 필요하다.

유향은 나무에서 추출한다. 밤에 나무에 구멍을 내면 수액이 흘러나오는데, 밤새 모은 수액이 유향의 재료가 된다. 유향이라는 단어의 원래 의미는 "흰색"이라는 뜻이며 이는 거룩함과 정결함을 상징한다.[2] 그리스도의 신부는 정결해야 한다. 유혹과 속임수로 가득한 적그리스도 체계가 그리스도인들을 미혹할 때마다 우리는 고통을 겪게 된다. 이렇게 어려운 순간, 즉 찔리고 피흘리는 고통을 당하는 순간에 하나님께서는 주님의 영광을 위하여 우리에게서 사랑스러운 향기를 축출하신다. 그리고 주님은 매일 우리를 정결케 하신다. 또한 유향은 열렬한 기도를 상징한다. 이스라엘 백성들이 광야에 있는 동안 항상 은빛 향기가 성막의 금향로에서 하늘로 피워 올라갔듯이, 하나님은 우리의 기도가 밤낮으로 주님의 보좌로 올라오기를 원하신다. 우리의 기도는 주님께 달콤한 향기이기 때문이다.

광야를 벗어나려면 이 세 가지 향기가 다 필요하다. 반드시 제련가의 불을 통과해야만 우리의 "연기 냄새 나는 삶"이 주님께 번제로 드려지게 된다. 또한 과거의 쓴 기억을 극복하고 자아를 죽임으로써 신선한 기름부음을 받아 몰약의 향기를 발해야 한다. 그리고 반드시 그리스도로부터 오는 거룩함과 정결함의 옷을 입음으로써 우리의 기도가 주님의 보좌에 상달되는 향기로운 유향의 향기가 되게 하여야 한다.

"예수님, 우리에게 연기, 몰약, 그리고 유향의 냄새가 나도록 도우셔서 신랑이 신부에게 이끌려짐과 같이 주께서 우리에게 오시옵소서!"

우리에게 향기가 나는 것을 원치 않는 적그리스도

적그리스도는 우리에게서 그리스도의 향기가 나는 것을 원치 않는다. 그러므로 그는 거짓된 기초 위에 삶을 건축하도록 우리를 미혹함으로써 결국 육신적인 냄새가 나게 속인다. **적그리스도**는 심지어 택함을 받은 자들도 표적으로 삼아 미혹하여 그리스도와의 관계가 끊어지게 만들며 하나님을 기쁘시게 하는 향기를 도적질하려고 한다. 다윗 왕이 그런 예이다. 그는 하나님을 기쁘시게 하기 위해 헌신된 사람이었으며, 하나님의 마음에 합한 사람이었지만, 미혹에 속아 죄에 빠지고 말았다. 다윗은 자신의 부족함과 정욕적인 죄로부터 악취가 난다는 사실을 깨달았으며, 이 모든 것이 자신의 어리석음 때문이라는 것을 깨달았다(시 38:1-6 참조). 또 다른 예는 시온의 딸이다. 이사야는 이 여자에 대하여 "썩은 냄새가 향기를 대신한다"라고 묘사하였다(사 3:24 참조).

하나님께서는 오늘날에도 여전히 아가서에서 말씀하신 그 향기를 찾고 계신다. 반면 사악한 영의 영향을 받는 적그리스도의 구조 역시 그리스도를 향한 우리의 헌신을 우상으로 향하도록 매일 우리를 속이고 있다. 우리가 헌신할 대상은 오직 하나님이시다. 이 원수를 이기려면 영적 전쟁에 전력을 기울여야 한다. 아가서 3장은 신방의 침소가 어떻게 꾸며졌는지를 묘사하며, 또 그 주변을 둘러싼 용사들에 대하여도 묘사한다. 이는 그리스도와의 계약에 완전하게 들어가는 일에는 영적인 전쟁이 수반됨을 의미한다. 그러므로 고귀한 신부가 되기 위하여 반드시 애쓰고 힘쓰는 노력을 기울여야만 한다. 지금은 게으름을 피우고 있을 때가 아니다!!! 마귀는 우리가 육체적인 냄새를 피우는 자로 전락하기를 원하고 있으며, 또 우리를 첫사랑에서 떠나게 하려고 미혹하는 일에 최선을 기울이고 있음을 기억하라.

첫사랑 기억하기

요한계시록 2장에 주께서 에베소 교회에게 하시는 말씀이 기록되어 있다. 주님은 그들의 분별력과 열심을 칭찬하셨지만 처음 사랑을 버린 것에 대하여 책망하셨다(계 2:4) 에베소 교회는 타락한 후 주님을 잊어버렸다. 그런 그들에게 주께서는 이렇게 꾸짖으셨다. "어디서 떨어진 것을 기억(생각)하라." 왜냐하면 그들은 주님에 대한 기억을 잃고 죄에게 관대해졌고 죄를 허용하기에 이르렀기 때문이다(에베소에 해당하는 헬라어는 "허용하다"라는 의미를 가지고 있다3)).

나는 에베소 교회가 주님을 기쁘시게 해 드릴 향기를 가지지 못했다고 생각한다. 나는 향기로운 향기, 곧 주님을 향한 열정을 잃어버리고 다시 광야로 되돌아가는 일이 얼마나 쉽게 일어날 수 있는지 알고 있다. 예전에 우리를 묶었던 결박이 얼마나 힘든 것이었나? **적그리스도**는 우리가 이 사실을 망각해버리기 원한다. 그리고 우리를 다시 사로잡을 올가미를 친다. 그런데 우리는 너무도 쉽게 자주 처음 사랑을 잊어버린다.

에베소 교회에게 사용된 사랑이라는 단어는 솔로몬의 아가서 전체에 사용된 사랑이라는 단어와 같다. 이 사랑은 신부(그리스도의 신부를 상징)가 그녀의 연인(예수님, 신랑)을 향하여 가진 사랑이다. 아가서는 솔로몬과 술람미 여인 간의 사랑의 여정을 보여준다. 솔로몬은 술람미 여인의 첫사랑이자 유일한 사랑이다. 그들은 만났고, 사랑이 자라감에 따라 청혼을 하기에 이르렀다. 다양한 부부애의 자세한 모습은 다른 여러 장에 걸쳐 소개되어 있다.

주님의 임재를 불러오는 향기로운 바람

아가서 4장에서는 신부를 아름다운 동산에 비유한다.

> 내 누이, 내 신부는 잠근 동산이요…네게서 나는 것은 석류나

무와 각종 아름다운 과수와…각종 유향목과 몰약과 침향과 모든 귀한 향품이요 아 4:12-14

그러자 신부가 말한다. "북풍아 일어나라 남풍아 오라 나의 동산에 불어서 향기를 날리라 나의 사랑하는 자가 그 동산에 들어가서 그 아름다운 열매 먹기를 원하노라"(16절). 북풍과 남풍이 그녀의 향기로운 몰약 향기를 사랑하는 그에게 날려 보내어 그를 그녀의 동산으로 이끈다. 5장에서도 이 테마는 이어진다. "내 누이, 내 신부야 내가 내 동산에 들어와서 나의 몰약과 향 재료를 거두고"(아 5:1).

그녀의 사랑하는 자를 이끌 향을 전해달라고 북풍과 남풍 모두에게 부탁하는 점이 흥미롭다. 북쪽에서 불어오는 바람은 겨울철에 불어오는 싸늘하거나 차가운 바람을 의미한다. 나는 겨울철을 "죽음의 모습을 가진 계절"이라고 본다. 겨울에는 모든 것이 죽은 것처럼 보인다. 나무에는 초록색 잎들도 없고, 꽃은 거의 없으며, 잔디는 죽은 것처럼 보인다. 그러나 겨울에 나무의 뿌리들은 땅속의 토양 더 깊은 곳으로 뻗어 내려간다. 비록 겉으로는 아무 것도 자라지 않는 것처럼 보이지만 땅속에서는 더 많은 일들이 일어나고 있는 중이다.

영적인 세계에서도 마찬가지이다. 아무 것도 살아 있지 않고 움직이지도 않는다고 느껴질 때, 우리는 영적으로 죽음과도 같은 시간을 통과하게 된다. 나 역시 그런 상황에 있어 보았고 그런 일을 겪어 보았다. 무슨 연관이 있어 보이는가? 그렇다. 겨울철을 통과하며 죽을 것 같게 느껴지는 동안에도 우리의 내면에서는 우리가 모르는 사이에 더 많은 일들이 일어난다. 성경은 한 알의 씨앗이 땅에 떨어져 죽지 않으면 생명을 맺을 수 없다고 말씀한다. 주님 안에서 참된 생명을 얻고 열매를 맺기 원한다면 반드시 겨울철을 겪고 통과해야만 한다. 몰약이 죽은 자를 매장할 때도 사용된다는 것을 기억하는가? 나는 겨울철 동안에 몰약의 향기가 더욱 깊어진다고 믿는다.

남풍은 열기, 또는 더운 바람을 싣고 온다. 내가 살고 있는 텍사스 지방의 기온은 때때로 섭씨 43도가 넘기도 한다. 그래서 나는 종종 텍사스의 여름을 불타는 용광로에 비유하곤 한다. 우리는 오직 고통의 용광로 속에서만 완전해진다. 나는 한동안 이런 불속에 있었으며 삶이 타버려서 연기 냄새가 나는 것 같았다. 하지만 나는 결국 시험을 통과했다.

영광에서 영광으로, 강함에서 강함으로, 믿음에서 믿음으로 옮겨 가려면 두개의 바람, 북풍과 남풍이 모두 필요하다. 뜨거운 바람과 차가운 바람이 함께 만나면 허리케인과 토네이도를 일으킨다고 알려져 있다. 즉, 서로 반대되는 두 바람이 함께 불어오면 대기권에 충격을 일으켜서 강력한 새로운 바람을 형성하게 된다. 바람은 하나님의 호흡을 상징한다. 신부에게 있어서 필요한 것은 신랑이 불어넣어 주는 생명의 호흡이다. 생명의 호흡이 불어넣어질 때 신부의 마음에 열정적인 사랑이 다시 한 번 일어나게 된다. 이 구절에서 그녀가 두 개의 바람을 불렀다는 것은, 신랑 되신 주님의 광대한 영광과 임재의 그늘을 기대하고 있다는 것을 의미한다.

우리의 손에서 몰약의 향기가 떨어지게 하라

북풍과 남풍은 모두 몰약의 향내와 신랑을 매혹하는 향기를 실어 온다. 그는 준비된 동산과 향기로운 냄새의 향기로 인하여 기뻐한다.

> 내 누이, 내 신부야 내가 내 동산에 들어와서 나의 몰약과 향 재료를 거두고 나의 꿀송이와 꿀을 먹고 내 포도주와 내 우유를 마셨으니 나의 친구들아 먹으라 나의 사랑하는 사람들아 많이 마시라 아 5:1

북풍과 남풍과 마찬가지로, 역경의 바람과 겨울의 바람 모두 우리의 삶 가운데로 몰약의 향기를 가지고 와서 주님을 기쁘시게 한다.

유대인들은 신부를 신랑의 방으로 인도할 때, 횃불로 그 길을 밝히는 인도자가 몰약 같은 향유를 문설주에 바르는 습관을 가지고 있다. 때로는 신부가 직접 문설주에 향유를 바르기도 한다. 매혹적인 향기를 품는 향유를 바르는 것은 가장 중요한 일로 여겨진다. 이는 다분히 이성을 매혹하는 향기이며 대부분의 사람들이 이 목적 때문에 향유를 구입한다.

신랑은 이 향기를 따라가면서 사랑하는 여인의 위치를 찾게 된다. 몰약의 향기가 그를 매혹하여 그녀의 침실로 이끄는 것이다. 그녀가 그를 위하여 문을 열기 위하여 내미는 손에서 몰약의 기름이 떨어진다. 그녀는 그를 위하여 준비를 마쳤다. "일어나 내 사랑하는 자를 위하여 문을 열 때 몰약이 내 손에서, 몰약의 즙이 내 손가락에서 문빗장에 떨어지는구나"(아 5:5). 신랑은 그녀의 몰약 향기 때문에 그녀를 찾으려고 애를 썼으며, 그녀 역시 신랑의 몰약 향기를 열렬하게 기다렸다. 신부가 달콤한 몰약을 사용하여 신랑을 자신에게로 이끌었듯이, 우리 역시 주님을 우리의 삶으로 이끌어 모시들이기 위해서는 달콤한 몰약의 향기를 발해야 한다.

주님을 향한 사랑 때문에 혼절하는가

5장에서는 신랑을 너무 사랑한 나머지 혼절할 정도가 된 신부에 대한 아름다운 묘사가 이어진다.

> 내가 내 사랑하는 자를 위하여 문을 열었으나 그는 벌써 물러갔네 그가 말할 때에 내 혼이 나갔구나 내가 그를 찾아도 못 만났고 불러도 응답이 없었노라 아 5:6

문 손잡이를 잡은 신랑이 들어오지 않고 떠나버리자 신부는 그를 찾기 위하여 늦은 밤 시간임에도 불구하고 거리로 나갔다. 사랑하는 사람을 찾으러 다니는 동안 위험한 상황을 만나기도 했지만 그녀를 막지는 못했다. 그녀는 열정적으로 그를 찾아 다녔으며, 사람들에게 부탁하기를 혹시 사랑하는 사람을 만나거든 내가 사랑 때문에 혼절할 정도라는 말을 전해달라고 했다.

> 성 안을 순찰하는 자들이 나를 만나매 나를 쳐서 상하게 하였고 성벽을 파수하는 자들이 나의 겉옷을 벗겨 가졌도다 예루살렘 딸들아 너희에게 내가 부탁한다 너희가 내 사랑하는 자를 만나거든 내가 사랑하므로 병이 났다고 하려무나 아 5:7-8

주님은 우리가 정신을 잃을 정도로 주님과 사랑에 빠지기를 원하신다. 정말 우리는 그 정도로 주님을 사랑하는가? 그분을 향한 열정 때문에 혼절할 정도인가? 만일 그분이 숨으시면 그분을 찾기 위하여 애를 태우겠는가? 우리가 그분을 잊지 않는다면 그렇게 할 것이다. 그렇다. 우리가 첫사랑을 기억하기만 한다면 캄캄함을 통과하는 중에도 그분을 다시 찾아낼 수 있다. 당신이 어둠속에서도 주님을 찾는 사람이라면, 당신의 마음속에는 당신을 향한 하나님의 사랑이 이미 심겨져 있는 것이다. 이 사랑을 한번 품으면, 전진하여 사명을 완수할 것이다.

이스라엘의 자손들이 광야에서 헤매고 있을 때, 주님께서는 그들을 완벽하게 훈련시키려 하셨지만 그들이 거절했다. 그들은 광야에서 하나님에 대한 열정과 꿈을 잃어버렸고 의심과 불신에 빠졌다. 홍해를 건넌 지 불과 3일 만에 하나님께서 주신 공급의 약속을 잊어버리고는 애굽(결박과 노예의 자리)으로 되돌아가려 했다. 그 결과 그들은 약속의 땅으로 다시 들어갈 수 없었으며 광야에서 죽고 말았다. 오직 그들의 자녀들만 약속의 땅으로 들어갈 수 있었다. 그들은 자신들에게 주신 하나님의 약속을 제대로 이해하지 못했다. 이스라엘 백성들은 눈에 보이는 대로 판단하였기에, 시험을 통과하는 어두운 고통의 때에도 하나님의 약속과 그분의 신실함을 깨닫지 못했으며, 그 결과 그들은 사명을 유산시켰고 결국 광야에서 죽고 말았다. 그들의 미래에 관한 계획은 전혀 성취되지 않았다.

첫사랑을 기억한다는 것이 얼마나 중요한지 아는가? 사랑하는 여러분, 이스라엘 백성들에게 일어났던 일과 똑같은 일이 우리에게도 일어날 수 있다. 하나님께서는 우리가 광야를 통과하는 동안 그 광야에서 우리를 완벽하게 훈련시키기 원하신다. 그러므로 이스라엘 자손들이 범했던 똑같은 실수를 범하고 싶지 않다면, 그분이 주시는 훈련에 우리를 맡겨드려야 한다. 우리는 우리에게 주어진 사명을 품고 있었는데, 격렬한 전투 가운데 열정을 잃어버렸을 수도 있다. 또한 그분과 더 깊은 사랑에 빠지는 대신 반대로 사랑이 식어졌을 수도 있다. 만일 첫사랑에서 떠났다는 것을 깨달았다면 지금 즉각 그분께로 달려가야만 한다! 어둠의 시간을 통과하는 중이라도 하나님의 신실하심을 기억할 수 있다면, 우리의 사명과 우리에게 주신 모든 약속들을 한껏 품을 수 있다.

주님께 돌아오는 자에게 주시겠다고 하신 하나님의 약속들을 살펴보라.

- 회복을 약속하셨다(욥 22:23 참조).

- 약속의 땅으로 들어가게 하시며 죄를 깨끗이 씻어주시겠다고 약속하셨다(렘 3:14, 22 참조).
- 열방에게 간증이 될 것이다(렘 4:1-2 참조).
- 재앙과 진노의 말씀을 철회하실 것이다(욜 2:12-13 참조).
- 우리가 그분께 돌아가면, 그분도 우리에게 돌아오실 것이다(슥 1:3, 말라기 3:7 참조).
- 여호와 앞에 있는 기념책에 기록될 것이다(말 3:16 참조).

적그리스도는 하나님을 향한 우리의 사랑이 차갑게 식어지기를 바라며, 또 사랑 때문에 정신이 아득해지는 대신 쓸모없는 일에 지쳐 생각이 혼미케 되기를 몹시도 갈망한다. 우리는 너무도 자주 경건한 열정 대신 종교적인 의무감 때문에 하나님을 섬긴다. 이는 **적그리스도**를 기쁘게 만드는 일임과 동시에 그가 바라는 일이다. 우리가 단지 율법의 규정만을 따라 하나님을 섬긴다면 우리 안에는 그 어떤 열정도 생기지 않을 것이며, 그 결과 어둠의 나라에 위협이 되는 인물이 될 수가 없다. 거기에 더하여 열정이 없으면 **적그리스도**의 손쉬운 먹잇감이 되어버린다. 또한 주님을 향한 열정이 바닥나 버리면 영적인 간음에 빠지게 되는데, 이는 나를 완전한 존재로 만들어 줄 것이라는 착각 속에서 거짓된 사랑을 찾으며 그것을 통한 만족을 추구한다. 주님을 향한 사랑이 식으면 사탄의 악한 구조(structure)가 우리의 삶 속에 견고한 진을 만들어 버린다.

사명을 완수하려면 반드시 열정을 가져야 한다. 예수님은 사명을 성취하는 데 열정적이신 분이었다. 주님은 사명을 잃어버리지 않고 성취하기 위하여 늘 십자가에 초점을 맞추셨다. 예수님은 목적을 품으셨던 것이다. 침례를 받으실 때, 주님은 비둘기가 자신의 머리 위로 내려오는 것을 보셨으며 성부 하나님께서 자신을 향해 "나의 아들"이라고 부르시는 소리를 들으셨다(마 3:16-17 참조). 그때, 주님은 자신을 통하여 이루실 아버지의 충만한 계획을 품으셨다. 이 모든 것을 깨달으신 주님은 우리 각자를 위하여 십자가를 지시겠다는 결정을 하게 되셨고, 또 그 일에 집중할 수 있으셨다.

이제 우리의 미래를 도적질하는 적그리스도의 체계에 위협적인 인물이 되기로 결정하자. 그분을 향한 열정을 끝까지 포기하지 않음으로써 미래를 품기로 결정하자. 우리의 신랑 되신 주님과 정신이 아득할 정도의 사랑에 빠지기로 결정하자.

기념책

첫사랑을 기억해 낸다면 그 사랑했던 감정도 기억해 낼 수 있다. 그리고 주님은 우리가 주님께 돌아오기만 하면 다시 우리를 기억하시고 받아주시겠다고 약속하신다. 여기에서 사용된 단어 "기억"은 히브리어로 자카르(zakar)인데 이는 "언급하다" 또는 "기억하다"라는 뜻을 가지고 있다.4) 이 단어는 향(香)이 타다는 의미를 내포한 "불에 타다"라는 뜻과도 연관되어 있다.

나는 주님께서 "우리가 하나님을 경외하며 그 이름을 존중히 여기는 행위들"을 주님의 책에 기록하신다는 것을 믿는다. 아니 기록하시는 정도로 그치지 않고 뜨거운 감동을 받으시며 우리를 향한 열정이 타올라서 우리를 거룩한 사명으로 덮어주시기를 갈망하심을 믿는다. 말라기 3장 16절은 하나님께서 우리의 미래를 계획해 놓으셨다는 사실을 확인해 준다. 주님을 경외하는 자들의 이름은 하나님의 기념책에 기록되어 있다. 하나님은 우리의 사명을 계획하셨을 뿐 아니라 그것을 성취할 수 있는 능력을 우리에게 주시기 원하신다.

미래를 품을 준비를 하라

사명을 완수한 좋은 예가 에스더 왕비이다. 그녀는 고아였지만 피해의식을 가지고 살아가는 것을 거절했으며, 어려운 시기 중에도 믿음을 잃지 않고 하나님의 신실하심을 기억했다. 에스더는 사명의 자리로 나아가기 전에 먼저 정결케 하는 과정을 통과했다. 그녀는 왕의 신부가 되기 위하여 열 달 동안 몰약 같은 향유로 몸을 정결케 하는 과정을 보내야 했다. 그녀가 받았던 몰약 욕조 속에서의 목욕은 우리가 흔히 보는 온천욕(spa)같은 수준이 아니었다. 향유로 피부를 마사지할 때 향기가 피부 깊숙이 침투했으며 그 결과 그녀가 바로 향기 자체가 되어버렸다. 에스더가 바로 몰약이 되어버린 것이다. 그녀는 변화되었고 향기가 발산되었다. 그제야 그녀는 사명을 품을 준비와 체계를 바꿀 능력을 얻을 준비가 완료되었다. 에스더는 몰약의 과정을 통과하였기 때문에 비로소 자신의 백성들을 위한 사명을 잉태할 수 있었다.

에스더가 결혼한 후, 적그리스도의 구조(antichrist structure)는 그녀와 유대인들의 삶을 위협했다. 아말렉 사람 하만은 악한 영에게 조종되어 모든 유대인들을 살해할 계획을 세웠다. 스스로 높아진 적그리스도의 구조는 하나님의 선민들로부터 사명을 도적질하려 했으나 에스더의 기도와 금식으로 무너졌다.

미래를 도적질하려는 정사와 거짓 교리를 대적하여 전쟁을 시작하면 오늘날에도 똑같은 전투를 만나게 된다. 이번 장을 쓰고 있는 지금 이 순간에 나는 주님께서 여러분을 향해 주시는 감동이 느껴진다. 그것은 당신의 삶을 향한 하나님의 계획의 씨앗을 마음에 품을 준비를 하라는 것이다. 하나님은 당신이 몰약의 향기에 잠김으로써 **적그리스도의 권세**가 당신의 삶과 신앙에서 쫓겨 나가기를 원하신다. 또한 하나님은 당신이 사명을 온전히 완수할 뿐 아니라 하나님께서 주신 모든 약속 안에 거하기를 원하신다. 당신을 위한 약속의 땅이 준비되어 있음을 기억하라! 어쩌면 멀리서 그 약속의 땅을 볼 수도 있다. 혹은 당신이 유업으로 받을 그 땅에 이미 들어가 있을 지도 모른다. 그럴지라도 하나님에 대하여 배워야 할 것이 많이 남아 있다. 주님은 우리를 개발시키고 성숙하게 하는 일을 결코 중단하지 않으신다. 그로 인하여 우리는 계속적으로 성장하여 하나님 나라의 씨앗을 잉태할 수 있다.

여러분에게 미래를 품을 수 있는 능력을 받는 방법을 가르쳐주겠다. 지금 소개 드릴 "12일간의 기도"는 그분의 임재를 초청하는 몰약의 향기를 개발할 목적으로 제작되었다. 기억하라! 주님은 몰약의 향기를 찾으신다. 그 향기가 주님을 당신의 방으로 이끌어간다.

신랑이 기다리신다. 그분과 친밀해지라! 그리고 당신의 미래를 잉태하라!

과제: **적그리스도를 대적하라**

내가 "12일간의 기도"를 개발한 이유는 당신이 삶 속에서 몰약의 향기를 잘 발휘할 수 있도록 돕기 위함입니다. 오늘 시작하시기를 권합니다. 그리고 당신의 미래를 잉태할 준비를 하는데 12일을 투자하십시오.

- 1일

주기도문 기도를 함으로써 "천국의 사고방식"의 개발을 시작하십시오. 예수님께서 이렇게 말씀하셨습니다. "나라가 임하시오며 뜻이 하늘에서 이룬 것 같이 땅에서도 이루어지이다"(마 6:10).

• 2일

주님의 뜻을 행하고자 하는 거룩한 열정을 달라고 주님께 기도하십시오. 예수님께서 말씀하셨습니다. "나더러 주여 주여 하는 자마다 다 천국에 들어갈 것이 아니요 다만 하늘에 계신 내 아버지의 뜻대로 행하는 자라야 들어가리라"(마 7:21).

• 3일

다윗의 말을 인용하며 기도하십시오. 주님 "주의 전을 사모하는 열심이 저를 삼키게 하소서"(요 2:17 참조).

• 4일

회개하는 심령을 구하십시오. "회개하라 천국이 가까이 왔느니라"(마 4:17) 라고 예수님께서 말씀하셨습니다.

• 5일

당신의 삶 속에서 하나님의 나라가 나타나는 것을 방해하는 모든 악한 영의 영향력을 축출해 달라고 하나님께 기도하십시오. 예수님께서 다음과 같이 말씀하셨습니다. "그러나 내가 하나님의 성령을 힘입어 귀신을 쫓아내는 것이면 하나님의 나라가 이미 너희에게 임하였느니라"(마 12:28).

● 6일

이제 미래로 가는 문으로 들어가십시오. 그리고 다른 사람들이 따를 기준을 보여주는 삶을 시작하십시오. 당신이 바로 산 위에 있는 동네를 비추는 밝은 빛이라는 사실을 기억하시기 바랍니다. 당신이 그 문을 통과하면 다른 사람들이 따를 것입니다. 진리의 길을 비추십시오!(사 62:10 참조).

● 7일

하나님의 음성을 듣고 분별할 수 있는 능력을 구하십시오. 예수님께서 말씀하시기를 주님의 양은 주님의 음성을 듣고 따른다고 하셨습니다. 양들은 타인, 곧 **적그리스도**의 음성은 따르지 않습니다(요 10:27 참조).

● 8일

마치 하나님께서 독생자를 사랑하심 같이, 당신도 하나님을 향한 사랑의 열정 속에 계속 거하십시오(요 15:9 참조).

● 9일

당신의 믿음이 자라고 증가될 수 있기를 간구하십시오. 시간을 내어 치유와 관련된 성경 구절들과 기적, 표적, 기사에 관한 본문을 읽으십시오. "하나님을 믿으라"(막 11:22).

● 10일

오늘 당신의 마음을 새롭게 하십시오. 기적으로 변화되는 것을 묵상하십시오. "너희는 이 세대를 본받지 말고 오직 마음을 새롭게 함으로 변화를 받아 하나님의 선하시고 기뻐하시고 온전하신 뜻이 무엇인지 분별하도록 하라"(롬 12:2).

● 11일

모든 두려움의 산들(마귀)에게 떠나가라고 명령하십시오(막 11:23 참조). 그리고 다음과 같이 선포하십시오. "하나님이 우리에게 주신 것은 두려워 하는 마음이 아니요 오직 능력과 사랑과 절제하는 마음이니"(딤후 1:7).

● 12일

받은 줄로 믿으시고 응답이 잉태된 것을 믿으십시오. "그러므로 내가 너희에게 말하노니 무엇이든지 기도하고 구하는 것은 받은 줄로 믿으라 그리하면 너희에게 그대로 되리라"(막 11:24).

4장

씨를 품으라

Conceiving the Seed

나는 1장에서 사도 요한이 어떻게 **적그리스도**의 영의 정체를 드러냈는지 설명했다. 이번 4장에서 사도 요한의 가르침 중에서 두 부분을 설명하려고 한다. 첫 번째 가르침은 미래를 낳기 원한다면 먼저 하나님의 씨앗을 잉태하라는 것이다. 두 번째는 사탄의 씨앗을 파괴하라는 것이다.

그리스도 안에서 미래를 낳으라

미래를 낳으라는 의미는 무엇일까? 우리에게는 우리의 삶을 향한 하나님의 거룩한 뜻을 잉태할 수 있는 능력이 있다. 마치 성령께서 예수님의 모친이신 마리아를 그 능력으로 덮으셨듯이, 우리도 그 능력으로 덮으시도록 성령님께 우리를 내어드리면 우리 역시 하나님 안에서 거룩한 씨를 잉태하여 사명을 낳을 수 있다.

거룩한 성령께서 임하셔서 그 능력으로 덮으실 것이며, 그로 인하여 잉태할 것이라고 가브리엘 천사가 마리아에게 예고했다. "천사가 대답하여 이르되 성령이 네게 임하시고 지극히 높으신 이의 능력이 너를 덮으시리니 이러므로 나실 바 거룩한 이는 하나님의 아들이라 일컬어지리라"(눅 1:35).

"덮다"라는 단어는 헬라어로 "그늘지게 하다" 또는 "밝은 빛 또는 아지랑이로 둘러싸다"1) 라는 뜻을 가지고 있다. 한마디로 말하면 가브리엘은 마리아가 장차 빛나는 안개와 아버지의 거룩한 임재의 그늘을 경험할 것이며, 거룩한 자를 잉태하게 될 것임을 알린 것이다. 그러므로 우리는 이렇게 말할 수 있다. "가브리엘은 마리아에게 거룩한 자를 태중에 잉태할 것이라고 전한 것이다"

성령 안에서 같은 일이 일어난다. 부부 사이에서 친밀함의 결과로 아이를 잉태하게 되듯이, 예수님이 신랑이고 우리(교회)가 그리스도의 신부라면 거룩한 성령의 덮으심을 경험하면 반드시 잉태해야 한다. 마리아가 하나님의 초자연적인 방문을 받은 후 아이를 낳았던 것처럼 우리 각자는 진짜 아이를 낳는 것은 아니지만, 거룩하고 신성하며 구별된 것을 낳으라는 소명을 받았다. 우리에게는 주님을 향한 거룩하고 구별된 부르심과 기름부음, 그리고 사명이 있다. 이 말씀은 "성령의 거룩한 능력으로 덮어짐을 받아서 우리에게 주시기로 예정된 거룩한 것을 잉태하는 것"이 우리의 사명이라는 뜻이다. 주님은 그분의 본성이 들어있는 거룩한 씨를 날마다 우리의 영적인 태중에 뿌리기 원하신다. 우리를 그 능력으로 덮으셔서 거룩한 사명의 씨앗이 착상되도록 성령님께 우리를 내어드릴 때, 우리는 미래를 잉태할 수 있다. 우리에게 주어진 하나님의 자녀가 되는 권세는 혈통이나 육정이 아닌 하나님의 씨로 된 것이라고 요한이 분명하게 기록했다(요 1:12-13 참조).

가브리엘이 마리아에게 하나님의 씨가 그대의 태중에 잉태될 것이라고 하자 순전한 믿음을 가진 마리아는 이렇게 믿음으로 대답했다. "주의 여종이오니 말씀대로 내게 이루어지이다…"(눅 1:38). 얼마나 놀라운 대답인가? 마리아는 동정녀였다. 천사가 이 예고를 하자마자 마리아는 사내를 알지 못하면서도 임신을 하게 될 판이었다. 하지만 마리아는 하나님의 계획을 따르기로 즉각 결정했다. 나는 천사가 이 놀라운 소식을 전할 때 마리아의 마음이 얼마나 급하게 요동쳤을지 궁금하다. 당신이 마리아라면 이 소식을 듣고 어떤 반응을 했을까? 가브리엘의 방문은 마리아가 기대하던 방문이 아니었다. 기도하던 중에 일어난 일도 아니었다. 즉, 잉태하게 해달라고 간구하지도 않았다. 아직 결혼도 하지 않았기에 한나처럼 필사적으로 잉태를 간구할 이유도 없었다. 그렇다고 레아나 라헬처럼 서로 경쟁적으로 야곱의 씨를 잉태하고자 하던 상황도 아니었다. 가브리엘의 방문은 마리아에게 전혀 뜻밖의 방문이었지만 그녀는 마음을 열고 자신을 향한 하나님의 계획을 받아들였다.

당신도 마리아 같은 사람인가? 나는 자녀를 간절히 간구하던 한나에 가까운 사람이다. 나는 더 많은 계시와 하나님의 씨를 달라고 하늘의 문을 쾅쾅 두드리는 사람들 중의 한명이다. 나는 육적으로는 한 아이를 출산했지만 영적으로는 계속해서 하나님의 말씀을 잉태하고자 필사적으로 매달리는 사람이다. 나는 끊임없이 주님을 구한다. 나는 그분의 임재의 그늘에 덮이기를 갈망한다. 그렇다. 나는 내 삶을 향한 그분의 뜻을 잉태하고, 출산하기 원한다. 당신도 나와 똑같은 열망을 가지고 있다고 믿는다. 그렇지 않으면 이 책을 읽을 생각도 하지 않았을 것이다.

마리아는 그리스도의 참된 종의 모습을 보여주었다. 우리 모두 마리아같은 사람이 되어야 한다. 비록 원하지 않았을지라도, 하나님의 씨를 잉태해야 할 때가 되자 그 자리에서 순종했다. 우리도 주님의 부르심에 응답해야만 한다. "네, 주님! 나는 주님의 뜻을 따르는 종이오며 그 어떤 것보다 주님만을 구하오니 주님께서 말씀하신 모든 것이 제게 이루어지이다."

잉태

나는 최근에 한 여성 집회에서 사역을 한 적이 있다. 그 집회의 주제는 성령의 덮으심과 그분의 씨를 잉태하는 것에 관한 것이었다. 집회 수주 전, 나는 이 주제에 대한 새로운 계시를 달라고 하늘을 향해 매달렸다. 결국 이 주제에 관련되어 주께서 나에게 주시기 시작한 계시는, "생각하는 방식"이 "마음을 잉태하는 것"과 관련이 된다는 것이었다. 나는 이에 대하여 지난 장에서 "기억해야 한다"는 것과 관련된 말씀을 드릴 때에 간략하게 다루기는 했지만 좀 더 자세히 다루도록 하겠다.

방금 말씀드린 "마음을 잉태하는 것"과 관련하여 사도 바울이 이렇게 말했다.

> 우리 가운데서 역사하시는 능력대로 우리가 구하거나 생각하는 모든 것에 더 넘치도록 능히 하실 이에게 교회 안에서와 그리스도 예수 안에서 영광이 대대로 영원무궁하기를 원하노라 아멘 엡 3:20-21

NIV성경에는 "생각하는"(Think) 대신 "상상하는"(Imagine)이라고 번역되어 있지만 개역개정성경에는 "생각하는"이라고 번역되어 있다. "생각하다"라는 단어에 해당하는 헬라어 "노이에오"(noeo)는 "상상"이라는 의미가 있지만 "인지 또는 인지하다"라는 뜻도 있다.[2] 이 단어의 뜻인 "생각, 인지"라는 의미 속에는 사실 "목적을 가지고 인지하기"라는 뜻이 포함되어 있다. 그러므로 친구들이여, 말씀을 생각하고 묵상할 때 우리는 그 말씀이 의미하는 내용을 "잉태"하겠다는 목적을 가지고 생각해야 한다. 이것이 바로 거룩한 것을 낳는 방법이다.

웹스터 사전은 "잉태"라는 단어의 뜻을 여러 가지로 설명했다.

1. 수태 또는 임신
2. 관념, 생각, 또는 개념(예: 마음의 생각)
3. 발단 또는 시작(예: 그 발단의 시점으로부터…)[3]

"생각하다"는 "인지하는 능력"를 가리킨다. 그리고 "인지하다 (perceive)"와 "잉태하다(conceive)"는 밀접한 관계를 가지고 있다. 특별히 우리가 배운 것에 대하여 우리의 마음이 어떻게 반응하는지를 이해하게 되면 이 둘의 밀접한 관계를 더 빨리 이해할 수 있을 것이다. 우리가 무엇인가를 볼 때 우리는 그것을 인지하게 된다. 그리고 우리가 본 것(인지한 것)은 눈을 감고 본 것을 기억하기 전까지는 마음속에 잉태되지 않는다. 우리가 한번 인지한 것을 어둠 속에서도 볼 수 있다면, 그것은 이미 마음속에 잉태되었다는 뜻이다. 다른 말로 하면, 어둠의 시간 속에서 하나님의 말씀을 기억할 수 있다면, 하나님의 말씀이 온전히 잉태되었다는 뜻이다.

이 책 전체의 목적은 독자들이 각자의 미래를 볼 수 있도록 돕는 것이다. 만일 당신이 미래를 볼 수 있다면, 당신은 미래를 잉태할 수 있다. 그리고 잉태되었다면 낳을 것이다. 다른 말로 하면, 성취될 것이다.

우리가 조성되기도 전에 우리를 먼저 알고 계신 하나님

예레미야 1장은 우리가 복중에 있기도 전에 하나님께서 우리를 알고 계셨다고 말씀한다(렘 1:5 참조). 여기에서 사용된 "알다"라는 단어는 성경 전체에서 남편과 아내 사이의 친밀함을 가리키는 단어로도 사용되었다. "아담이 그의 아내 하와와 동침하매 하와가 임신하여"(창 4:1). 그러므로 우리가 모태에 있기 전에 하나님께서는 우리 각자의 삶을 위한 목적을 잉태하고 계셨던 것이다. 하나님은 그 마음과 심장 속에 우리를 이미 잉태하고 계셨으며, 우리를 조성하셔서 모친의 태로 옮기신 것이다.

수태가 이루어지면 태중에 아기가 조성된다. 수태가 이루어지지 않으면, 하나님께서 아기를 조성하실 수 없다. 예레미야서는, 마치 토기장이가 진흙을 반죽하고 형상을 만드는 것처럼 하나님께서 예레미야를 빚으셨다고 말한다. 다시 말하자면, 예레미야가 모태 속에 들어가기 전에 하나님께서 먼저 그를 사명이라는 틀 속에 밀어 넣어 원하는 모양대로 만드셨다는 뜻이다.

이러한 과정을 거쳐 예레미야는 계획과 목적을 가지고 이 땅에 태어났다. 비록 예레미야는 육적으로 잉태되고 태어났지만, 그에게는 하나님의 성령에 의하여 부여된 목적이 있었다. 이는 우리 각자에게도 마찬가지이다. 하나님은 이미 태초부터 우리 각자를 위한 미래를 계획해 놓으셨다. 그분은 우리 각자에게 계획과 목적을 부여하신 후 태어나게 하셨다.

예레미야를 모친의 태중에 넣으신 것이 전부가 아니다. 하나님께서는 예레미야 안에도 사명의 "태"를 만들어 두셨다. 우리도 하나님의 씨를 받을 수 있는 잠재력, 즉 "태"를 가지고 있다. 성령께서 우리를 그 능력으로 덮으시도록 우리를 내어드리면 하나님의 씨가 우리 안에 잉태될 것이며, 하나님께서는 우리의 태중에 그분의 씨를 조성하실 것이다.

반드시 봐야 한다

예레미야는 모친의 복중에서 부름을 받은 전형적인 예(example)이지만 여전히 하나님께서 자신을 보셨던 것처럼 자신을 볼 수는 없었다.

> 여호와의 말씀이 내게 임하니라 이르시되 내가 너를 모태에 짓기 전에 너를 알았고 네가 배에서 나오기 전에 너를 성별하였고 너를 여러 나라의 선지자로 세웠노라 하시기로 내가 이르되 슬프도소이다 주 여호와여 보소서 나는 아이라 말할 줄을 알지 못하나이다 하니 여호와께서 내게 이르시되 너는 아이라 말하지 말고 내가 너를 누구에게 보내든지 너는 가며 내가 네게 무엇을 명령하든지 너는 말할지니라 너는 그들 때문에 두려워하지 말라 내가 너와 함께 하여 너를 구원하리라 나 여호와의 말이니라 하시고 여호와께서 그의 손을 내밀어 내 입에 대시며 여호와께서 내게 이르시되 보라 내가 내 말을 네 입에 두었노라 보라 내가 오늘 너를 여러 나라와 여러 왕국 위에 세워 네가 그것들을 뽑고 파괴하며 파멸하고 넘어뜨리며 건설하고 심게 하였느니라 하시니라 렘 1:4-10

이 구절을 공부하는 것이 중요하다. 왜냐하면 이 구절이 광야에서 벗어날 수 있는 힘을 우리에게 줄 것이기 때문이다. 주님께서 예레미야의 입술에 손을 대시기 전까지 예레미야는 그의 미래를 온전히 볼 수 없었다. 처음에는 예레미야가 스스로에 대하여 "하나님께서 나를 통해서 말씀하시기에 나는 너무 어리고 미숙하다"라고 말했다는 사실에 주목하라. 그는 사람들의 위협, 자신의 부족함, 두려움만을 생각했었다. 이에 주님께서는 그의 두려움과 불안함을 꾸짖으신 후 손을 내밀어 예레미야의 입에 대시면서 그의 입에 하나님의 말씀을 넣어주셨다. 예레미야의 입을 채우신 후 주님께서는 예레미야를 선지자로 세우셨다.

하나님께서 그분의 말씀을 우리의 입에 넣어주실 때, 우리는 우리 각자와 다른 사람들을 향한 하나님의 거룩한 목적을 신중히 전하게 된다. "주님, 우리의 입술을 지금 만져주시고 당신의 말씀을 우리의 입에 채우소서."

그리고 나서 주께서 예레미야에게 물으셨다. "네가 무엇을 보느냐"(렘 1:11) 하나님은 예레미야가 진리를 선포할 뿐만 아니라 그 진리를 보되, 하나님께서 보시는 방법대로 예레미야도 볼 수 있기를 원하셨다.

이스라엘은 하나님께서 보셨던 것을 보지 못했다. 그렇기 때문에 이스라엘 백성들은 자신들에게 주어진 하나님의 약속을 결코 잉태할 수 없었다. 그들이 약속의 땅에 정탐을 보냈을 때, 그들 중 오직 여호수아와 갈렙, 이렇게 두 사람만이 그 마음에 하나님의 신실하심을 품었다. 이 둘만이 하나님의 사명을 잉태하였던 것이다.

사랑하는 여러분, 우리는 반드시 하나님의 눈으로 봐야 한다. 모태 안에 조성하시기도 전에 우리를 아시는 그 분의 눈을 가지고 우리 자신을 바라보아야 한다. 하나님께서 보시는 대로 보아야 한다.

반드시 잉태해야 한다

이제, 하나님께서는 예레미야의 입에 믿음을 채워주셨다. 그렇다면 예레미야는 하나님께서 방금 주신 그 말씀을 받아들이고 잉태하였을까? 예레미야는 자신의 사명과 미래에 관련된 불안과 두려움이라는 어둠을 뛰어넘을 수 있을까?

예레미야와 주님 사이에 있었던 대화를 지켜보라.

> 여호와의 말씀이 또 내게 임하니라 이르시되 예레미야야 네가 무엇을 보느냐 하시매 내가 대답하되 내가 살구나무 가지를 보나이다 여호와께서 내게 이르시되 네가 잘 보았도다 이는 내가 내 말을 지켜 그대로 이루려 함이라 하시니라 렘 1:11-12

예레미야의 미래를 확신시키신 후, 주님께서는 방금 하신 말씀을 예레미야가 품고 잉태하였는지 알아보시기 위하여 이같이 물으셨다. "예레미야야 네가 무엇을 보느냐?" 그러자 예레미야가 대답했다. "내가 살구나무 가지를 보나이다" 이 구절이 예레미야가 하나님의 말씀을 그 심장에 품고 있다는 것을 확인해 준다. 살구나무는 봄에 가장 먼저 꽃을 피우는 나무 중 하나로 알려져 있다. 그러므로 예레미야는 자신의 삶 속에서 새로운 때가 열리기 시작한 것을 본 것이다. 할렐루야! 예레미야는 하나님의 계획과 목적을 잉태하였으며, 사명을 온전히 감당하기 위하여 생각과 삶의 형태도 재조정했다.

단순히 말씀을 고백하는 것만으로는 불충분한 경우가 많다. 하나님의 말씀을 심장으로 믿어야만 한다. 다시 말씀드리자면, 하나님께서 우리의 미래에 관하여 주신 말씀을 온전히 품을 때 우리는 주님께서 말씀하신 그 미래로 점차 이동하게 된다. 왜냐하면 하나님의 거룩한 것이 우리 안에서 태어날 것이기 때문이다.

주님은 "네가 바로 보았다"라고 말씀하시면서 예레미야의 믿음에 응답하셨다. 이처럼 주님은 주께서 주신 말씀을 서둘러 이루시려 했다. 그렇기 때문에 예레미야가 새로운 때를 받아들이자마자 예레미야의 사명을 위한 "급 전진 버튼"을 누르셨다.

사랑하는 여러분, 하나님은 우리에게도 똑같은 일을 하려 하신다. 오늘! 바로 지금! 우리의 삶을 위한 하나님의 계획을 온전히 잉태할 때, 우리 자신을 보는 시각이 즉시 바뀐다. 당신을 위한 새로운 때가 시작된다. 사랑하는 여러분, 당신의 미래를 바라보라! 그리고 잉태하라!

사탄의 씨를 파괴하라

지금까지 우리는 왜 하나님의 씨를 잉태해야 하는지에 대하여 논의했다. 이제 이번 장에서는 "사탄의 씨를 파괴해야 하는 이유"에 초점을 맞출 시간이다. 사탄은 결코 어리석지 않다. "하나님께서 우리를 모태에 두시기 전에 이미 우리를 알고 계시다"는 사실을 사탄도 알고 있다. 사탄은 우리가 거룩한 목적에 따라 이 땅 위에 조성되고 형성되

없다는 사실도 알고 있다. 그렇기 때문에 우리가 잉태된 순간부터 마귀가 우리를 공격한다는 사실은 조금도 놀라운 일이 아니다.

무엇보다 물리적인 세계에서 이런 일은 실제로 일어난다. 사탄은 모태에 잉태되는 하나님의 자녀를 표적으로 삼기 위한 모든 가능한 방법을 다 동원한다. 하나님께서 계획하신 사명의 자리에 태어날 기회를 원천적으로 봉쇄하기 위하여 사탄은 아직 태어나지도 않은 태아들을 겨냥한다. 유산이나 합법적 낙태 등을 통하여 하나님의 택함을 받은 사람들을 모태로부터 떨어지게 만드는 일이야말로 사탄이 사명을 도적질하는 데 사용하는 최고의 도구 중 하나이다. 하나님의 계획과 목적을 파괴하고 방해하고자 하는 존재는 바로 적그리스도의 구조이다.

두 번째로, 영적인 세계에서도 이런 일은 실제로 일어난다. 사탄은 그리스도를 통하여 우리에게 잉태된 거룩한 모든 것들을 낙태시키기 위한 적그리스도의 체계를 세웠다. 사탄의 목적은 하나님의 거룩한 것을 낙태시킴으로써 사명을 도적질 하는 것이다. 요한계시록 12장 4절이 이렇게 말한다. "용(사탄)이 해산하려는 여자 앞에서 그가 해산하면 그 아이를 삼키고자 하더니" 그렇다. 우리의 대적은 우리의 사명을 삼키기 위하여 기다리고 있다. 하나님께서 우리 안에 씨를 심으시고 우리를 그분의 아들과 딸로 삼으실 때, 우리의 미래를 도적질하려는 원수도 찾아온다. 영적 대전환의 순간에 **적그리스도**는 어김없이 찾아와서 "우리의 삶을 향한 하나님의 완전한 뜻"을 도적질하기 위한 사악하고도 견고한 진을 세운다. 그는 우리의 미래 또는 우리 자신과 관계된 모든 그리스도적인 것들을 파괴하려고 한다. 꿈, 아이디어, 비전,

이루어지지 않은 열망, 사탄은 이 모든 것들을 낙태시키기 위하여 노력을 멈추지 않는다. 만일 잉태를 중단시킬 수만 있다면 사탄에게 미래는 전혀 염려스럽지 않을 것이다. 만일 잉태가 이루어진다면 적그리스도의 영은 우리를 지치게 만들고, 우리의 미래를 빼앗아 버리기 위하여 밤낮으로 쉬지 않고 일을 할 것이다. 만일 당신이 하나님으로부터 약속의 말씀을 받으신 적이 있다면, 당신의 원수가 지금 당신을 추적하고 있으며 그 약속을 삼키려고 기다리고 있다는 사실을 믿어야 한다.

삼키는 자는 삼키는 일을 한다. 이것이 바로 사탄이 가지고 있는 파괴적인 특징이다. 야생의 늑대가 먹이를 삼키는 모습을 통해서 그 무시무시한 힘과 격렬함을 상상해 볼 수 있다. 탐욕스러운 공격, 찢고 쪼갬, 늑대는 자신의 굶주림을 채우기 위하여 포획한 동물의 생명을 잔혹하게 유린한다. 우리의 사명을 삼키기 위하여 두루 다니는 원수 사탄도 이와 똑같은 일을 한다. 이 사실을 확실하게 인식하라. 그는 우리의 약점을 자세히 파악했으며, 우리의 미래와 우리를 통하여 태어날 모든 사명을 빼앗기 위하여 적그리스도의 구조를 심어 놓았다.

남편인 미키와 나는 텍사스에 농장이 있는데 거기서 우리는 말들과 함께 즐거운 시간을 보내곤 한다. 사실, 나는 말들이 점점 더 좋아지고 있다. 최근에 한 암말이 새끼를 배었는데, 이 글을 쓰는 지금 이 순간에도 망아지가 태어날 장면을 본다고 생각하니 심장이 뛰기 시작한다. 우리 농장에는 불청객들도 많이 찾아온다. 바로 가축을 물어가려고 방문하는 코요테들이다. 이 잔인한 녀석들은 특별히 새끼를 배었기 때문에 빨리 움직이지 못하며 쉽게 지치는 암말을 사냥감으로 노린다. 새끼 밴 암말을 잃어버린다는 것은 새끼까지 함께 잃어버린다는 것을 의미한다.

그 암말의 모습이 떠오르는가? 우리의 모습과 별 차이가 없다. 만일 사탄이 우리를 미혹시킬 수 있다면, 그가 우리를 무기력하게 만든 다음 죽음의 장소로 몰아넣을 것이다. 그렇게 되면 우리 안에 있는 씨, 곧 우리가 낳을 사명도 함께 파괴된다. 주께서 우리에게 이렇게 명령하셨다. "근신하라 깨어라 너희 대적 마귀가 우는 사자 같이 두루 다니며 삼킬 자를 찾나니"(벧전 5:8). 사탄은 양의 옷을 입고서 사자처럼 두루 다니며 삼킬 자를 찾는 늑대이다. 그에게 필요한 것은 입구, 곧 열린 문이다. 입구가 열리면 잔인하게 돌진하여 우리를 파괴한다.

거기에 더하여 사탄의 모든 일은 그리스도를 대적하기 위한 일들이며, 하나님께서 씨를 뿌리심 같이 사탄도 씨를 뿌린다. 예수님께서 바리새인들에게 "너희는 너희 아비 마귀에게서 났다"라고 말씀하셨다. 이는 사탄이 거짓과 미혹을 통하여 어느 수준까지는 복제품을 만들어 낼 수 있는 사실을 암시한다. 요한복음 8장 44절이 말씀한다. "너희는 너희 아비 마귀에게서 났으니… 거짓을 말할 때마다 제 것으로 말하나니 이는 그가 거짓말쟁이요 거짓의 아비가 되었음이라." 이 구절은 예수님께서 자신을 살해할 음모를 꾸민 종교적 체계에 관하여 말씀하신 것이며, 또 씨를 심을 수 있는 (아비로서!) 사탄의 능력을 언급하신 것이다. 적그리스도의 구조들은 오늘날에도 하나님의 사람들을 공격하고 죽일 음모를 변함없이 꾸미고 있다. 우리가 매일 대면하는 적그리스도의 구조들은 예수님께서 이 땅에 계셨을 당시에 그랬던 것과 똑같은 방법으로 사람들의 마음과 생각에 심겨진다. 예수님의 보혈과 기적들, 심지어는 예수님이 주님이라는 사실마저 부정하는 종교적 구조가 한 예이다. 이렇게 생각하고 믿는 자들은 근본적으로 마귀의 자녀들이다. 그러므로 사탄은 자기의 씨를 심을 능력을 가지고 사람들의 마음과 생각에 영향을 미치며, 그 결과 이 땅에서 적그리스도의 체계를 확장시킨다.

사랑하는 여러분, 우리의 사명을 낙태시키기 위한 사악한 음모를 태어나게 할 사탄의 씨를 파괴해야 한다. 마귀와 적그리스도의 체계는, 하나님께서 우리를 보시는 시각으로 우리가 우리 자신을 보는 것을 결코 원하지 않는다. 그러므로 그리스도와 그분이 주신 사명에 우리의 초점을 맞춤으로써 원수에게 틈을 주지 말아야 한다. 적그리스도의 영을 이길 수 있도록 하나님의 그늘 아래 들어가야 한다. 그렇게 할 때 우리는 하나님의 거룩한 것을 태어나게 할 수 있다.

기억해야 할 것들

이 장을 끝맺으면서 잠시 예레미야의 때로 돌아가 보자. 하나님께서 예레미야에게 그의 미래와 관련되어 "무엇을 보느냐?"는 질문을 하셨을 때, 그는 하나님께서 자신에게 하셨던 말씀을 기억했기에 새로운 시기로 들어갈 수 있었다.

적그리스도는 우리의 때와 시기를 변개하려 한다. 특별히 축복의 때(단 7:25 참조)를 바꾸는 일을 하는데, 우리로 하여금 하나님의 선하심과 그분이 주신 축복의 약속을 잊어버리게 함으로써 이 일을 한다. 우리가 하나님의 약속을 잊어버리지 않고 있다면 사탄은 우리의 때와 시기를 침범할 수 없으며, 그 결과 우리의 미래는 잉태되고 태어나게 된다.

우리는 하나님께서 우리에게 어떤 개인적인 말씀을 주셨는지 기억해야 한다. 아무리 캄캄한 시간을 통과 중이라 할지라도 하나님의 신실하심을 잊지 말아야 한다. 때때로 어둠이 엄습해 오는 좁은 길을 내려갈지라도 여전히 하나님의 선하심을 기억하며, 그분은 약속하신 모든 것을 이루시는 분이라는 사실을 믿어야 한다. 그렇게 할 수 있다면 우리의 사명은 온전히 잉태된 것이다. 그분을 잊어버렸거나, 그분이 누구신지 기억나지 않는다면, 즉시 첫사랑으로 돌아가서 그분의 약속을 다시 잉태해야만 한다.

적그리스도를 대적하기 위한 과제

잠시 시간을 내서 당신의 마음을 다시 한 번 살펴보기 바란다. 전진할 준비가 되어 있는가? 당신을 약속의 땅으로 인도하겠다는 하나님의 약속을 기억하는가? 어쩌면 하나님께서 당신의 삶을 위하여 선포하신 말씀을 되돌아보고 기억해야 할 때가 지금일지도 모르겠다. 하나님께서 주셨던 예언적인 약속의 말씀 중, 하나님께서 이루어주실 것이라고 믿는 것을 다섯 개 기록하기 바란다.

1.
2.
3.
4.
5.

이제 하나님께서 약속하신 말씀을 확인해 주는 성경 구절 다섯 개를 찾아 아래에 기록하기 바란다.

1.
2.
3.
4.
5.

지금부터 닷새 동안 하나님께서 당신에게 하신 말씀이 마음과 생각 속에 새겨지고 잉태될 때까지 약속의 말씀과 성경 구절들을 반복하여 묵상하기 바란다. 하나님께서 당신의 미래를 위하여 준비하신 거룩한 것을 낳겠다는 결심을 한 당신이 너무 자랑스럽다.

다음 장에서는 우리가 생각하는 과정들에 대하여, 그리고 그 생각들이 믿음에 어떤 영향을 미치는가에 대하여 좀 더 심각하게 살펴보도록 하겠다. 나는 지금쯤 당신이, 이 책의 지금까지의 내용들이 바로 하나님과 당신 사이를 강화시킴으로써 결국 당신을 가장 높은 믿음의 자리로 세우기 위하여 쓰였다는 사실을 깨달았으리라 확신한다. 나는 당신의 모든 것을 위하여 기도하고 있다. 나와 함께 이 여정에 참여하지 않겠는가?

5장

헬라 사상과 거짓 가르침

Greek Thinking and False Teaching

거짓 그리스도들과 거짓 선지자들이 일어나 큰 표적과 기사를 보여 할 수만 있으면 택하신 자들도 미혹하리라 마 24:24

거짓 그리스도들과 거짓 선지자들이 일어날 때를 상상한다는 것은 끔찍한 일이다. 하지만 이 일이 새롭게 알려진 사실은 아니다. 1장에서 논의했던 대로 사탄은 **적그리스도** 자체이며, 세상이 창조된 이래로 계속하여 역사하고 있다. 사탄은 거짓 그리스도(또는 적그리스도)를 사용하여 하나님의 사람들을 끌어내리려는 시도를 멈추지 않고 있으며, 사탄이 사용하는 가장 중요한 도구는 거짓 선지자이다. 그리스도의 재림이 점점 더 가까워지고 있는 이때, 더 많은 거짓 구원자와 거짓 교사들의 출현을 보게 될 것이다. 그리스도인들인 우리는 반드시 그들을 분별하고 꾸짖을 수 있어야 한다.

전에 말씀드렸다시피, 나의 초점은 요한계시록에 등장하는 **적그리**

스도가 누구인가를 밝히는 데 있지 않다. 오히려 나의 목적은 적그리스도의 실체인 사탄의 일을 드러내는 것이다. 거짓에 속한 개개인에게 초점을 맞출 것이 아니라 거짓된 음성에 초점을 맞추어야 한다. 사탄의 음성은 우리를 날마다 미혹한다. 그러므로 매혹적인 음성이든 아니든, 사탄의 음성과 목자의 음성을 분별할 수 있어야 한다.

사탄은 많은 이름을 가지고 있다. 몇 가지 예를 들면 바알세불, 악한 자, 유혹하는 자, 벨리알, 원수, 속이는 자, 용, 거짓의 아비, 마귀, 살인하는 자 등이다. 이 세상의 시작과 함께 사탄은 각 개인의 삶, 도시, 가족, 정부 가운데서 자신을 높일 수 있는 자리를 찾아다녔다. 사도 바울은 사탄을 가리켜 "공중의 권세 잡은 자, 곧 지금 불순종의 아들들 가운데서 역사하는 영"이라고 지칭했다(엡 2:2) 사랑하는 여러분, 우리 영혼의 원수는 여전히 목소리를 내고 있으며 여전히 공중권세를 잡고 있다.

바울이 에베소에서 목회를 하고 있을 때, 많은 거짓 교사들이 거짓 교리를 무기 삼아 믿는 자들에게 영향을 미치고 있었다(공중권세 잡은 자가 일하고 있었다는 뜻이다). 그때 바울은 배후의 권세, 곧 사탄의 음성을 담대히, 그리고 강력하게 대적했다. 나중에 에베소 교회는 예수님으로부터 "첫사랑을 잃어버린 자"라는 책망을 듣게 된다(계 2:1-7 참조). 슬프게도 바울은 에베소 교인들에게 "그리스도를 향한 애정"이 별로 없다는 것을 알아차렸다. 적그리스도의 구조는 "헬라 사상"이라는 견고한 진을 사용하여 그들을 포로로 사로잡아 버렸다. 헬라 사상은 사람들로 하여금 말씀을 듣기만 하고 잉태하지는 못하게 만들어

버렸다. 처음 사랑을 잃어버린 그들은 타락과 배교에 빠지고 말았고, 사탄과 추종 세력들의 속임수에 무기력하게 노출되고 말았다.

분명히 짚고 넘어가겠다. 에베소 교회를 미혹했던 영들은 지금도 활동하고 있다. 그렇다. 우리는 지금 오래 전에 활동했던 그 영들과 전투를 하고 있다. 헬라에 영향력을 미쳤던 "공중 권세 잡은 자"는 바로 **적그리스도**가 과거에 냈던 음성이며, 이 **적그리스도**는 오늘날 사탄의 사악한 영향력 아래 놓인 "헬라 사상"의 구조 속에서 활동하고 있다. 이 오래된 음성은 지금도 우리를 미혹하여 하나님께 불순종하게 만들려 한다. 에베소 교회가 범했던 실수를 반복하지 말자.

사도 바울과 헬라 사상

아덴은 성경에서 "우상이 가득한 도시"라고 불렸던 유일한 도시였다. 누가는 사도행전 17장 16절에서 아덴의 영적 분위기를 "카테이돌로"라는 단어를 사용하여 설명했다. 이 단어의 뜻은 "우상이 가득한"[1] 이다. 역사학자들에 의하면 에베소에는 우상을 새긴 조각상들이 거리에 너무 많아서 길을 지나가기 어려울 정도였다고 한다. 우상들은 사람들이 손으로 정교하게 만들었다. 하지만 사실, 우상은 사탄과 적그리스도의 구조 속에 먼저 존재하고 있었으며, 개인과 가족, 정부, 그리고 믿음의 체계 전체를 미혹하는 사악한 마귀의 조직 속에 존재하고 있었다.

즉, 우상들은 우연히 만들어진 것이 아니라 사탄의 마음속에 잉태되어 있었던 것이다. 즉, 그가 경배 받고자 하는 욕망을 가졌을 때 우상은 그의 마음속에 잉태되었다. 사탄이 하늘에서 추방당할 때, 그는 이 세상의 모든 세대들에게 영향을 줄 계획을 다시 세웠다. 이 계획 안에 우상들이 포함되어 있다. 만일 그가 우상의 이름을 "사탄"이라고 했다면 아무도 속지 않겠지만, 그는 그렇게 하지 않았다. 대신 그는 사람들의 철학과 지식을 향한 탐구욕에 파고들었다. 그는 플라톤과 헬라 사상에 영감을 불어넣었다. 사탄은 사람들에게 "만일 사람들이 우상에게 경배하면 우상이 사람들의 소원을 들어줄 것"이라는 영감을 주어 우상들을 만들게 하였다. 예를 들면, 풍요와 다산을 원하는 사람들은 풍요의 여신인 다이애나를 만들어 섬기도록 하는 식이다. 사탄의 사악한 영감을 받은 생각들이 하는 일은, 하나님께로 돌아갈 예배와 경배를 갈취하며, 사람들이 자신의 필요를 채우기 위하여 하나님 대신 다른 것들을 의지하게 하고, 하나님의 사람들을 영원한 어둠의 노예로 만드는 일들이다. 사탄은 가짜 우상을 경배하게 함으로써 보혈과 십자가를 통한 그리스도의 구속 사역을 간단히 제거하려 했다. 말 그대로 "그리스도의 대적"이다.

바울이 에베소의 아덴을 방문했을 때, 그는 이전에 보지 못했던 우상숭배를 직면하게 되었다. 그가 본 것은 마피아 스타일의 사악한 체계, 즉 특정한 목적을 위하여 각 지역마다 할당된 악령들의 조직체였다. 바울이 이 지역들을 통과할 때, 그는 "생지옥"이라 불릴만한 일들을 경험하였다. 그는 실로 영적인 영역에서 영적인 전투를 치렀다. 바울이 치룬 전투는 실제 군인들과 마주하고 싸우는 전투는 아니었다. 그의 전투는 바로 **적그리스도** 자신인 사탄과 대면하여 싸우는 전투였다. 잘 알려진 신학자인 피터 와그너는 아덴을 방문하고 있던 바울에 대하여 이렇게 말했다. "아덴 시에 할당된 지역의 영들과 그 지역의 헬라 사상은 너무 강력하고 뿌리가 깊어서 바울로서는 극복하기 어려웠다."2) 바울이 그곳에서 왜 그렇게 고전했는지에 대하여 와그너가 계속 설명한다. "그 도시를 다스릴 수 있는 권리를 수백 년 동안 지역의 영들과 헬라 사상에게 주었던 견고한 진은 어떤 것도 뚫고 들어갈 수 없을 정도로 대단했다."3)

사도행전 17장 16-17절은, 아덴이 온통 우상숭배로 가득하다는 사실을 알게 된 바울이 "자신의 말을 들어줄 사람이 있을 것"이라는 기대를 가지고 회당에 있는 자들과 상업의 중심지에 있는 영향력 있는 자들을 만나 논쟁했다는 것을 알려준다. 마르스의 언덕에서 헬라 철학자들에게 설교하는 일을 바울보다 더 잘 할 수 있는 사람이 누구겠는가? 바울은 한 때 자긍심을 지닌 전형적인 인물이었다. 그러나 하나님의 말씀을 전하는 자가 되기 위하여 교만의 자리에서 내려와야만 했다. 바울은 다메섹 도상에서 그리스도를 만나기 전까지, 하나님을 지식적으로만 알았다.

바울의 말에 자극 받은 철학자들은 바울에게로 모여 그에게 최신 "철학"을 듣고자 했다. 당시 헬라의 철학자들 사이에는 이론과 생각을 서로 나누고 지성적으로 토론하는 일이 활발하게 이루어지고 있었다. 그들은 자신들의 논쟁 기술에 큰 자부심을 가지고 있었고, 자신들의 생각을 논리정연하게 표현할 수도 있었다. 그들의 어떤 토론과 논쟁도 "모든 것을 변화시키는 하나님의 능력"과 같이 사람을 변화시킬 수 있는 능력이 없음에도 불구하고 지성주의 형태의 모임에 많은 사람들이 모였다. 하지만 헬라 철학자들은 바울의 말을 받아들이지 않았다. 헬라 사상에 너무 젖어 버렸기 때문이다. 그들은 진리에 관심을 보였지만, 막상 진리가 소개되면 헬라 사상으로 응수했다. 바울은 그들이 너무 종교적이며 미신적이라서 진리를 듣지 못한다고 한탄했다. 바울은 "스스로 세력을 만들고 온 지역을 세뇌시킨, 그리고 하나님에 대한 반역의 중심부에 세워진 사악한 구조"의 존재를 인식했다.

오늘날도 복음이 증거될 때 같은 일이 일어난다. 우리는 모두 너무 자주 지적인 사람들이나 말을 잘하는 사람들을 찾는다. 그들은 당신의 마음에 도전을 줄지는 몰라도 당신의 심령에 도전을 주지는 못한다. 바로 이 때문에 그런 장소에 하나님의 임재나 능력이 나타나지 못한다. 하나님의 존재는 인간의 지식으로 증명될 수 없다. 하나님은 영이시다. 그렇기 때문에 오직 성령께서 사람의 이성을 지배하실 때 하나님의 존재가 드러난다.

너무 많은 사람들이 자신들의 일과 계획에 지나치게 사로잡혀 있기 때문에 진리를 분별할 시간을 만들지 못한다. 아텐에서 그랬던 것처럼, 우리가 가지고 있는 헬라 사상은 부활을 이해하지 못하게 우리 스스로를 방해하며, 이해하려는 시도마저 막는다. 예수님이나 바울의 때처럼, 진리가 드러나면 불결한 영들도 함께 일어나서 "우리를 내버려둬!"라고 말한다. 사랑하는 여러분, 이것이 바로 우리의 믿음 체계에 침투하려는 사악한 영들의 조직망이다.

헬라의 영

서구 문화는 헬라 사상과 철학을 수용하였으며, 고대 헬라의 영향력은 오늘날 현대 사회 속에 견고한 진을 형성하고 있다. 사실, 우리는 날마다 헬라의 영에게 악한 영향을 받는다. 사도들이 헬라 철학, 곧 "지혜를 사랑하며, 지식을 오만하게 자랑하는 헬라 철학"의 침투를 목격했던 것처럼, 오늘날 우리는 하나님을 모독하는 불경건한 지성주의와 믿음의 체계가 우리 주변을 에워싸고 있는 것을 본다. 우리는 수백 년 전 그리스와 주변 국가들에 역사했던 "적그리스도의 구조"와의 전투에 참여하고 있다.

길레모 말도나도가 쓴 책인 《새 포도주 세대》에서 저자는 헬라의 영이 끼치는 영향력을 집중적으로 다루었다. 저자는 이렇게 말했다. "헬라의 영은 초자연적인 영적 세계에서 으뜸가는 원수이다."4) 적그리스도의 영이 예수님의 모든 것을 부정한다는 사실에 비추어 볼 때, 적그리스도의 거짓 가르침 역시 하나님의 초자연적인 능력과 예수님과 관련된 모든 것을 부정한다는 것을 알 수 있다. 헬라의 영은 "사람들의 유일한 목적은 신이 되는 것"이라는 인본주의적 사상에 물든 견고한 구조가 세워지도록 부추긴다. 이것이 바로 적그리스도의 구조이다! 사람이 신이 된다는 말이 바로 노골적인 적그리스도의 사상이다!

만일 당신이 "상황 또는 믿음의 일"에 관하여 하나님을 의지하는 대신, 그것들을 이성적으로 판단하거나 지성적으로 분석하고 있다면, 당신은 스스로를 신으로 만들어 가는 중이라는 사실을 알아야 한다.

말도나도에 따르면, 헬라 사회는 호기심을 끄는 사상과, 사람의 지혜와 지식을 사랑했다고 한다.5) 헬라인들은 아리스토텔레스나 플라톤 같은 철학자들을 신봉하였고, 철학적 생각이나 인간의 이성에 대한 논쟁에 참여하는 것을 즐겼다. 이러한 분위기 속에서 그리스도의 교회가 태동했으며, 하나님께서는 그의 사도들을 보내사 사악한 구조와 다이애나, 아테네, 소피아 (이들에 대하여는 나중에 다루겠다) 등의 우상들을 파괴케 하셨다. 오늘날 우리의 마음에 영향을 미치는 악한 진을 대적하는 전투를 벌일 때, 하나님께서는 우리를 통해서도 똑같은 일을 행하신다.

잠시, 말도나도가 설명한 헬라 철학을 진단해 보자. 오늘날 우리가 접하는 문화나 우리 주변의 환경 가운데 다음과 같은 특성들이 발견되는지 점검해 보라. (말도나도의 통찰을 인용하면서 나의 견해도 약간 첨가하였다.)

1. 과학으로 설명되지 않는 모든 것을 부정함

우리는 믿음으로 살고, 보는 것으로 살지 않는다. 이 점을 기억해야 한다. 이해할 수 없는 성경의 구절이 있다 할지라도 말씀은 거룩하고 진리이다.

2. 마귀의 존재를 부정하거나 마귀의 축사를 부정함

사탄은 자신의 활동을 알아차리지 못하는 사람들을 좋아한다. 그는 남들이 자신을 가만히 내버려 두기를 원한다. 마귀를 축출한다는 것은 하나님의 나라가 임하였다는 선언이다 (눅 11:20 참조).

3. 초자연적인 역사를 부정함

하나님은 우리가 예수님께서 행하셨던 일들, 곧 초자연적인 기적을 포함한 모든 일들을 행하도록 격려하신다.

4. 그림, 동상, 건축물, 조각 등 그 어떤 형태이든 아름다움을 칭송하고 우상화시키는 행위

우리는 예수님만 바라보아야 하며 그 어떤 "것"들도 섬기지 말아야 한다.

5. 육체를 사랑하고 섬기는 행위

이러한 행위는 과도한 성형, 젊은이들의 강박관념, 집착, 맹목적 연예인 모방, 그리고 모든 종류의 성적인 왜곡으로 이끌어간다.

6. 스포츠에 대한 건전하지 못한 열정과 우상화

올림픽의 기원은 그리스(헬라)이다. 헬라의 영은 건전하지

못한 경쟁심을 자극한다.

7. 영화, 명성, 예술, 가장 무도회, 연극

연기자는 자기 자신이 아닌 다른 사람을 연기한다. "위선"(hypocrisy)이라는 단어의 실제 의미는 "연기를 하다"[6]이다. 오늘날, 위선자는 당신 앞에서는 이렇게 행동하지만 다른 곳에서는 다른 사람처럼 행동하는 사람이다. 교회에서만 종교적인 그리스도인들에게 적당한 단어이기도 한다.

8. 약물 중독(약을 지나치게 의존하는 것)은 헬라의 영에게 속한 일이다

"파마케리아"는 영어의 "약국(pharmacy)"에 해당하는 헬라어 단어이다. 그런데 헬라어에서는 이 단어가 마술과 마법이라는 뜻과 연관되며 "독을 넣다" 또는 "약을 복용시키다"[7]라고 정의된다. 헬라 철학은 하나님의 초자연적인 치유를 부정하고 대신 철저히 약을 의지한다.

9. 자기애(narcissism): 자기를 우상으로 삼음. 자화상에 기초한 과도한 자기 사랑과 초자아(super-ego)가 가지는 특징

세상을 만드신 하나님이 아닌 나를 중심으로 세상이 돌아간다고 느낀다면, 헬라의 영에게 미혹된 것이다. "자기애(narcissism)"라는 단어는 그리스 신화에 나오는 "나르시스

(narcissus)"에서 파생되었다. 나르시스는 물에 비친 자신의 모습을 보고 "이 얼마나 아름다운가!"라고 말하며 우쭐했던 잘생긴 그리스 소년이었다. 이는 오늘날 심각한 성격 장애로 드러난다. 의학적 용어로는 자기애적 인격장애(narcistic personality disorder, NPD)라고 하며, 이는 과장하는 패턴이 점점 커지고 극도로 주목을 받고 싶어 하는 증세로 나타나는 인격 장애이다.

10. 음란물

"포르네이아"라는 단어는 성적 학대와 관계된 헬라의 신 "포른(Porn)"에서 나온 단어이다. 헬라 사람들은 자신들의 신 "포르노"에게 제사를 드린 후 가증한 성적 교합, 난교, 매춘을 일삼았다.

11. 웅변술: 해석학과 설교학

말하는 것을 매우 좋아하는 사람을 만난 적이 있는가? 나는 인간의 지성주의에 완전히 물든 헬라의 웅변가들을 생각하면서, 헬라인들이 그들의 웅변을 좋아할 수밖에 없었을 것이라는 생각을 했다. 사실, 그들은 마귀의 교리에 동의한 채 말한 것이다. 말도나도가 말했다. "웅변술은 하나님의 말씀을 설교하던 헬라식 방법이었다."[8] 헬라 사상은 완고하였기 때문에 이러한 형태의 설교는 성령님께 기적을 일으킬 기회를 드리지 않았고, 몸 된 교회 역시 초자연적인 역사를 볼 수 없었다. 말도나도는 계속하여 이렇게 말했다. "해석학(hermeneutics) 이라는 단어는 올림포스의 지혜의 신이며 예술과 문학의 신의 이름인 헤르메스의 이름에서 왔다. 그는 독창적이고, 설득력이 있으며, 카리스마를 가지고 있다. 또한 거짓말쟁이와 도둑들로부터 지켜주는 존재이고 신들의 전령이기도 하다."9) 인간은 이성을 사용하여 하나님을 판단하고 해석한다. 우리는 하나님께서 우리를 위하여 예비하신 모든 것을 원한다고 말하면서도, 모든 상황마다 종종 하나님의 신성을 이성적으로 판단한다. 우리는 한계를 벗어 버리고 성령님의 역사를 온전히 받아들여야 한다. 하나님은 인간의 생각으로 이해될 수 있는 분이 아니다.

불순종으로 이끄는 헬라 사상

위의 목록들을 점검하면서, 현재 이 세상의 문화와 환경 가운데 헬라 사상이 얼마나 활발하게 활동하고 있는지 알았을 것이다. 헬라의 영은 여러 가지 모습으로 나타난다.

먼저, 헬라의 영은 불순종의 모습으로 나타난다. 불순종이 무엇인지 분별할 수 있는가? 나의 부모님은 나에게 불순종의 결과가 무엇인지 자주 말씀해 주셨기 때문에 지금도 그 가르침들이 기억난다. 아버지와 어머니는 나에게 불순종이란 "부모님에게 마음을 쓰지 않는 것"이라고 가르쳐 주셨다. "마음을 쓰다"라는 것이 어떤 의미인가? 나는 이 의미가 나의 "마음"과 "의지"를 사용하여 "부모님의 마음에 내 마음을 맞추다"라는 뜻이라고 생각한다. 또한 "마음을 쓴다"는 뜻은 "부모님의 가치와 생각과 의견"을 받아들인다는 뜻이다. 이는 자동차들이 없는지 확인하기 전에는 도로를 건너지 않을 정도의 쉬운 일인 것 같기도 하지만 더 어려운 일일 수도 있다. 부모님에게 "마음을 쓰다"라는 것은 모든 일에 순종한다는 것을 의미하기도 한다. 그렇지 않으면 체벌을 받을 것이다.

이것은 하나님께도 동일하다. 바울은 고린도 교인들에게 "주의 마음을 가졌다"라고 말했다(고전 2:16). 바울이 말하고 싶었던 것은 "그리스도의 마음을 가졌다는 것은 사람이 아닌 하나님으로부터 지시를 받는다는 뜻이다"라는 것이다. 그는 "사람의 지혜가 가르친 말로 아니하고 오직 성령께서 가르치신 것으로 하니 영적인 일은 영적인 것으로 분별하느니라"라고 말했으며 또, "육에 속한 사람은 하나님의 성령의 일들을 받지 아니하나니 이는 그것들이 그에게는 어리석게 보임이요, 또 그는 그것들을 알 수도 없나니 그러한 일은 영적으로 분별되기 때문이라"고 말했다(고전 2:13-16).

그리스도인들은 너무 자주 자신의 귀를 즐겁게 하는 말들을 듣기 좋아한다. "깊은 설교"를 듣기는 하지만 모임을 떠날 때 그들의 마음 속에는 "변화하려는 의지"가 하나도 생기지 않는다. 히브리 정신과 헬라 정신에 차이가 있다. 히브리인들은 계시를 추구하며 실생활에 그 계시를 적용하지만, 헬라인들은 지식을 얻기 위하여 지식을 추구하되 실생활에는 결코 적용하지 않기 때문에 삶이 바뀌지 않는다. 이는 그리스도의 마음을 알고자 하는 태도가 아니다. 이러한 태도는 확실히 불순종의 태도이다. 왜냐하면 우리는 말씀을 듣는 자만 될 것이 아니라 행하는 자가 되어야 하기 때문이다. 행함이 없는 믿음은 죽은 것이 아닌가?(약 2:17 참조).

그리스도께 마음을 쓰지 않는 것이 곧 불순종이다. 왜냐하면 하나님께 마음을 쓰지 않은 것과 동일한 일이기 때문이다. 또한 우리의 마음을 하나님의 마음에 일치시키지 않는 것이 불순종이며, 그분의 뜻에 우리의 뜻을 맞추지 않는 것이 불순종이다. 뿐만 아니라 하나님의 가치와 생각과 의견을 받아들이지 않는 것도 불순종이다. 모든 일에서 그분께 순종해야만 한다. 그렇지 않으면 불순종이다. 우리에게 주신 약속을 성취하려면 반드시 그분께 순종해야만 한다.

우상숭배로 이끄는 헬라 사상

지금까지 우리는 헬라인들이 얼마나 우상숭배에 빠졌는지를 보았다. 그러므로 헬라 사상은 우리를 우상숭배로 이끈다는 사실을 인식해야만 한다.

우상숭배는 단순히 거짓 형상에 절하는 것 이상을 의미한다. 우상숭배란 하나님 또는 하나님의 말씀을 다른 것으로 대치해 버린다. 우상숭배는 스포츠, 연예, 자녀들, 배우자 등의 모습으로 나타날 수 있다. 그런데 "지혜"도 우상숭배가 될 수 있다는 생각을 해 본 적이 있는가? 어떤 지혜를 구하는가? 하나님의 지혜인가? 사람의 지혜인가? 만일 그 어떤 지혜를 하나님의 지혜 위에 놓는다면, 그것이 바로 우상이다.

버가모는 고대 헬라제국에 속한 곳으로서, 그곳 사람들은 하나님과 그분의 진리를 믿는 일보다 헬라 철학과 인간의 이성을 더 숭상했다. 헬라인들은 자신들의 능력으로 "인간이 도달할 수 있는 지혜의 최고 경지"에 이르렀다며 자랑했다. 그렇기 때문에 그들은 자신들의 지성적 능력에 한껏 자부심을 가졌다. 예수님은 이러한 버가모에 대하여 사탄의 권좌가 있는 곳이라고 말씀하셨으며, 또 우상숭배와 죄악 그리고 거짓 교훈을 받아들인 것도 지적하셨다.

그리스도인들인 우리는 자주 사람의 지혜를 추구하는데, 이 때문에 주님의 몸 된 교회에는 혼란이 찾아온다. 또한 주님이 아닌 사람을 바라볼 때가 너무 많다. 이러한 행동의 결과로 하나님의 나라가 아닌 사람의 나라가 세워지며, 사탄에게 자리를 내어주어 사악한 영들에게 그 지역에 대한 권세를 장악할 빌미를 주게 된다. 나는 여러 신자들이 멋진 설교나 표적과 기사를 보기 위하여 여러 모임과 집회를 열성적으로 찾아다니는 것을 많이 보았다. 많은 그리스도인들은 신랑이신 예수님과의 친밀한 시간을 가지는 것보다 훌륭한 설교나 기적을 보는 일에 더 많이 흥분하는 것처럼 보인다. 우리 중 적지 않은 수의 그리스도인들이 교회 안에 있는 "유성들(shooting star)"에게 속아 넘어간다. 주님과의 관계가 제대로 되어 있으면 표적과 기사는 따라오게 되어 있다. 하지만 우리의 눈은 표적과 기사 그리고 사람의 지혜에 고정되어 있다.

여기서, 잠시 나 자신도 집회의 강사 중 한 명이라는 것을 말씀드리고 싶다. 나는 그분의 말씀에 따라 그분의 말씀을 전하는 것을 매우 좋아한다. 하지만 그분의 음성을 정확하게 전하는 사람이 되기 위해서는 먼저 그분과 친밀해야 한다. 나는 종종 집회가 하나님과의 친밀함을 대신할 수 없다고 말하곤 한다. 그리스도인들에게 있어서 주님과의 일대일 관계가 "뜨거움이 있는" 집회를 열성적으로 찾아다는 것보다 훨씬 중요한다.

우리에게는 "주님과 함께 있는 시간"과 "성령께서 이끄시는 가르침의 시간" 둘 다 필요하다. 우리에게 필요한 것은 성령께서 이끄시는 가르침이지 사람의 지혜에 근거한 위대한 웅변, 교훈적 관념 등이 아니다. 우리가 사람들의 말에 초점을 맞출 때, 가증한 우상숭배에 관여하게 되며 적그리스도의 구조에 의하여 세워진 거짓 믿음 체계에 동의하는 것이다. 우리는 다양한 사람들을 우상으로 섬길 수 있다. 즉, 목사, 복음전도자, 그리고 여러 복음 사역자들을 숭배할 수 있으며, 때론 대통령, 연예계 스타, 유명 스포츠 선수들을 숭배할 수도 있다. 더 이상 사람의 말과 행위만 주목하지 말고, 그리스도를 닮은 존중할 만한(경배가 아닌) 리더를 구하자. **적그리스도**는 우리를 미혹하여 자신의 추종자로 만들기 위하여 모든 "옳은 말들"을 할 것이다. 이를 기억하라.

황폐함으로 이끄는 헬라 사상

지금쯤 당신은 헬라 사상을 주도하는 적그리스도의 구조가 사람을 기반으로, 그리고 사람들의 능력을 기반으로 세워졌다는 것을 감지했을 것이다. 많은 사람들은 문제를 해결하기 위하여 진이 다 빠질 때까지 사람을 찾아다니거나, 인간적 방법을 동원한다. 이러한 일을 할 때 생기는 중대한 문제는 "사람을 신격화시키며 의지하면, 하나님과의 친밀함은 더 이상 생겨날 수 없다"는 것이다. 친밀함의 결핍은 곧 황폐함을 낳는다. 친밀함이 없으면 잉태도 없다.

예수님께서 말씀하셨다. "믿는 자들에게는 이런 표적이 따르리니 곧 그들이 내 이름으로 귀신을 쫓아내며 새 방언을 말하며"(막 16:17). 우리가 주님 안에 있으면 우리의 삶은 열매를 맺는다. 하나님께서 맺게 해주신 열매가 바로 표적이며 기사이다. 사람이 아닌 하나님을 의지할 때, 우리는 하나님의 일을 이루는 사람들이 될 것이다.

그렇다. 하나님이 아닌 사람을 의지하는 일은 우리를 황폐함으로 이끈다. 그런데 이것 말고도 잉태를 방해하는 것이 두 가지 더 있다. 첫 번째는 인내심의 부족이다. 우리는 하나님께서 그분의 일을 우리 안에서, 또는 우리를 통하여 나타내실 때까지 기다려야 한다. "사도의 표가 된 것은 내가 너희 가운데서 모든 참음과 표적과 기사와 능력을 행한 것이라"(고후 12:12). 이 구절에서 사용된 "참음"에 해당하는 헬라어 "후포모네"는 "기쁨과 성실 가운데 인내하며 성실함"이라는 뜻을 가지고 있다. 이 단어는 인내의 지속(기다림)을 가리키기도 한다. 이는

"머무르다, 고난을 견디다, 강한 참을성, 지키다" 등의 의미도 가지고 있다.10) 그러므로 사도들은 인내를 통하여 표적과 기사를 행하였던 것이다. 사랑하는 여러분, 기적을 기다리는 동안 믿음을 잃지 않고 굳게 서려면, 그리스도와의 개인적인 관계를 발전시켜감으로써 영적인 인내심을 개발해야 한다.

두 번째 장애물은 하나님께서 하나님의 때에 우리의 필요를 채워주신다는 것을 믿지 못하는 우리의 태도이다. 나는 이것이 하나님의 씨를 잉태치 못하게 하는 근본적인 문제라고 생각한다. 하나님께서는 이미 우리가 있는 곳에 와 계신데도 우리는 하나님을 찾으러 나선다. 우리가 하나님을 찾아 나설 때, 성령을 따라 판단하는 대신 종종 육신의 눈이 보는 대로 판단하기 때문에 쉽게 속는다. 하나님은 항상 우리에게 기꺼이 기적을 베푸시며 응답을 주시는 분이다. 하나님은 당신을 주님의 임재 가운데로 인도하시는 능력의 하나님이시다. 그런 주님보다 사람을 칭송하고 사람의 지혜를 높임으로써, 당신으로 하여금 하나님의 임재로 들어가지 못하게 방해하며, 당신을 계속 황폐한 곳에 머물게 하려는 존재가 바로 적그리스도의 구조이다.

거짓을 **칭송하는** 헬라 사상

빨리 기적을 체험하고 싶은 나머지 마음이 조급해지면 미혹되기 쉽다. 누군가 기적을 행한다고 하면, 그 사람이 누구인지 관계없이 찾아

다니게 되며, 결과적으로 추악한 일들이 일어나게 된다. 하나님께서 우리의 필요를 채워주시지 않는다고 생각되거나 주님의 음성을 들을 수 없다고 느껴질 때, 우리는 종종 다른 수단을 찾곤 한다. 그렇다. 사람에게 대답을 듣기 위하여 찾아가 보지만 오히려 마음이 혼란해지기도 한다. 그러나 우리에게 해를 끼치는 존재는 사람만이 아니다. 신비사술 등의 사악한 수단들도 있다. 우리가 인내로 하나님을 기다리지 못하면, 대신 우리를 열정적으로 기다리는 점성술사, 무속인, 점쟁이 등을 만나게 될지도 모른다.

하나님이 행하신 일을 통하여 사람이 영광을 받는다면, 그것은 전형적인 "거짓 기적"이다. 사람은 사람을 치유할 수 없다. 하나님께서 하신다. 사람을 통하여 치료받았다거나 신비사술을 통하여 치료받았다는 모든 간증은 거짓된 치유의 간증일 뿐이다. 왜냐하면 오직 하나님만이 치유하실 수 있기 때문이다. 그분이 "여호와 라파", 즉 "치료하시는 하나님"이시며 사탄은 그 비슷한 일도 할 수 없다.

하나님만이 참 능력의 근원이시라는 사실을 잊고 하나님 이외의 다른 것에게 도움을 구하는 그 일이 바로 거짓을 찬양하는 일이며 적그리스도의 영에게 문을 여는 일이다. 예수님께 눈을 고정하고 절대로 떼지 마라! 그리스도의 마음을 품으라. 그리하면 그분의 사랑과 능력을 드러내는 삶으로 바뀔 것이다.

마음을 새롭게 하라

헬라의 영은 하나님의 사람들 안에 견고한 진과 경건치 못한 생각을 세울 기회를 노리고 있다. 또한 헬라 사상이 내 안에 있으면, 하나님의 나라 목적을 이룰 수 없다. 그러므로 헬라의 영과의 전투는 마음과의 전투이기도 하다.

이제 우리는 그리스도의 마음을 드러내기 위하여 마음을 새롭게 하기로 결정해야만 한다. 주님은 우리에게 헬라인들처럼 되지 말고, 이 세상의 지혜, 즉 자연적 지혜를 따르지 말며, 대신 마음을 새롭게 함으로써 변화를 받으라고 명하셨다(롬 12:2 참조).

진정한 변화의 좋은 예는, 예수님께서 변화산에서 모세와 엘리야를 만나셨을 때 용모가 변화되셨던 일이다(마 17:1-5 참조). 이때 일어난 일은 사람의 이성으로는 설명할 수 없는 일이다. 천국이 예수님을 만졌고, 주님의 몸은 이 세상에 없는 밝음으로 빛났다. 주님의 얼굴은 눈부시게 빛났으며, 그 옷은 햇빛같이 희어졌다. 예수님은 천국의 만짐을 경험하셨고, 우리 역시 같은 경험을 통하여 변화될 수 있다.

마태복음 17장에 나오는 "변형"이라는 단어와 로마서 12장 2절에서 사용된 "변화"라는 단어는 같은 단어이다. 그러므로 우리의 마음이 변화될 때, 우리는 하늘의 만짐을 경험하며 변화를 맛보게 된다. 새롭게 된 마음은 사람의 자연적 지혜가 아닌 하늘의 광명과 지식을 반사한다. 천국이 우리의 마음을 변화시킬 때, 우리에게 밝은 빛이 나타나며 더 많은 빛과 진리가 계시된다. 그 결과 하늘의 사고방식으로 생각하게 되며, 하늘의 방식으로 반응하게 된다. 우리가 변화될 때 우리의 자연적, 헬라적, 철학적 사고방식도 갑자기 천국을 반영하는 것으로 바뀌며, 우리의 사고방식이 변화될 때 천국과 일치되는 일이 훨씬 쉬워진다. 나는 천국의 사고방식대로 생각하지 않는 한, 우리의 사고방식은 절대로 새롭게 될 수 없다고 믿는다.

또한, 전에 말씀드린 대로, 우리의 마음이 새롭게 될 때, 잉태가 이루어진다. 마태복음 17장 5절을 보면, 빛난 구름이 예수님과 세 제자들을 덮으면서 예수님을 향한 하나님의 음성이 재차 들렸다. 즉, 예수님께서 세례 요한에게 세례를 받으실 때 아버지 하나님께서 말씀하셨던 아들의 사명을 재확인시켜 주셨던 것이다. 우리가 변화될 때, 하늘에 계신 아버지께서는 우리에게도 똑같은 일, 곧 사명을 재확인시켜 주시는 일을 하신다. 우리가 변화될 때, 우리 역시 주님의 능력과 임재가 우리를 덮는 것을 경험할 것이며, 우리의 삶을 향한 그분의 계획이 드러나게 될 것이다.

변형과 변화의 수준을 계속 유지하기 위해서는 끊임없이 마음을 새롭게 해야 한다. "새롭게 하다"에 해당하는 헬라어는 "아나카이노시스"이며 이 단어는 "수선"(Renovation)[11])이라는 뜻을 가진 단어에서 나온 말이다. 이 Renovation이라는 단어는 "엄청난 개조" 즉, 오래된 것을 무너뜨리고 새로운 것을 세운다는 것을 의미한다. 하나님께서는 우리의 내면에 이 같은 일을 행하고 싶어 하신다. 주님께서 우리를 변화시키고 마음을 새롭게 해 주신다. 그 결과 우리는 사람의 계획이 아닌 하나님의 계획을 따르게 되어 결국 엄청난 개조를 경험할 것이다.

견고한 진을 무너뜨리라

마음을 새롭게 하는 데는 노력이 필요하다. 큰 개조를 하려면 견고한 진을 무너뜨릴 영적 무기로 채워져 있는 무기고를 이용해야 한다. 주님은 우리에게 헬라의 영이 세운 견고한 진, 곧 우리의 마음에 사악한 영향력을 미치는 견고한 진을 파괴할 수 있는 강력한 영적 무기를 이미 주셨다. 고린도후서 10장 4-6절에 따르면, "우리의 싸우는 무기는 육신에 속한 것이 아니요 오직 어떤 견고한 진도 무너뜨리는 하나님의 능력이라 모든 이론을 무너뜨리며 하나님 아는 것을 대적하여 높아진 것을 다 무너뜨리고 모든 생각을 사로잡아 그리스도에게 복종하게 하니"라고 했다. 이에 대하여 더 자세히 살펴보겠다.

"진"(견고한 진)은 내가 책의 첫 부분에서 말씀드린 대로 사탄이 우리 안에 견고한 요새를 세워놓은 영역 또는 장악한 모든 영역을 의미한다. 이는 헬라어로 "오퀴로마"로서 "요새, 혹은 요새화 된 지역"이라는 뜻을 가지고 있다.[12] 바울은 이 견고한 진을 우리 마음에 있는 "이론"(arguments) 또는 "구상"(imaginations)[13]이라고 언급했다. "구상"이라는 단어는 헬라어로 "로기스모스"인데 이는 인간의 이성을 가리킨다.[14] 그러므로 견고한 진이란 인간의 이성에(헬라 사상!) 기초하여 세워진 생각과 구상의 요새라고 쉽게 결론지을 수 있다. 견고한 진은 하나님과 그분의 신성에 대항하며 하나님과 그분의 말씀 위에 자신을 높이려는 거짓된 믿음 체계의 대표적인 존재이다.

고린도후서 10장 4-6절은 "모든 이론을(거짓되며 인간적인 믿음들) 파하며 하나님 아는 것을 대적하여 높아진 것을 다 파하여야 한다"고 말씀한다. 이 구절이 말하는 파괴의 대상은 바로 사탄이 우리 마음속에 세운 견고한 진, 곧 하나님 위에 자신을 높여 찬양받기를 원하는 사탄의 생각에 기초한 이론과 구상이다.

우리는 자주 사탄에게 자신이 세운 구상을 우리 귀에 속삭이도록 허용한다. 사탄은 우리에게 거짓을 말한다. 우리가 그의 거짓말을 무너뜨리지 않는 한 그의 견고한 진에 묶여 있을 수밖에 없다. 원수는 우리가 다음과 같은 일에 빠질 것을 기대하고 있다.

- 실패
- 열매 없음
- 그의 거짓말에 속아 넘어감
- 희망과 도움의 없는 상태에 빠짐
- 불건전한 종속관계가 됨
- 중독
- 묶임
- 다른 결박들

다음 구절에서 **적그리스도**는 스스로 자랑하며 지극히 높으신 자를 말로 대적한다.

그가 장차 말로 지극히 높으신 이를 말로 대적하며 또 지극히

> 높으신 이의 성도를 괴롭게 할 것이며 그가 또 때와 법을 고치
> 고자 할 것이며 성도들은 그의 손에 붙인 바 되어 한 때와 두
> 때와 반 때를 지내리라 단 7:25

먼저, 대적은 성도들을 괴롭게 하려고 매일 시도한다. 두 번째로 **적그리스도**는 때와 시기를 변개하려고 생각(구상)한다. 사랑하는 여러분, 그는 우리가 견고한 진을 돌파할 그 시간을 바꿀 생각만 하고 있다. 우리가 그의 목소리에 동의할 때만 이 일이 가능해진다. 당신이 이 말의 뜻이 무엇인지 알게 되기를 기도한다. 우리가 이론을 파할 때, 우리를 파괴시키려는 사탄의 구상도 파괴된다. 그는 제멋대로 생각만 할 뿐이지 우리를 이길 수 없다. 할렐루야!

사탄은 당신이 광야에서 죽음을 선택한 이스라엘의 세대를 본받는 구상을 한다. 또한 사탄은 당신이 약속의 땅에 대하여 악평을 하는 사람이 되는 구상을 한다. 그는 당신이 실패, 마약 중독, 알콜 중독, 폭식증, 강박관념, 그리고 모든 결박에 사로잡히는 구상을 한다. 그렇게 되지 말아야 한다. 하나님께서 당신에게 주신 말씀보다 더 높이 두려했던 모든 것들과 생각들을 무너뜨려야 한다.

지금 당신의 승리를 막기 위하여 사탄이 세운 견고한 진과 구상들을 무너뜨리라. 성공할 수 있다. 당신이 따른다면, 당신은 마음을 새롭게 변화시킬 수 있으며 불경건한 논리와 이성을 무너뜨릴 수 있다.

견고한 진들: 아테네, 소피아, 다이애나

바울이 그리스에서 사악한 마피아를 만났을 때, 그는 적그리스도의 구조가 세운 우상숭배와 전투를 벌였으며, 배후에서 역사하는 호전적인 영들인 아테네, 소피아, 다이애나와도 전투를 벌였다. 이 세 영들에 대하여 알아보도록 하겠다.

아덴(Athens)은 지혜와 예술의 여신으로 알려진 이교도의 신 "아테네"(Athena)에서 그 이름이 유래했다. 아테네 여신은 사도적 행위, 예언적 선포, 초자연적인 일 등과 관련된 모든 것을 증오하는 헬라의 여신이다. 아테네는 헬라문화의 이성과 지혜의 상징이다.15) 아테네 여신을 섬기는 행위는 하나님 면전에서 "당신의 지혜는 필요 없다. 우리는 스스로 생각할 수 있다. 우리는 하나님의 말씀 대신 철학자들과 현대적 사고방식으로부터 지혜를 배울 수 있다"라고 선포하는 행위였다. 이 우상은 하나님의 일곱 영 중 "지혜의 영"의 모조품이다. 아테네 여신의 음성은 가짜이며 사악한 소리이다. 우상들은 물리적인 말을 하지는 못하지만 목소리를 가지고 있다. 우상들은 사람들의 심령과 믿음 체계를 통하여 말할 수 있다.

아테네 여신은 역사적으로 볼 때, 또 다른 지혜의 여신인 소피아와 동일한 존재이다. 사실 "지혜"에 해당하는 헬라어가 "소피아"이다.

로마신화에 의하면, 다이애나는 전쟁의 여신이었으며 아울러 사냥의 여신이었다. 나중에는 달의 여신의 이름이 되었으며 하늘의 여왕으로도 여겨졌다. 로마인들은 신전을 만들어 다이애나 여신에게 바쳤는데, 그 신전은 현재 고대의 7대 불가사의 중의 하나로 남아 있다.[16)] 지금도 이탈리아에서는 다이애나 여신을 마녀들의 여왕으로 부르며, 사람들은 마녀들을 "지혜로운 치유자"로 여긴다. 실제로 위카[17)]의 한 분파는 다이애나의 이름을 따서 사용하고 있으며 위카의 많은 사제들이 이 세계 곳곳에서 다이애나에게 경배한다.

이 세 여신들은 하나님의 참된 진리를 비틀기 위하여 **적그리스도**가 사용하는 사악한 "견고한 진"이다. 그들은 유일하신 참 하나님을 왜곡하기 위하여 얽히고 설킨 적그리스도의 구조를 이용하며 일한다.

나와 나의 남편은 사도적인 예언자 훈련학교를 운영하고 있다. 그렇기 때문에 종종 아테네, 소피아, 다이애나가 이끄는 적그리스도의 구조를 만난다. 기적의 집회를 계획할 때마다, 우리는 매번 아테네가 주도하는 악령들의 동맹체, 즉 의심, 불신, 마법, 두려움, 영매조종 등의 동맹체를 직면한다. 이런 일이 일어나면, 헬라의 사상으로부터 우리 마음이 공격을 받는다. 우리는 다음과 같은 생각들과 전투를 벌여 왔다.

- 하나님은 오늘날 더 이상 기적을 행하지 않으신다.
- 네가 누구이기에 기적을 일으키려 하는가?
- 사람들은 하나님께서 당신을 보내셨다는 것을 믿지 않을 것이다.
- 다른 사람들에게 기적을 어떻게 설명할 것인가?

초자연적인 일을 보고 싶다면, 아테네, 소피아, 그리고 다이애나가 주도하는 견고한 진인 인간의 이성과 지성에 우리를 묶지 못하게 해야 한다. 이제 우리는 바울이 왜 원수의 이론과 구상을 무너뜨리라고 권했는지 더 깊이 이해할 수 있게 되었다. 바울은 헬라의 신학이 교회를 덮칠 것이라는 사실을 깨달았다. 나는 오늘날 **적그리스도**에게 힘을 더하여 주는 존재가 바로 헬라식 휴머니즘과 헬라 사상임을 믿어 의심치 않는다. 머리의 지식을 의지하면서 성령의 인도를 따라 살 수는 없다. 아테네, 소피아, 그리고 다이애나가 주도하는 적그리스도의 구조를 통하여 믿음의 체계 속에 침투해 있는 헬라 철학의 목적은 우리로 하여금 하나님 대신 거짓 가르침과 사람의 지혜와 능력에 굴복케 만드는 것이며, 이는 바로 사탄이 배후에서 조종하는 일이다. 헬라 사상은 이기적이고 자기중심적이며, 언제나 하나님의 왕국이 아닌 자신의 왕국을 세우는 데 많은 관심을 가지고 있다(헐리우드가 표방하는 사고방식이 여기에서 비롯되지 않았을까?).

신실한 여러분, 우리는 전쟁 중에 있다. 사악한 능력을 가진 **적그리스도**의 체계와 전쟁 중이다. 그러나 전쟁 중에서도 우리는 하나님께서 주시는 지혜와 계시를 받아야만 한다. 또한 우리는 거룩한 지혜도 받아야 한다. 이 지혜가 있어야 받은 계시를 적그리스도의 구조와 벌이는 전투에서 어떻게 적용시키는지 알 수 있다. 사도 바울은 에베소 교인들을 위하여 기도할 때 그들이 "지혜와 계시"를 받아 하나님의 말씀의 진리를 잘 적용할 수 있도록 하나님께 간구하였다(엡 1:15-19 참조). 나는 오늘날 우리에게도 똑같은 것이 필요하다고 믿는다. 우리는 지금 계시적 권세가 부어지는 시기를 경험하고 있다. 내가 말하려는 것은, 우리가 지금 받는 계시는 "그리스도 안에서 나는 누구인가?"라는 것이다. **적그리스도**는 우리가 이러한 계시를 받는 것을 무척이나 싫어한다. 우리는 반드시 세례 요한 같은 사람이 되어야 하며, 거룩한 권세의 목소리가 나에게 들려지고 있다는 사실과 내가 그 권세와 대화할 수 있다는 것을 깨달아야 한다. 계시적 권세를 사용하면 **적그리스도**의 왕국이 흔들릴 것이며 그의 불경건한 통치 체계가 쫓겨 나갈 것이다. 우리가 그의 거짓 형상에 굴복하기를 거부할수록 사탄의 견고한 자리는 와해될 것이다. 다음과 같은 방법으로 암기하면 쉽게 외울 수 있다.

Wisdom 지혜

And 와

Revelation 계시

이 책을 계속 읽어가면서, 주님의 거룩한 지혜를 부어달라고 주님께 기도하기 바란다. 주께서 지혜의 정신을 부어주심에 따라 당신은 어두움의 견고한 진을 대항하여 전쟁할 수 있는 계시도 받게 될 것이다. 적과 싸워 이길수록, 지혜와 계시는 점점 더 증가될 것이다!

우리에게 있는 헬라 사상을 내보내야 한다. 하나님께서는 오늘날에도 그 능력으로 초자연적인 일을 행하신다는 것을 믿어야 한다. 나는 그분께 길을 내어드리고 그분께 자리를 비워 드리기로 결정했다. 내 판단이 아닌 성령님의 인도를 따를 것을 선택했다. 그분의 길을 따르기로 결정했으며, 내 지혜를 믿는 대신 주님을 믿기로 결심했다. 자, 우리 삶의 모든 부분에서 하나님만 신뢰하는 그 위대한 자리까지 나와 함께 가지 않으려는가?

Conquering the
antichrist
spirit

제3부

이제, 모세가 약속의 땅을 탐지하라고 보낸
열두 정탐꾼들에 대하여 알아보도록 하겠다.
우리는 각 부족들과 또 그 땅을 탐지하도록 보내진
각 리더들의 이름이 상징하는 예언적인 잠재력에 대하여
조심스럽게 연구할 것이다.
또한 그들의 삶을 확대경으로 조사해 볼 것이다.
이렇게 하는 동안, 그들의 긍정적인 반응과 부정적인 반응 속에서
우리 자신을 볼 수 있다는 사실을 발견하게 될 것이다.
주님께 더 가까이 가는 것이 어떻게 우리에게 "미래를 장악할 수 있는 능력"과
"광야에서 벗어날 수 있는 힘"을 주는지에 대하여도 알아 볼 것이다.
다시 한 번 말하면,
적그리스도의 구조가 하나님을 향한 우리의 믿음과
또 우리를 과거로부터 해방시키는 하나님의 능력에
어떤 식으로 악한 영향력을 미쳤는지를 드러낼 것이다.

6장

약속의 땅을 차지하라 I

Possessing the Land of Promise: Part 1

민수기 13장은 모세가 약속의 땅인 가나안을 탐지하게 할 리더들을 선택하는 장면을 보여준다. 열두 부족에서 뽑힌 리더들은 그 땅을 정탐하고 돌아와 그 땅에 대하여 보고할 임무를 부여받았다. 그들은 오늘날의 정찰팀처럼 파송되었다.

정찰팀은 그 땅과 그들의 전략이 가지고 있는 강점과 약점을 분석함으로써, 우군으로 하여금 대적과 진을 제압하는데 필요한 것이 무엇인지를 결정할 수 있게 해준다. 오늘날 군대의 정찰팀은 적지에 은밀히 침투하여 적의 군사력을 분석함으로써 전투의 전략을 결정하게 도와준다. 예를 들어, 어떤 지역과 진영에 추가적인 군사력 증강이 필요한지, 어디에 병력 보충이 필요한지, 어떤 무기가 더 효과적인지 등을 판단한다.

그런데, 모세가 보낸 정탐꾼 중 열 명이 하나님의 약속을 의심하면서 부정적인 보고를 가지고 돌아왔다. 그들은 자신들에게 주어졌던 임무를 제대로 이행하지 않았던 것이다. 모세가 열두 명의 정탐꾼을 보낸 이유는 전투에서 승리하기 위하여 어떤 지역에 병력을 더 보낼 것인지 등을 알아 오라고 보낸 것이지, 결코 적들이 너무 강해서 우리는 이길 수 없다는 등의 부정적인 보고를 가지고 오라고 보낸 것이 아니었다.

하나님께서 이미 이스라엘에게 그 땅을 주시겠다고 말씀하셨다는 사실을 기억해야 한다. 이스라엘 백성들은 이미 약속의 땅으로 들어가 그들의 적을 정복하고, 그 땅에서 하나님의 질서와 통치를 세우도록 예정되어 있었다. 열두 정탐꾼에게 필요했던 것은 단지 전투에서 이기려면 어떤 무기와 전략을 동원해야 하는가를 결정하는 것뿐이었다. 그 어떤 부정적인 것, 부정적인 고백과 불신앙도 전혀 고려의 대상이 아니었다. 하지만 열 명의 리더들은 하나님의 약속과 자신들 안에 심겨진 잠재력에 주목하는 대신 적들의 강함에 주목하기로 결정했다. 그들은 하나님의 약속에 귀를 기울이지 않고 적그리스도의 영의 미혹에 귀를 기울이기로 결정했던 것이다. 열 명의 정탐꾼들이 하나님의 약속을 의심하면서 부정적인 보고를 가지고 왔다는 것보다 더욱 우리에게 경종을 울리는 것은, 이 열 명뿐 아니라 그 세대의 모든 이스라엘 백성들이 광야에서 죽었다는 사실이다.

어쩌면 우리 자신의 이야기처럼 들리지 않는가? 하나님께서 우리에게 약속을 주시고 우리의 미래를 보여주셨음에도 불구하고, 승리를 가로 막으려는 거인이 나타나기만 하면 하나님께서 주신 약속을 믿는 대신 즉각적으로 그 거인을 바라보며 패배를 미리 결정해 버릴 때가 많지 않았는가? 소중한 여러분, 우리는 우리를 승리케 하시고 약속의 땅으로 인도하시겠다는 주님의 말씀을 믿기로 결정해야 한다. 그렇지 않으면 우리는 완전한 패배를 당해서 광야에서 죽게 된다.

하나님은 우리에게 원수를 정복할 수 있는 능력과 권세를 이미 주셨다. 하지만 우리의 사명을 이루며 승리를 쟁취하려면 반드시 하나님의 약속을 믿어야만 한다. "주님, 주께서 주신 모든 약속을 믿을 수 있도록 우리에게 힘을 주소서!"

하나님께로 더 가까이 나아가라

모세가 약속의 땅으로 보낸 열두 정탐꾼에 대한 공부를 시작하기에 앞서, 다음의 한 가지 사실을 기억하라는 말씀을 드리고 싶다. 즉, 만일 열두 명 모두 예언적 잠재력을 잊지 않고 하나님께 더 가까이 나아갔더라면, 열둘 모두 긍정적인 보고서를 가지고 돌아왔을 것이라는 사실이다. 이것이 승리의 핵심 열쇠이다.

약속의 땅을 바라볼 때, 하나님의 눈으로 바라볼 것을 거부한 사람들이 누구인가? 그들은 다름 아닌 영광스러운 일을 위하여 뽑혀 기름부음을 받은 열두 명의 강하고 담대한, 그리고 경건한 리더들이 아닌가? 또한 모세의 인도에 따라 애굽에서 해방되어 나온 사람들이 아닌가? 이들이 바로 홍해가 갈라지는 모습과, 하나님의 강한 손이 애굽인들을 멸하시는 모습을 본 사람들이 아닌가? 또한 이들이 반석에서 물을 공급하신 하나님을 경험하였고, 매일 매일 하늘로서 내리는 만나를 먹었던 사람들이 아닌가? 진중에 거하시는 하나님의 임재를 매일 누리며, 또 낮에는 구름기둥과 밤에는 불기둥으로 인도하시는 하나님을 경험한 사람들이 아닌가?

그들은 오직 하나님께로 더 가까이 나아가기만 하면 되었다. 그러나 그들은 불신앙을 선택하였고 믿음을 잃어버리고 말았다.

> 그러므로 우리는 두려워할지니 그의 안식에 들어갈 약속이 남아 있을지라도 너희 중에는 혹 이르지 못할 자가 있을까 함이라 그들과 같이 우리도 복음 전함을 받은 자이나 들은 바 그 말씀이 그들에게 유익하지 못한 것은 듣는 자가 믿음과 결부시키지 아니함이라 히 4:1-2

믿음을 자라게 하는 방법은 바로 하나님께 더 가까이 가는 것이다. 우리가 주님께 더 가까이 가면, 믿음이 자라며 주님을 더 신뢰하게 되어 그분 안에서 쉼을 얻을 수 있다(히 10:22-23 참조).

> 너는 마음을 다하여 여호와를 신뢰하고 네 명철을 의지하지 말라 너는 범사에 그를 인정하라 그리하면 네 길을 지도하시리라 스스로 지혜롭게 여기지 말지어다 여호와를 경외하며 악을 떠날지어다 잠 3:5-7

잠언 3장 6절은 우리에게 그를 "인정하라" 그러면 네 길을 지도하시겠다고 말한다. "인정하다"에 해당하는 히브리어는 "야다"이며[1] 이는 친밀함, 곧 "가까이 가다"라는 뜻을 내포하고 있다. 적을 정복하고, 적 그리스도의 구조를 전복시키며, 약속을 소유하려면 반드시 하나님께로 더 가까이 나아가야 한다. "야다"는 예레미야 1장 5절에서도 사용되었는데, 이 구절에서 예레미야가 말하기를 하나님께서 자신을 모태에 짓기 전에 자신을 아셨다고 했다. 하나님은 우리를 아신다. 주께서 우리를 조성하셨을 때 이미 우리에게 가까이 다가오셨다. 우리를 잘 아시는 주님은, 우리가 각자의 사명을 완수할 수 있는 잠재력을 우리 안에 넣어 두셨다. 그 잠재력을 깨우고 사명을 감당하는 유일한 길은 그분께 더 가까이 나아가는 것뿐이다.

통치 체계의 변화

우리가 하나님께 더 가까이 감에 따라 우리는 통치 체계를 변화시킬 수 있는 힘도 얻게 된다. 하나님의 통치 체계는 원수의 통치 체계와는 사뭇 다르다. 두 통치 체계 중 어떤 것을 택하여 따를 것인가에 대한 선택권이 우리에게 있다.

에덴 동산에서 하나님은 아담과 하와에게 특별한 지시를 하셨고, 한계를 정해 주셨다. 아담과 하와가 하나님께 불순종하며 그분이 정하신 한계를 거절했을 때, 그들은 새로운 통치 체계를 선택한 것이며 그 체계가 자신들을 지배하도록 허용한 것이다. 그들이 뱀의 거짓말을 듣기로 결정했을 때, 그들은 사탄의 지시 하에 움직이는 통치 체계에 항복한 것이다.

이는 대단히 단순한 일이다. 우리가 복종하는 대상이 우리를 지배한다. 우리가 하나님께 복종하면 하나님과 그분의 말씀이 우리를 다스리며, 사탄과 그의 생각에 복종하면 사탄의 권세가 우리를 다스리게 되어 **적그리스도**에 의하여 움직이는 통치 체계 아래로 들어가게 된다.

아하수에로 왕이 내민 금 규(금홀)의 끝을 만졌을 때, 에스더는 통치 체계를 바꿀 수 있는 힘을 얻게 되었다.

> 왕후 에스더가 뜰에 선 것을 본 즉 매우 사랑스러우므로 손에 잡았던 금 규를 그에게 내미니 에스더가 가까이 가서 금 규 끝을 만진지라 에 5:2

이 구절에 나오는 "끝"은 "시작, 두목, 두령, 탁월함, 으뜸, 최전선, 머리, 장관, 그리고 지배자"[2]라는 뜻을 가지고 있다. 에스더에 대한 왕의 호의 때문에 에스더는 하만이 가지고 있었던 적그리스도적인 음모, 곧 유대인들을 학살하려는 사악한 법령을 드러낼 수 있었고, 그 결과 법령을 바꾸어서 민족을 구했다. 에스더는 하나님께 더 가까이 감으로써 적그리스도의 통치 체계를 무너뜨릴 힘을 얻었다. 에스더가 그렇게 했던 것처럼 우리도 주님께 더 가까이 나아가면, 하나님의 금 홀의 끝, 곧 만물의 머리 되시고 기름부음을 받으신 그리스도를 만질 수 있으며 그 결과 에스더가 왕의 은총을 받았던 것처럼 우리 역시 하나님의 은총을 받을 것이다. 우리가 그분께 더 가까이 나아가면, 우리는 분위기를 바꿀 수 있으며, 우리의 원수 위에 계신 그분의 통치권을 만질 수 있다.

예언적 잠재력

오늘날 몇몇 크리스천 부모님들은 자녀들에게 이름을 지어줄 때 그 아이의 사명과 관련된 이름을 지어준다. 이 이름이 "사명의 이름"이며 부모들은 아이들에게 이 이름대로 힘이 부여될 것으로 믿는다. 예를 들어 부모가 아이에게 리버티(Liberty: 자유)라는 이름을 지어줄 때, 부모는 아이가 주안에서 진정 자유하게 될 것이며, 또 자유할 수 있는 힘을 얻을 것이라고 믿는다. 아이에게 빅터(Victor: 승리자)라는 이름을 지어줄 때 부모는 아이가 승리의 삶을 살 능력을 주님으로부터 공급받으리라고 믿는다.

성경 시대에 있어서 아이들에게 지어주는 이름은 지금보다 더 큰 예언적인 의미를 가지고 있었다. 예를 들어 야곱은 열두 아들들에게 예언적인 사명의 의미를 지닌 이름을 지어주었다. 그러므로 각 부족의 후손들은 열두 아들들에게 주어진 예언적 사명을 이어받았다. 각 지파별로 뽑힌 열두 정탐꾼의 이름도 중요하다. 젖과 꿀이 흐르는 땅의 정탐을 위하여 뽑힌 열두 명의 이름들은 각자의 사명과 관련되어 있다. 그러므로 이들의 이름을 공부함에 있어서 각자의 이름이 가지고 있는 예언적 잠재력을 살펴보는 것이 필요하다.

잠시 시간을 내어 민수기 13장 3-20절을 보자. 각 족속별로 뽑힌 리더들의 이름들을 자세히 살펴보라. 이 모든 이름이 중요하다는 것은 나중에 드러난다. 이제 이 구절들을 다 읽었다면 나와 함께 다음 단계로 넘어가자. 우리는 각각의 이름이 지니고 있는 히브리어의 의미를 주의 깊게 살펴볼 것이며 어떻게 각각의 이름들이 각자의 사명을 이루는데 필요한 힘을 공급하도록 디자인 되어 있는지 살펴보겠다. 이 공부를 하면서 그들의 잠재력을, 오늘을 사는 성도로서의 우리의 잠재력과 비교해 보는 것, 그리고 미래를 장악할 수 있는 능력과 관련된 우리의 강점과 약점을 점검해 보는 것이 중요하다.

첫 번째 리더: 삼무아

첫 번째 리더는 르우벤 지파 출신인 삼무아였다. 르우벤 지파는 "선견자" 또는 "분별의 지파"였다.3) 이 지파는 주님으로부터 "하나님께서 보시는대로 보는" 능력의 기름부음을 받았다. 즉, 이 지파는 승리를 보며 잠재력을 성취하는 거룩한 능력을 받았다. 이러한 예언적 사명 속에는 하나님께서 보시는 대로 약속의 땅을 보는 것도 포함되어 있다. 하나님의 기준으로 볼 때 이스라엘 백성들이 약속의 땅을 점령하는 것은 "이미 끝난 일"이었다. 그러나 르우벤 지파의 대표로 파송된 삼무아의 이름은 "황량한, 황폐한"이라는 뜻을 가지고 있었다.⁴⁾ 그뿐 아니라 "소름끼치는, 공포스러운, 파괴된"이라는 뜻도 가지고 있으며 "웅크리다"라는 뜻도 내포하고 있다.

웅크리고 있다는 것은 어떤 한 방향을 향하여 몸을 구부리고 있거나, 어떤 방향을 향하여 쏠려 있다는 뜻이다. 우리 중 많은 이들이 영적으로 각자의 믿음 체계를 향하여 쏠려 있다. 특히 사명과 약속을 성취하는 우리의 능력에 관한 일일 때 더욱 그렇다. 삶 속에서 긍정적인 태도를 가지려는 잠재력은 때때로 부모, 교사, 심지어 멘토들로부터 온 불경건한 믿음의 체계에 의하여 파괴된다. 예를 들어 부모가 부정적이라면, 자녀안에 거의 부정적 성향을 가진 믿음의 시스템이 생겨나고 자라게 된다. 우리 모두는 사명을 완수하고 경건한 신앙 유산을 이룰 수 있는 경건한 잠재력을 가지고 태어났다. 그러나 적그리스도적인 환경이 우리의 사명을 포위하면, 쉽게 패배주의와 부정적인 성향으로 쏠리게 된다. 이것이 바로 무신론이 가져다 줄 수 있는 최악의 결과이다.

르우벤이라는 이름 때문에, 그리고 그 의미가 가지고 있는 예언적 사명 때문에, 삼무아는 하나님께서 주신 약속의 땅을 볼 수 있는 능력과 견고한 진을 분별할 수 있는 능력을 가지고 있었다. 삼무아는 지파에 부어진 이러한 기름부음과 은사들을 가지고 하나님께 더 가까이 나아가서 하늘로부터 그 땅을 정복할 전략을 받을 수 있었다. 그러나 삼무아 개인은 물론 이스라엘 전체에게 불행하게도, 그는 자신의 이름, 곧 "공포스러운"이라는 이름대로 경건한 선택을 하는 대신 전쟁이 가져다줄지도 모를 공포에 초점을 맞추기로 결정했다. 어쩌면 삼무아가 과거에 홀로 고립되어 공포와 고통을 경험했기에 두려워했을지도 모른다. 어떤 이유였든지, 삼무아는 부정적인 보고를 가지고 모세에게로 돌아왔다. 그는 미래를 향한 약속을 붙잡지 못했고, 결국 말씀을 성취하시는 하나님의 능력을 향하는 자세를 잃어버리고 말았다.

만일 누군가 과거에 사로잡혀 웅크리거나 구부러져 있다면, 원수를 정복할 수 있는 권세는 폐기되어 버린다. 하나님과 그분의 약속을 제대로 믿지 못하여 우리의 믿음이 틀어져 있을 때, 다가올 승리가 막혀 버릴 수 있다. 또한 과거에 너무 사로잡혀 있으면 분별력이 떨어진다. 약속의 성취를 누리는 유일한 방법은 참된 권세를 가지신 그분께 더 가까이 나아가는 것과 하나님께서 보시는 동일한 시각으로 땅과 약속, 잠재력을 바라보는 것이다. 믿는 자들은 "하나님은 약속하신 모든 것을 이루시는 분"이라는 사실을 믿어야 한다. 우리의 눈을 약속으로부터 멀어지게 만드는 적그리스도적인 생각을 던져 버려야 한다. 생각과 믿음의 시스템을 고치고, 구부러진 것들을 고치며 하나님께서 말씀하신 것들을 믿어야만 한다. 이것이 광야를 벗어나는 유일한 길이다.

두 번째 리더: 사밧

두 번째 리더는 시므온 지파 출신인 사밧이다. 시므온 지파의 사람들은 "듣는 자"의 기름부음을 받았다.[5] 즉 하나님의 음성을 듣는 자로 세움을 받았던 것이다. 부족 전체는, 마치 예수님께서 아버지의 모든 음성을 듣고 응답하셨던 것처럼, 하나님의 음성을 바로 듣고 응답할 수 있는 능력을 하나님으로부터 받았다. 예수님께서 아버지께로 더 가까이 가셨을 때, 아버지의 음성을 들으셨고, 귀신을 쫓아내시며 아픈 자를 치료하시고, 문둥병을 깨끗케 하시는 능력을 받으셨다. 그러므로 이 부족은 하나님의 음성을 듣고, 그 음성의 능력을 가지고 주님의 일을 성취하는 기름부음을 받았다. 그러나 시므온 지파 사람들은 약속을 성취하시는 주님의 능력에 대한 하나님의 음성을 듣는 대신 적그리스도의 부정적인 음성을 듣는 사밧을 리더로 파송했다.

사밧이라는 이름의 뜻은 "심판 받은" 또는 "선과 악을 심판하다"이다.[6] 그는 하나님께서 심판하시는 대로 심판하기 위하여 하나님께 더 가까이 가는 대신 다른 목소리를 청종했다. 하나님 아버지께서는 이스라엘에게 이미 약속의 땅을 주셨다. 그러나 사밧은 하나님께서 약속에 땅에 대하여 하신 약속에 귀를 기울이지 않았다. 약속의 땅을 바라볼 때, 그에게는 거인이 보였고 "패배"당하는 소리가 들렸다. 자기 자신을 정복자가 아닌 메뚜기로 보았다. 사밧은 육안으로 본 것들을 떨쳐버릴 수 없었다. 그는 하나님의 말씀에 따라 판결을 내리는 대신 과거의 경험에 따라 판결을 내렸다. 슬프게도, 사밧 역시 부정적인 보고를 가지고 모세에게 돌아왔다.

우리는 과거를 바탕으로 미래를 판단한다. 만일 우리에게 과거로부터 오는 고통이 있다면, 과거의 고통을 근거로 하여 미래를 판단하려는 경향을 가질 수 있다. 만일 예전에 하나님 때문에 실패한 적이 있다는 생각을 가지고 있다면, 믿음으로 미래의 약속을 바라보기는 어려울 것이다. 하나님은 신뢰할 수 없는 대상이라고 느끼며, 또 우리의 필요를 돌보지도 않는 분으로 여기는 순간, 우리는 잠재력으로부터 즉각 뒤로 물러가게 된다. 나는 사밧이 바로 이 일을 행했다고 생각한다. 그는 하나님의 음성을 듣지 않았고 대신 과거의 실패와 실망의 소리에 귀를 기울였다.

사밧이 "익숙함의 영"(familiar spirit)의 영향을 받았을 가능성도 높다. 익숙함의 영이란 우리의 약함을 익숙히 잘 아는 영으로서, 우리를 미래로부터 탈선시키기 위하여 우리의 약함을 공격한다. 또한 익숙함의 영은 사악한 점술(divination)의 영이기도 하다. 여러분이 잘 알다시피 점치는 행위는 마법이나 거짓 예언과 관련되어 있다. 원수는 우리의 미래에 관하여 거짓 예언을 할 것이며, 그 거짓의 영을 꾸짖지 아니하는 한 우리는 그 영에게 속게 된다. 속으면, 믿음 위에 설 수 있는 힘과 유업의 자리로 들어갈 힘을 얻지 못할 것이다.

약속의 땅으로 건너갈 수 있는 능력이 우리에게 있는지를 판단하는 최종 결정권은 하나님의 말씀이 가져야 한다. 사랑하는 성도 여러분, 우리가 사명을 완수하는 자리로 들어가려 할 때, 과거의 목소리가 우리의 미래를 말하지 못하게 해야 한다. 과거의 고통에 근거한 부정적인 목소리를 더 이상 신뢰하지 말아야 한다. 적그리스도의 구조는 계속하여 우리를 과거에 묶이도록 만들 것이다. 적그리스도의 구조는 우리가 그리스도 위에 터를 잡고 뿌리를 내리지 못하도록 우리의 신앙을 과녁삼아 공격하며 흔들 것이다. 두려움, 고통, 의심, 그리고 불신으로 가득한 마음을 극복하고 승리를 얻는 유일한 길은 하나님의 말씀이 나를 다스리게 하는 것이다. 오직 하나님께서 하신 말씀을 의지하는 것이 승리의 길이다. 사람은 최종 결정권을 가지고 있지 않다. 하나님께서 가지고 계신다. 사랑하는 여러분, 결코 우리의 명철을 의뢰하지 말고 주님만을 완전히 신뢰해야 한다.

> 너는 마음을 다하여 여호와를 신뢰하고 네 명철을 의지하지 말라 너는 범사에 그를 인정하라 그리하면 네 길을 지도하시리라 스스로 지혜롭게 여기지 말지어다 여호와를 경외하며 악을 떠날지어다 잠 3:5-7

세 번째 리더: 이갈

세 번째 리더는 잇사갈 지파 출신인 이갈이었으며, 이 지파는 하나님의 때와 시기를 알며 이스라엘이 행해야 할 일이 무엇인지 아는 은사를 받은 지파이다(대상 12:32 참조). 이 지파의 사람들은 자신들이 움직이는 시간, 장소, 방법에 대한 하나님의 원하시는 뜻을 분별할 수 있는 초자연적인 기름부음을 받았다. 그들이 하나님께 가까이 나아갔을 때는 기회의 창(windows)을 분별했고 하나님과 연결되는 거룩한 시간을 가졌다.

모세는 바로 이러한 지파 출신인 이갈에게 그 땅을 정탐하라고 위

임하였다. 이갈의 이름은 "구속자"라는 의미를 가지고 있다.7) 이갈이 만일 하나님의 구속적 계획에 따라 그 땅을 볼 수 있었다면 얼마나 좋았을까? 이갈 역시 갈렙과 마찬가지로 자신의 미래에 대한 긍정적인 보고를 가지고 모세에게 돌아올 수 있었던 잠재력을 가지고 있었다. 그러나 이갈은 부정적인 보고를 가지고 돌아왔다. 왜 그랬을까? 구속자라는 단어를 생각할 때, 당연히 예수님이 떠오른다. 하지만 그와 동시에 룻을 황폐와 고립에서 구하여 성취의 자리로 회복시킨 "기업을 무른 자"가 생각났다. 룻의 기업을 무른 자는 보아스이며, 룻은 그를 타작마당에서 만났다. 타작마당은 하나님 나라에서 매우 중요한 의미를 지닌 상징적인 장소이다.

　이 땅에서의 타작마당은 밀을 쳐서 알곡으로부터 쭉정이를 분리하는 장소이다. 영적인 타작마당은 교정과 분리의 장소를 상징함과 동시에 추수와 결실, 그리고 성취의 장소를 의미한다. 상징적으로 볼 때, 이 장소는 계약의 장소를 의미하기도 한다. 그래서 타작마당에서 결혼식이 행해지기도 했으며, 때론 선지자들이 하나님의 말씀을 전하기 위하여 타작마당에 모이기도 했던 것이다. 하지만 우리는 타작마당을 영적으로 생각할 때, 잠재적인 축복보다는 "박해"라는 의미를 훨씬 더 생각하는 경향을 가지고 있다. 하나님께서 우리를 구속하시고 회복시키려 하심에도 불구하고, 우리는 타작마당의 박해에 대한 경험에 너무 자주 초점을 맞춘다. 우리 중 많은 사람이 이 경험에 잡혀있으며, 그로 인하여 더 전진하지 못하는데, 이는 주님께 대한 불충이라 할 수 있다. 타작마당이 항상 나쁜 장소만은 아니라는 것을 기억하는 것이 중요하다.

  물론 성경은 우리가 타작마당의 경험, 곧 환란과 박해를 경험할 것이라고 말씀한다. 이는 시험과 광야의 경험을 겪는 시기와 때이다. 우리는 모두 잇사갈의 기름부음에 유의하면서 우리의 때를 분별함으로써 믿음과 지혜의 자리로 옮겨가야 한다. 어려움에 초점을 맞추지 말아야 한다. 그렇게 하면, 우리의 마음이 완고해지기 때문이다. 새로운 시각으로 히브리서 3장 7-11절을 보면 광야에서 마음이 완고해졌던 이스라엘처럼 되지 말라는 경고를 들을 수 있다. 주께서 말씀하신다. "내가 이 세대에게 노하여 이르기를 그들이 항상 마음이 미혹되어 내 길을 알지 못하는도다…그들은 내 안식에 들어오지 못하리라"(히 3:10-11).

  이갈은 그 땅을 볼 때 하나님의 구속적 계획에 따라 보지 못했다. 이갈은 그 땅을 "하나님께서 계획하신 타작마당의 경험"으로 보는 대신 극복할 수 없는 장벽으로 보았다. 그리고 해롭게 하기 위함이 아니라 축복하시기 위하여 우리를 타작마당으로 이끄시는 참 중보자를 거절했다. 완고한 마음으로 주님께 분노하지 마라! 그렇게 하면 결코 안식의 자리로 들어가지 못할 것이다. 우리는 영원히 분투해야 한다. 오직 우리를 구속하실 하나님의 능력을 믿는 믿음을 사용할 때, 우리는 우리가 만나는 좁은 길을 성공적으로 통과할 수 있다.

네 번째 리더: 발디

모세는 베냐민 지파에서는 발디를 파송했다. 베냐민 지파는 요셉이 "오른손의 아들"이라는 이름을 붙인 것을 근거로 "축복받은" 지파로 알려져 있다(창 35:18 참조). 상징적으로 볼 때 오른손은 축복을 의미한다. 그리고 발디의 이름은 "구원과 안전"이라는 의미를 가지고 있다.[6] 그러나 발디는 자신을 축복받은 존재로 보지 않았으며, 하나님을 안전의 장소라고 보지도 않았다. 자신이 얼마나 축복받은 존재인지 깨닫지 못할 때 어떤 열매가 맺혀지는가? 그 열매는 바로 발디 자신을 광야에서 벗어나지 못하게 만들었고 그 안에서 죽게 만들었던, 원망과 불평이라고 하는 부패한 열매이다.

하나님께서 자신들을 바로의 손에서 구원하시고 노예 생활에서 해방시키셨음에도 불구하고, 발디와 대부분의 이스라엘 자손들은 계속하여 자신들이 절망적인 상태에 있으며 구원받지 못한 백성들이라고 여겼다. 그들은 하나님께서 자신을 보시는 그 시각으로 자신을 결코 볼 수 없었다. 이 때문에 광야에 남아있을 수밖에 없었다.

사랑하는 여러분, 만일 축복받지 못했다는 느낌이 때때로 든다면, 그 느낌은 바로 어떤 것으로부터 해방되어야 한다는 신호일 확률이 높다. 하나님께서 우리를 축복의 백성으로 여기신다는 것이 믿어지지 않을 때, 우리는 불경건한 신앙으로부터 해방되어야만 한다. 우리가 얼마나 축복받은 존재인지를 깨닫지 못할 때, 그 열매는 원망과 불평이 될 것이며, 그로 인하여 우리 역시 발디처럼 광야를 벗어나지 못할 것이다.

하나님의 손이 이 땅위에서 역사하실 때, 예수님께서 하신 말씀이 일어나는 것을 보게 될 것이다. "그러나 내가 만일 하나님의 손을 힘입어 귀신을 쫓아낸다면 하나님의 나라가 이미 너희에게 임하였느니라"(눅 11:20). 예수님께서는 마귀를 쫓아내시기 위하여 이 땅에 오셨다. 그러므로 이 세상은 주님의 "해방의 손"이 필요하다. 무엇이 그리스도인들로 하여금 "우리에게는 쫓아낼 귀신이 없다" 또는 "우리는 귀신을 쫓아내시는 그분의 능력을 필요로 하지 않는다"고 믿게 하는가? 그 답을 간단히 한 단어로 말씀드리겠다. **적그리스도**이다! **적그리스도**는 우리가 마귀의 존재를 아는 것을 원치 않는다. 그는 "귀신으로부터의 축사가 우리에게도 필요하다"는 사실을 우리가 아는 것을 원치 않는다.

사랑하는 여러분, 예수님은 해방시키는 분이시다. 그분은 우리의 안전한 장소이다. 우리가 그분께 가까이 갈 때, 해방과 안전의 장소로 들어가게 되며, 약속의 자리로 옮겨갈 수 있다.

다섯 번째 리더: 갓디엘

모세가 선택한 다섯 번째 리더는 스불론 지파의 갓디엘이었다(민 13:10 참조) 갓디엘의 이름의 의미 중에는 "하나님은 나의 복"9)이라는 뜻이 있다. 그의 이름이 내포하고 있는 것은 "하나님만으로 충분하다"

는 것이다. 나머지 모든 것들은 우리가 하나님의 권세와 인도 아래 있으면 해결된다. 갓디엘은 먼저 하나님의 약속을 붙들고 있는 한 모든 약속은 반드시 이루어진다는 것을 알아야 했다.

갓디엘의 이름은 "군대같이 되다, 침공하다, 극복하다"라는 의미와도 연결되어 있다.10) 이는 신약의 한 구절을 기억나게 만든다. "내게 능력 주시는 자 안에서 내가 모든 것을 할 수 있느니라"(빌 4:13). 오직 그리스도를 통해서만 진정한 능력을 얻을 수 있다. 그리스도를 통하여 능력을 받는다는 것은 주님의 권능을 받는다는 것을 의미한다. 만일 갓디엘이 하나님의 임재에 눈을 고정시키는 등, 자신의 이름대로만 살았다면 강한 적진을 뚫고 침공하여 정복할 수 있는 능력을 부여받았을 것이다.

그러면, 왜 갓디엘은 부정적인 보고를 가지고 모세에게로 돌아왔을까? 자신감과 주님에 대한 믿음, 그리고 집중력을 빼앗기게 된 어떤 일이 틀림없이 그의 삶 가운데 일어났을 것이다. 그에게 잘못된 동기가 있었을까? 만일 어떤 사람이 하나님의 임재보다 그분이 주시는 형통과 축복에 더 초점을 맞추었다면, 그는 핵심을 잃어버린 것이다. 겉으로는 번영할 수 있지만 내적으로는 궁핍하게 될 뿐이다. 지금 내가 행하려고 하는 일의 진정한 동기가 무엇인지 깨닫게 해 달라고 주님께 여쭈어야 한다. 적그리스도를 이기고 우리의 마음을 새롭게 하기 위하여 이 일은 반드시 필요하다.

먼저 그의 나라를 구하면 이 모든 것을 더 하시겠다고 주께서 말씀하지 않으셨는가? 그분만이 우리의 복이며, 행복이고 부유함이다. 갓디엘은 자신의 이름을 통하여 하나님의 본질과 은혜를 충만히 이해할 수 있는 예언적인 기름부음을 받았다. 이는 오늘을 사는 우리에게도 똑같다. 우리는 하나님의 임재를 거룩히 여기며 그분을 먼저 추구해야 한다. 만일 우리가 첫 열매를 주께 드림으로써 그분께 존귀를 돌리는 대신, 이기적인 이득의 증가에만 관심을 가지고 있다면, 우리의 동기는 불순한 것이다.

하나님의 얼굴을 구하는 대신 그분의 도움에 더 많이 관심을 가지고 있는가? 켈리 배너는 자신이 쓴 경탄할 만한 책《제사장직의 변화》11)에서 이렇게 말했다. "그분의 도움과 그분의 얼굴 중 무엇을 추구하는가?" 또한 이렇게 말했다. "하나님의 도움을 구한다는 것은 그분이 '하실 일들', 즉 선물을(present) 바라면서 그분과 언약을 맺는다는 것을 의미하며, 하나님의 얼굴을 구한다는 것은 그분 자체를 바라며, 즉 그분의 임재(presence)를 바라며 언약을 맺는다는 것을 의미한다." 우리는 종종 이미 있는 계시, 지식, 그리고 진리에 너무 사로잡혀 있기 때문에(벧후 1:12 참조) 지식의 영이신 성령님을 잊어버린다. 오직 그분만이 우리를 완전히 변화시키신다. 다른 것들을 생각하는 것은 우상숭배이다.

위에서 말씀드렸다시피 갓디엘은 스불론 지파 출신이다. 스불론이란 "높임 받다"라는 뜻을 가지고 있다.12) 주님은 스불론 지파를 원수 위에 높이셨다. 모세 역시 모든 원수들을 패배시키고 하나님을 적그리스도의 강한 진, 곧 자신과 하나님의 약속 사이에 버티고 서 있는 견고한 진 위에 높이고 찬양할 잠재력을 가지고 있는 리더를 뽑았다.

사탄은 하나님께서 찬양받는 것을 원치 않는다. 그는 하나님께서 당신을 위하여 예정하신 미래, 그 위로 자신을 높이고 찬양받기 원한다. 이는 당신에게 어떠한 사명이 주어졌든지, 사탄은 그것을 대적하는 일을 할 것이라는 뜻이다. 사탄의 보좌와, 자신에 대한 교만한 언사를 기억하기 바란다. "내가 올라가리라, 나를 높이리라"(사 14:12-14절을 다시 한 번 읽어 보라). 사탄은 지금 하나님께서 당신의 삶을 향해 선언하신 모든 약속을 깨뜨린 후 당신과 당신의 가족, 그리고 당신의 사명과 번영 그 위에 보좌를 놓고 앉겠다고 말하고 있다.

만일 당신이 갓디엘처럼 어둠을 찌르고 침공하여 정복하는 선봉의 리더로 부르심을 받았다면, 당신은 이미 **적그리스도**의 표적이 되었고 주목을 받고 있다는 사실을 확실히 알아야 한다. 그는 당신과 당신의 미래를 침공하고 정복할 목적으로 견고한 진을 옛적부터 세웠다. 하지만 강력히 반격할 수 있다. 당신을 가로막고 있는 거인의 눈을 똑바로 바라보라. 그리고 두려움을 밟고서 이렇게 말하라. "나는 날마다 내게 원수의 진을 치고 들어가서 원수를 발 아래 밟게 하실 능력을 주시는 그리스도 안에서 모든 것을 할 수 있다!" 위기 가운데 하나님을 찬양하라. 그러면 당신은 어떠한 상황에서도 당신의 미래에 대하여 긍정적인 말을 할 수 있는 능력을 받을 것이다. 예전에 역사했던 영이 무엇인지, 그 세대의 실패가 어떠했든지 관계없이 당신은 일어날 수 있으며 전투에서 승리할 수 있다.

스불론은 "거주하다"라는 뜻도 가지고 있는데, "둘러싸다, 살다, 함께 거주하다"라는 뜻을 가지고 있는 자발(zabal)이라는 단어에서 파생

되었다.13) 스불론은 레아의 마지막 아들이었으며, 야곱과 살면서 받은 마지막 축복이기도 한다. 그러니 레아는 막내 아들 스불론이 모든 분야에서 뛰어난 사람이 될 것이라는 희망을 가질 수밖에 없지 않았겠는가? 스불론 지파 출신의 갓디엘이 하나님께 더 가까이 가는 법과, 그분과 함께 동거하며, 그분의 약속 안에 거하는 법을 배웠다면 얼마나 좋았을까? 우리도 그렇게 될 수 있기를 바란다.

여섯 번째 리더: 갓디

여섯 번째 리더는 므낫세 지파 소속인 갓디였다. 갓디의 이름은 "행운의(복받은), 복에 속함"이라는 뜻이다.14) 그러므로 방금 배운 갓디엘의 이름의 뜻인 "하나님은 나의 복"과 비슷한 의미를 가지고 있다.

우리는 단지 행운으로 제 때에 제 자리에 있을 수 있으며, 행운으로 좋은 월급을 받는 직장을 얻을 수 있고, 행운으로 사람을 잘 만나 그를 통하여 우리에게 능력을 부여할 사람이 연결될 수도 있다. 그러나 사랑하는 여러분, 내가 말씀드린 행운은 우연의 일치를 의미하지 않는다. 우리의 모든 행운의 환경은 복 주시는 하나님과 연결되어 있다. 그분만이 우리에게 모든 것을 주시는 분이다. 그분만으로 충분한다. 그분이 우리의 복이다. 우리가 그분의 권세와 인도 아래 머물러 있으면 복을 누리게 된다. 그러나 그분 없이는 모든 복과 행운이 아무 것도 아니다.

히브리인 아브라함은 아모리의 다섯 왕들로부터 가족들을 구하기 위하여 나선 후, 왕들을 죽이고 약탈당한 것들을 되찾고 전리품들을 취하였다. 그리고 나서 아브라함은 전쟁에서 얻은 것의 십분의 일을 지극히 높은 제사장인 멜기세덱에게 예물로 드렸다(히 7:1-10, 창 14:18-20 참조). 헬라인들도 어떻게 전리품을 취하는지 알고 있었다. "전리품(혹은 전쟁 노획물)을 취하다"에 해당하는 헬라어는 "아코티미온"인데, 이는 "전리품 중 최고의 것을 취하다"라는 뜻이다.15) 싸움이 끝나면, 헬라인들은 전리품을 모아서 자신들의 신에게 제물로 바쳤다.

모세가 이스라엘 백성들을 이끌고 홍해를 건넜을 때, 큰 축제가 이어졌다. 병거들, 황금, 애굽 군사들의 소유물들이 해변가로 밀려 올라왔음이 분명하다. 미리암이 소고를 잡고 백성들과 함께 승리의 찬양을 인도하자, 그들은 해변을 따라 걸어가면서 전리품을 수집했을 것이다.

오늘날의 그리스도인들 역시 전리품 수거에 참여해야 한다. 매일 이어지는 믿음의 분투 속에서, 하나님께서 우리에게 공급해 주시는 전리품들을 수집하는 시간을 만들어야만 한다. 우리의 구원을 이루시기 위하여 예수님께서 완료하신 전쟁의 전리품, 혹은 전쟁 노획물을 어떻게 수거할 수 있을까? 매일 주님을 높이며 찬양해야 한다. 우리가 하나님을 찬양하며, 그분이 행하신 일들을 노래하기 위하여 매일 작은 시간이라도 드릴 때, 그 일이 바로 전리품을 주님께 예물로 드리는 일을 하는 시간이 된다. 그리고 우리가 기뻐할 때, 그리고 승리의 노래를 부를 때 주님께 노획물을 드리는 일을 하는 것이다. 누군가가 치유를 받았을 때, 시간을 내어 간증을 나누며 하나님께 영광을 돌리면, 그때 우리는 전리품을 얻게 된다. 그리스도께서 행하신 일의 결과로 노획물을 얻는다는 것은 곧 우리가 주님을 의지한다는 것을 의미하며, 또한 주께서 우리를 치료하셨고 자유케 하셨다는 것을 믿는다는 것을 의미한다. 우리가 이처럼 놀라운 하나님을 우리의 하나님으로 모실 수 있다는 것은 참으로 엄청난 행운이다.

이제 갓디가 속한 지파의 이름을 살펴보자. 므낫세라는 이름은 "잊어버리다"는 의미와 연결되어 있다. 이 단어는 "잊어버리게 만드는 사람, 잘 잊어버리는, 잊어버림을 당하다" 등으로 번역된다.16) 므낫세는 이스라엘의 열두 아들 중 하나인 요셉의 두 아들 중 한명이다. 요셉은 이제 자신이 경험했던 과거의 모든 고통을 잊어버리고 하나님께서 주신 미래 또는 약속을 향하여 나아갈 것이라는 상징적인 의미로서 자신의 아들에게 므낫세라는 이름을 지어주었다. 그러므로 므낫세는 잊어버리는 잠재력을 가지고 있다. 이는 좋은 의미의 잊어버림을 의미한다. 그의 심령 속에는 앞으로 전진하는, 그리고 과거의 원한을 품지 않고 잊어버리는 거룩한 능력이 있다. 그에게 주어진 참된 부르심은 과거에 받은 상처의 노예로 남는 것이 아니라 용서와 자유가 있는 약속의 장소로 들어가는 것이다.

지금은 힘든 시기이다. 우리는 고생하며, 애쓰고, 전쟁한다. 이 책을 읽는 분들 중에는 거절의 고통, 이혼의 아픔, 낙태 당할 뻔한 경험, 또는 그 밖에 과거의 많은 상처들로 인하여 아파하는 분들이 있을 것이다. 흉터 자국들은 원래의 상처만큼이나 아프다. 우리는 어려움 속에서도 잊어버림과 용서를 선택해야 한다. 과거의 상처를 계속 가지고 있기로 결정하면 포로가 될 수밖에 없다. 잊어버리기로 결정해야만 약속의 땅으로 들어갈 수 있다. 갓디는 과거를 잊어버리고 앞으로 전진할 수 있는 능력을 가지고 있었다. 하지만 막상 갓디가 약속의 땅을 살짝 보았을 때, 그는 자신의 과거를 잊어버릴 수 있는 잠재력을 사용하지 않았으며, 자신이 속한 부족의 유산이 주는 전리품도 거둬들이지 않기로 결정했다. 그는 자신의 잠재력을 잊어버렸고, 하나님께서 그 땅을 자신에게 주셨다는 사실도 잊어버렸다. 그는 약속의 전리품을 거둬들여야만 했다. 그가 잊어버리지 않는 대신 약속의 땅을 제대로 볼 수 있었다면, 거인들을 내려다 볼 수 있었다면, 그리고 주님을 찬양하기 시작했더라면 (전리품을 취한다는 것을 의미) 얼마나 좋았을까? 그의 마음은 광야에서 변화되지 못했으며, 의심과 불신을 가진 채로 약속의 땅에 접근했다. 승리하기 전까지는 전리품을 취할 수 없다.

"주님, 지금 우리를 이끄사 주께로 더 가까이 가게 하시며, 우리의 눈을 여시어 우리가 십자가 앞에서 승리하며 전리품을 취하는 것을 보게 하소서."

다음 여섯 리더들로 넘어가기 전에

이번 장에서는 첫 번째 그룹에 해당하는 여섯 명의 리더들과 그들이 속한 지파들을 살펴보았다. 다음 장에서는 두 번째 그룹에 해당하는 여섯 명의 리더들을 살펴볼 것이다. 이번 장에서 했던 것처럼, 그들의 잠재력을 우리의 잠재력과 비교할 것이며, 그들 개인의 이름들과 지파들, 그리고 예언적인 사명을 살펴볼 것이다.

지금 당신을 위하여 기도해 드리고 싶다. **적그리스도**의 간계에 대하여 공부하는 동안, 나는 주께서 여러분을 보호하시며 여러분이 그리스도의 마음을 가질 수 있도록 기름을 부어주시기를 기도드리겠다. 주님께서 그 능력으로 당신을 덮으실 것과 당신에게 능력을 주실 것을 믿음으로 받아들이시기 바란다. 그러면 당신은 더 놀라운 차원의 이해와 계시의 단계로 가게 될 것이다.

당신을 위한 나의 기도

"하나님 아버지! 주님께 겸손히 더 가까이 나아갑니다. 주님께 더 가까이 가오니, 주님의 능하신 손으로 우리를 더욱 만져 주옵소서. 주님의 구원의 손으로 우리를 붙드사 악으로부터 우리를 구하옵소서. 이 땅에 하나님의 나라가 임하기를 기도하면 할수록, 주님께서 통치 체계를 바꾸시기 원하신다는 사실을 깨닫습니다. 그리고 이 일이 우리 각자의 통치 체계를 바꿈으로부터 시작됨을 압니다. 우리의 시간과 삶을 재조정하여 주옵소서. 우리의 믿음을 세워 주소서. 그래서 우리의 믿음을 도둑질 하려는 모든 적그리스도의 체계를 무너뜨릴 믿음의 선언문을 외치게 하옵소서.

우리의 삶을 향한 하나님의 뜻에 관심을 가질수록, 우리는 많은 것을 배웁니다. 하지만 주님, 주님에 대하여 더 많이 배워야 함을 알고 있습니다. 우리 모두는 우리 각자에게 주신 예언적 잠재력이 성취되기 원합니다. 우리를 주님께 더욱 더 가까이 이끄사, 우리의 마음이 새롭게 될 수 있도록 도우소서. 우리를 가르치시며, 우리에게 능력을 주시고, 우리를 축복하소서. 예수님의 이름으로 기도드렸습니다. 아멘."

주님께 드리는 당신의 기도

"주님, 내가 계속 공부함에 따라 저에게 연기와 유향, 그리고 몰약의 향기가 더욱 진하게 나타나게 하옵소서. 주님께로 더 가까이 가기 원합니다. 주님, 제게 더 가까이 오시옵소서. 광야를 벗어날 수 있는 길을 보여주옵소서. 예수님의 이름으로 기도드립니다. 아멘."

성령님의 응답을 아래에 기록하십시오:

7장

약속의 땅을 차지하라 II

Possessing the Land of Promise: Part 2

전 장에서는 모세가 약속의 땅으로 보낸 첫 여섯 정탐꾼들을 살펴보았다. 우리는 그들이 가지고 있는 예언적인 강함을 보았을 뿐 아니라 그들의 약함도 보았다. 또한 그들에게 주어졌던 잠재력과 하나님께서 우리에게 주신 잠재력을 비교해 보았다. 이제 두 번째 여섯 정탐꾼들을 살펴 볼 시간이다. 이번에도 우리는 그들의 잠재력과 우리의 잠재력을 비교할 것이며 그들 개인의 이름들과 지파들, 그리고 예언적인 사명을 살펴볼 것이다. 이렇게 함에 따라 당신은 당신의 잠재력과 사명을 도둑질하기 위한 적그리스도의 모든 계획을 멀리 던져 버릴 큰 능력을 점점 더 받을 것이다.

두 번째 여섯 정탐꾼에 대하여 배울 준비가 되었는가? 내가 잠재력을 온전히 발견한 후 허물을 벗고 대 변신을 할 때 흥분했던 것처럼, 여러분도 지금 흥분해 있다는 것을 안다. 자, 이제 남은 리더들을 살펴보자.

일곱 번째 리더: 암미엘

일곱 번째 리더는 단 지파 출신인 암미엘이다. 그의 이름은 "하나님의 백성, 헌신된 동맹과 근족들"이라는 뜻을 가지고 있다.[1] 이 이름은 이 지파가 얼마나 충성되고 성실한 지파인지를 보여준다. 사실 히브리어에서는 이 단어가 좀 더 깊은 의미를 가지고 있다. 그것은 "압도하다 (함께 밀집하여 모임으로써)"라는 뜻이다.[2] 나는 이 의미를 좋아한다. 우리는 전투 중에 "충성심"이 필요하다는 것을 안다. 미식 축구에서 허들링[3] 하는 것을 생각해 보라. 충성된 팀원들이 하나로 뭉칠 때, 각자에게 안전하게 공을 주고받을 수 있는 작전 명령이 하달될 수 있으며 효과적인 전투 계획을 수립할 수 있어 상대팀을 압도할 수 있다. 뭉칠 수 있는 시간이 없으면 불안해질 수밖에 없다.

  암미엘의 이름에 부여된 예언적인 의미로 볼 때 그는 충성된 자가 될 수 있는 잠재력을 가졌다고 믿는다. 그러나 그는 충성심을 엉뚱한 곳에 사용했다. 그는 주님께 충성된 사람이 되며, 주님이 백성들에게 주신 말씀에 충성된 사람이 되는 대신 부정적인 보고를 했던 열 정탐꾼 중의 하나가 되었다. 아마 믿음이 흔들렸기에 그들에게 휩쓸렸을 것이다. 의견의 일치가 일어날 때, 놀라운 일들이 각자에게 나타난다. 만일 암미엘이 주님께 꼭 붙어있었다면 자신과 그 지파에게 어떠한 일이 일어났을지 상상해 보라. 왜 열두 정탐꾼들 모두의 마음을 변화시킬 하나님의 압도적인 임재가 나타나지 않았을까?

  우리가 충성된 자가 되기로 결정하고, 주님께 더 가까이 나아가기로

할 때(주님과 함께 있고자 할 때), 주님께서 그 임재로 우리를 덮으실 것이다. 우리가 주님과 친밀해지고, 그분을 향한 믿음을 가질 때, 주께서 우리에게 오셔서 그 분의 영광으로 우리를 덮어주실 것이다. 베드로는 주님께 꼭 붙어 있는 법을 알았다. 그가 거리를 걸을 때, 심지어 그의 그림자만 덮여도 병이 치료되었고 악귀가 쫓겨 가는 일이 일어났다. 그런데 기적을 일으킨 것은 베드로의 그림자가 아니었다. 그를 통하여 놀라운 일이 나타날 수 있었던 이유는 하나님의 능력이 그를 덮으셨기 때문이다(행 5:15-16 참조).

암미엘이 속한 부족의 이름인 "단"은 "재판하다"라는 뜻을 가지고 있다. 이 단어는 "다스리다, (법정에서) 이기기 위하여 분투하다, (법정에서) 언쟁을 벌이다, 법을 집행하다, 재판하다, 판결을 언도하다, 소송을 변호하다"라는 뜻을 가진 단어에서 왔다.4) "단"이라는 이름은 하나님의 자녀들에게 다스리며, 분별하고, 재판할 수 있는 능력을 준다. 또한 이 단어는 분투와도 관계가 있다.

단은 야곱의 다섯 째 아들이며, 야곱의 첩인 빌하에게는 첫 번째 아들이다. 훌륭한 작가이자 교사이며 중보기도자인 소우가 단에 대하여 이렇게 말했다.

> 나는 단이 아버지에게 많은 사랑을 받았다고 생각하지 않는다. 그는 혈통적으로 다소 떨어지는 아들로 태어났으며, 야곱은 단이 레아와 라헬 사이에 있었던 남편 사랑 쟁탈전의 결과로 태어난 아들이라는 것을 알고 있었다. 단도 자라면서 이 사실을

알게 되었다. 그는 사랑받지 못한 채로, 필요치 않은 존재로 자랐으며 많은 고통과 아픔 속에서 자랐다. 결국 쓴 뿌리가 그 안에서 자라게 되었다.[5)]

암미엘이 가진 잠재력과 지파로부터 받은 영적 유산에 관하여 공부할 때마다, 소우의 통찰력이 많은 도움을 주었다. 기대한 대로 이루지 못했다고 느낄 때, 우리는 그것을 얻기 위하여 힘을 다한 노력을 할 수 있다. 또한 완벽해지기 위하여 애쓰고 노력할 때, 기대한 것을 얻을 수 있다. 하지만 인간적 노력은 바리새주의와 율법주의의 근원이다. 만일 우리가 율법주의 안에서 산다면 결코 원하는 것을 이룰 수 없다. 우리가 붙잡고 따라야 할 법은 오직 그리스도 예수의 법 밖에 없다. 다른 법(종교적인 법)은 적그리스도의 법이다(갈 6:1-4 참조). 주께서 우리를 평가하신다 해도 율법주의적 관점으로 평가하시는 것은 아니다.

이 책을 읽는 많은 분들이 부모님의 사랑을 느껴보지 못했을 수도 있다. 또는 다른 사람들의 기대에 부응한 적이 한 번도 없다고 생각할 수도 있다. 그런 생각들 때문에 어쩌면, 당신은 평생 다른 사람들을 만족시키기 위하여 살았을지도 모른다. 당신은 당신 주변에 세워져 있는 적그리스도 구조와의 전투에서 승리할 수 있다. 간단한 해결책이 있다. 주님께 붙어있으라. 당신이 주님의 팀원이 되고, 그분께 붙어 있기 위하여 더 가까이 가면, 주께서 당신 주변을 능력으로 덮어주실 것이다.

나는 주께서 주의 날개 그늘 아래에 우리를 감추신다는 구절을 좋아한다. 시편 17편 8-9절이 이렇게 말한다. "나를 눈동자같이 지키시고 주의 날개 그늘 아래 감추사 내 앞에서 나를 압제하는 악인들과 나의 목숨을 노리는 원수들에게서 벗어나게 하소서." 시편 57편 1-3절은 우리가 주님의 날개 그늘 아래에서 피난처를(적으로부터) 찾을 수 있다는 사실을 재차 확인해 준다. 이 얼마나 놀라운 일인가? 우리가 주님께 나아가서 그분의 날개 그늘 아래 머물러 있으면, 주께서 모든 위험으로부터 우리를 보호하시며, 모든 위험이 지나갈 때까지 피난처가 되어 주신다! 거기에 더하여, "능력으로 덮으심"은 우리를 잉태로 이끄신다는 것의 다른 표현이기도 하다. 주님은 우리를 구하시기 위하여 하늘로부터 놀라운 은혜를 보내시며, 우리로 하여금 우리의 목적을 이루게 도우신다(시 57:3 참조).

하나님의 백성인 우리는, 암미엘과 단의 이름이 가지고 있는 의미를 이루며 살아가야 한다. 하나님께 늘 충성되며, 그분께 더 가까이 가서 그분께 붙어있고, 그분의 날개 아래 숨기로 결정하자. 그렇게 할 때 주님께서 우리에게 다스리고, 분별하며, 재판하는 능력을, 그리고 마침내 승리할 수 있는 능력을 주실 것이다.

여덟 번째 리더: 스둘

모세가 보낸 여덟 번째 리더는 아셀 지파의 스둘이었다. 스둘이라는 이름은 역설적인 의미를 가지고 있다. 그의 이름의 중심에는 "숨기다", 혹은 "숨다"라는 뜻이 있다. 좀 더 깊이 설명하자면, 이 단어는 "덮어서 숨기다, 없는 상태가 되다, 닫다, 비밀로 하다, 숨다"라는 뜻을 가진 단어에서 왔다.[6] 그러므로 스둘은, 한편으로는 숨기고 비밀을 지키는(영역의 비밀, 생각의 비밀 등) 사람이 되어야 함을 가리키며, 다른 한편으로는 그리스도께 더 가까이 가서 그 안에 숨어있는 사람이 되어야 함을 의미한다. "이는 너희가 죽었고 너희 생명이 그리스도와 함께 하나님 안에 감추어졌음이라"(골 4:4). 어디에 숨는가, 어떻게 숨는가는 우리의 선택이다.

위 구절에서 사용된 "감추다"에 해당하는 헬라어 크륍토는 "적절한 덮개로 뭔가를 숨긴다"는 것을 강조할 때 가장 많이 사용되는 단어이다.[7] 하나님께서 우리를 더 가까이 이끄실 때, 주님은 우리를 덮으실 뿐 아니라 비밀한 장소로 오게 하신 후 감추어진 비밀을 알려 주신다. 얼마나 흥분되는 일인가? 진실로 추구하는 자에게, 예를 들면 나처럼 예언적인 귀를 갈망하는 자에게, 숨겨진 계시가 비밀한 장소에서 부어진다. 그런데 또 하나의 역설적인 가르침이 있다. 그것은 주께서 우리를 덮으실 뿐만(cover) 아니라 우리의 죄를 드러내시기도(uncover) 한다는 것이다. 주께서는 우리의 죄를 드러내시면서, 우리가 믿음의 변절자가 되지 않고 돌이켜 회개하며, 주께서 우리를 회복시키도록 각자를 주께 내어 맡기는 사람이 되기를 기대하신다. "숨은 것이 장차 드러나지 아니 할 것이 없고 감추인 것이 장차 알려지고 나타나지 않을 것이 없느니라"(눅 8:17).

아마 스둘은 하나님으로부터 숨었으며, 어떤 영역을 하나님과 사람들로부터 숨기려 했을 것이다. 우리는 가끔 여러 탈을 쓴 사람들을 본다. 거짓말로 자신을 은폐하는 사람으로서, 신뢰할 수 없는 사람이다. 아마 스둘은 자신의 이런 면 때문에 약속의 땅을 탐지하면서 냉소적인 열 명의 무리에 속하게 된 것 같다. 스둘은 하나님께 더 가까이 나아가서 그분의 덮개 아래 숨는 대신 자신의 죄와 생각, 그리고 삶의 모습을 숨기기로 했다.

거기에 더하여 스둘은 "행복"이라는 의미를 가진 아셀 지파 출신이다. 아셀은 "곧게 되다, 균형 잡힌, 옳은, 전진하다, 정직한, 번영, 길잡이, 인도, 구원, 축복받은" 등의 뜻을 가진 단어에서 파생되었다.[8] 우리에게는 기쁨이 필요하다. 여호와를 기뻐하는 것이 우리의 힘이 되기 때문이다(느 8:10 참조). 참된 기쁨은 주님께서 덮어주시고, 그분의 날개 그늘 아래에 숨어 보호받을 때 찾아온다. 우리가 그분 가까이 가지 않으면 그분의 날개 아래 들어갈 수 없다. 우리 중 대부분 사람들은, 문제가 생겨서 급하게 주님을 찾아 달리기 전까지는 스스로 주님께 달려가지 않는다. 스둘은 주께서 자신을 덮으시도록 찾아가는 대신 숨었기 때문에, 자신에게 주어진 예언적 은사와 참된 행복과 기쁨을 누리지 못했다.

다윗 왕이 이렇게 말했다. "하나님이여 주는 나의 우매함을 아시오니 나의 죄가 주 앞에서 숨김이 없나이다"(시 69:5). 다윗은 죄를 범했다. 그런데 주님은 그를 가리켜 내 마음에 합한 자라고 말씀하셨다. 다윗은 범죄치 않으려면 하나님의 말씀을 마음에 감추어 두어야 함도 알고 있었다(시 110:11 참조). 다윗은 끊임없이 하나님의 가르침을 묵상하며, 그분의 길에 주의하고, 주님의 법도를 즐거워하며, 주님의 말씀을 잊지 말아야 한다는 것을 알았다. 주께서 주신 약속들을 이루기 원한다면, 주님 안에 숨어야 하며 주님의 말씀을 우리의 심장 안에 감추어야 한다.

"주님, 오늘 우리를 숨기사 우리로 주님의 복과 기쁨을 얻게 하소서."

아홉 번째 리더: 나비

모세가 파송한 아홉 번째 리더는 납달리 지파의 나비였다. 나비라는 이름은 히브리어로 "신비사술"을 의미한다.9) 그의 이름은 "숨기다, 숨다"라는 뜻을 가진 스둘의 이름과 비슷한 의미를 가지고 있다.

신비사술은 진리를 숨기기 때문에 감추어지고 은폐된 일과 관련되어 있다. 신비사술은 거짓 선지자, 우상숭배, 어둠이다. 다른 말로 하면 현혹(진리를 숨김)이다. 신비사술은 전적으로 적그리스도적인 일을 한다.

이는 나비가 신비사술의 뿌리로부터 해방되어야 함을 의미하는데, 사실은 우리 중 적지 않은 사람들에게도 이 해방이 필요하다.

우리의 삶에 신비사술의 뿌리가 있다면, 하나님과의 관계와 관련된 현혹을 당하게 된다. 신비사술은 죄를 감추어 버리기 때문에 회개할 기회를 가지지 못하며, 심지어는 회개 자체를 막기도 하여 결국은 참된 변화를 체험하지 못하게 만든다. 신비사술의 억압이 존재하는 모든 영역에 대한 자세한 점검이 반드시 필요하며, 자유를 얻기 위한 축사의 과정도 필요하며, 모든 약속의 성취를 위하여 능력도 받아야 한다.

나비의 지파인 납달리는 "씨름하다, 정복하고 승리하다"를 의미한다.[10] 이 일이 바로 신비사술의 뿌리를 가진 사람에게 필요한 일이다. 우리도 야곱처럼 이름이 바뀌고 축복을 받기까지 하나님과 씨름해야 한다. 때론 자유를 얻기 위하여 어둠의 권세와 씨름해야 할 경우도 많이 있다. 나비가 약속의 땅을 보았을 때, 그는 왜 의심과 불신을 대적하여 싸울 힘과 부정적인 생각과의 전투에서 이길 힘을 얻지 못하였을까? 그의 삶 속에 신비사술에 뿌리를 둔 견고한 진이 있었을 가능성이 상당히 높다. 무엇보다, 의심과 불신의 결정체인 우상숭배는 신비사술과 연결되어 있다. 나비는 자신에게 있는 신비사술의 유산과 싸워야 했으며, 주님의 능력을 가지고 승리해야 했다. 그러나 그는 신비사술의 뿌리를 그대로 남겨 두기로 결정했으며, 그 결과 진리가 숨어버렸고 결국 그는 하나님의 시각으로 약속의 땅을 볼 수 없게 되었다.

신비사술은 신비사술에 관여한 사람들의 삶 속에서 다양한 형태로 나타난다. 만일 당신이 힘들어 하는 부분이 이 신비사술과 관련된 영역이라면 축사 사역자와 연락을 하고, 믿을 만한 자료를 읽으라. 그리고 축사와 회개를 시도하라.

시작하기에 앞서, 신비사술과 관련된 아래의 목록을 점검해 보라. 만일 당신의 삶 속에 신비사술과 관련된 것이 발견되거나 조상들 중의 누군가에게 그런 요소가 있었다면(세대를 걸쳐 내려온 유산) 회개를 시작하기 바란다. 가족 중 누구든지 다음 목록에 해당하는 전력이 있다면 신비사술의 뿌리가 있는 것으로 볼 수 있다.

- 기만
- 성적인 죄
- 프리메이슨 지부
- 반복되는 질병 등의 저주
- 광기
- 두려움과 고통
- 환각
- 요절
- 우상숭배
- 욕망과 성도착증
- 권력욕
- 점성술
- 마법을 시도해 봄(어떤 종류이든)
- 지배받음, 혹은 지배욕구가 강함
- 자해에 의한 상처
- 악몽과 마귀의 방문
- 흑마술

하나님의 말씀에 대한 의심은 우리로 하여금 실패에 사로잡히게 한다. "주님, 반항적인 마음과 생각, 그리고 거짓된 믿음의 체계로부터, 지금 이 시간 우리를 해방시켜 주옵소서."

열 번째 리더: 그우엘

갓 지파에서 모세의 파송을 받은 그루엘은 "하나님의 위엄"이라는 뜻을 가지고 있으며, "하나님의 구원, 높이 찬양함, 영광스러운 승리" 등의 뜻도 함축하고 있다.11) 놀라운 뜻을 가지고 있는 이름이다! 그러므로 그루엘이 가지고 있는 예언적인 사명은 하나님의 위엄을 드러내고, 그분의 구원을 증거하며, 적들에 대하여 영광스러운 승리를 거두는 것이다.

그루엘은 갓 지파 출신이다. 소우의 연구에 따르면, 갓은 여러 가지 의미를 가지고 있다. 그녀는 말하기를, "첫 번째 의미는 "군대"이며, 다른 의미는 "번영, 공격하다, 정복하다, 침공하다, 함께 모이다"12)라고 했다. 이는 적을 공격하기 위하여 함께 모인다는 의미를 내포한다. 그녀는 또한 "갓은 바벨론의 신 이름이기도 하다"라고 했다.

그루엘은 두 가지 몫을 가지고 태어났다. 그의 이름은 영광스러운 정복을 의미하며 그의 지파도 역시 비슷한 의미를 가지고 있다. 그러나 그루엘은 막상 자신에게 주어진 약속을 보자, 믿음을 잃어버리고 말았다. 무슨 일이 있었던 것일까?

잠재력을 가진 이름이 주어졌지만, 그는 혼동의 세상에 태어났다. 갓의 모친인 실바는 여종이었으며, 레아를 위한 일종의 대리모였다. 야곱은 경쟁심이 강한 아내에게 또 다른 자녀를 낳아주기 위하여 갓의 어머니와 동침했던 것이다. 당시 여주인에게 속한 여종이 낳은 자녀는 여주인에게 속하였다. 레아와 라헬은 누가 더 많은 자녀를 낳는가를 놓고 서로 경쟁을 벌였다는 것을 기억할 것이다. 레아는 아마 갓의 어머니에 대하여 별 관심을 기울이지 않았을 것이며 야곱 역시 그루엘을 위하여 거의 시간을 내지 못했을 것이다. 이 불쌍한 아이는 얼마나 혼란스러웠을까? 그는 아마 어린 시절의 대부분을 아버지의 허락과 관심을 받아내는 데 보냈을 것이다.

그러다가 정작 그에게 주어진 약속을 인식할 때가 왔을 때, 그는 그것을 행할 수 없게 돼버리고 말았다. 예언적인 잠재력은 물론 하나님의 부르심과 하나님께서 자신의 삶 속에 주신 약속들을 인식하려면, 과거의 부정적인 자화상을 바라보지 말아야 한다.

이상으로 하나님의 약속을 믿지 못한 열 명의 정탐꾼을 살펴보았다. 이제 하나님의 약속을 믿었던 두 명에게 초점을 맞추겠다.

열한 번째 리더: 갈렙

열한 번째 리더는 유다 지파 출신인 갈렙이다. 갈렙의 경우 그 이름이 가지고 있는 의미에 따르면, 그는 부정적인 사람이 될 수밖에 없는 모든 조건을 가지고 있었다. 그의 이름은 "개"라는 뜻이다.[13] 믿어지는가? 그런 이름을 가진다는 것은 생각만 해도 끔찍한 일이다. 도대체 그의 부모들은 무슨 생각으로 그런 이름을 지어주었을까? 이 일 때문에 그의 어린 시절은 쉽게 부정적인 상황으로 갈 수밖에 없었을 것이다. 갈렙은 일생동안 사람들에게 개, 곧 모자라고 낮은 존재, 수치스럽고

힘없는 존재, 상에서 떨어진 부스러기나 주워 먹는 개와 같은 존재로 취급받았을 것이다.

하지만 갈렙은 자신의 이름을 다른 시각으로 바라보았다. 그는 개처럼 되기로 결정을 했으나, 보통 개가 아닌 한 번 물면 목적을 이룰 때까지 놓지 않는 "끈기 있는 불굴의 불독"이 되기로 결정했던 것 같다. 갈렙은 원하는 축복을 받고 새로운 이름을 받을 때까지 주의 천사와 밤이 새도록 씨름했던 야곱 같은 사람이 되기로 결정했다. 갈렙은 비천한 개와 같은 존재가 되는 대신 자신을 복 받은 사람으로 바라보기로 했으며, 하나님께서 약속하신 것을 믿기로 결정했다. 갈렙은 열두 정탐꾼 중 유일하게 긍정적인 보고를 가지고 가나안으로부터 돌아온 두 명 중 한 명이었다. 그는 다른 사람들이 본 것과 똑같은 지형과 거인들, 그리고 똑같은 잠재력을 보았다. 그러나 그의 초점이 달랐다. 갈렙은 긍정적인 면에 집중했다. 그는 불가능해 질 수 있는 확률 대신 하나님께서 하신 말씀을 믿기로 했다. 거인들을 보는 순간, 자신을 개로 여기고 싶은 유혹이 찾아왔음에도 불구하고, 그는 주님의 말씀을 믿기로 했던 것이다. 정탐을 마치고 돌아온 갈렙은 이렇게 선포했다. "우리가 능히 그 땅을 취하리라" 주님을 믿지 않은 열 명의 리더들은 광야에서 죽었지만, 갈렙은 주님을 믿었기에 광야에서 죽지 않았다. 하나님을 믿었기에 갈렙은 받았고, 누렸다.

또 다른 이야기가 있다. 광야에서 살아남았을 뿐 아니라 용맹한 용사로서 약속의 땅으로 들어갔던 그는 그로부터 45년 후에 80대가 되었다. 그때 그는 다시 한 번 약속의 산을 보았고, 가서 취하였다. 80대가 되었어도 믿음이 흐려지지 않았던 갈렙은 이렇게 외쳤다. "이 산지를 (유업으로) 내게 주소서." 갈렙은 나쁜 것이 아닌 좋은 것에 집중하기로 결정한 사람이다. 갈렙에게는 확실히 남다른 정신이 있었으며, 주님을 믿는 믿음이 있었다.

갈렙은 유다 지파 출신이며, 유다는 "찬송"이라는 뜻을 가지고 있다.14) 히브리어 "유대인"이 이 단어에서 나왔다. 유다는 또한 "원수에게 매끈한 돌을 던지다"라는 뜻도 가지고 있다.15) 좋다. 놀랄 준비가 되어 있는가? 여기에 밑줄을 치라. 아마 이 말을 외우고 싶어질 것이다. 유다 지파 출신의 젊은 양치기 다윗은 거인 골리앗과 싸우기 위하여 매끈한 돌 다섯 개를 준비했다. 다윗은 거인 골리앗을 난공불락의 요새로 보는 대신 그 거인을 눈앞에서 죽일 수 있는 힘을 주시는 하나님의 능력에 초점을 맞추었다. 유다 지파의 모든 후손들도 같은 능력을 부여받았다. 그렇기 때문에 갈렙 역시 다윗에게 있었던 "환경이 나의 잠재력을 압도할지라도 하나님을 믿을 수 있는 능력"과 똑같은 능력을 가지고 있었다.

용맹한 용사 갈렙은 광야에서도 생존했으며, 약속의 산도 유업으로 취했다. 만일 나에게 아들이 있었다면 그 이름이 가지고 있는 잠재력을 생각하면서 갈렙이라고 지어 주었을 것이다. 하나님의 신이 우리 안에 계시기 때문에, 우리 각자에게도 산을 바라보면서 바다에 던지우라고 명령할 수 있는 똑같은 능력이 있다. 우리 각자에게는 모든 약속을 이루며, 각 상황을 향하여 하나님의 말씀을 선포할 수 있는 초자연적인 능력이 있다.

열두 번째 리더: 호세아(여호수아)

에브라임 지파에서 모세의 파송을 받은 마지막 리더는 호세아였다. 에브라임은 "갑절"이라는 뜻을 가지고 있다.16) 나는 갑절을 좋아한다. 초등학생 시절, 금요일만 되면 학교에서 갑절의 아이스크림을 주었던 기억이 난다.

그러므로 모세는 갑절의 생산성을 가진 지파 출신인 호세아를 보낸 것이다. 호세아는 "구원, 안전, 승리"라는 뜻을 가지고 있다.17) 모세는 나중에 여호수아라는 이름을 그에게 주었다. 이제부터는 여호수아라는 이름을 사용하겠다. 호세아나 여호수아나 같은 의미를 가지고 있는데, 여호수아에는 "복수하다, 방어하다, 해방시키다"라는 의미가 더 있다.18)

여호수아에게는 안전, 승리라는 잠재력과 함께 하나님의 구원을 볼 수 있는 잠재력이 있었다. 오직 여호수아와 갈렙만이 거인들에게 초점을 맞추지 않기로 했으며, 이 둘이 긍정적인 보고를 가지고 모세에게로 돌아왔다. 사실 여호수아에게 있어서 안전한 곳은 강 건너에 있는 약속의 땅이었다. 그는 전쟁을 두려워하지 않았다. 그는 적들을 보았을 때 결코 두려움이 마음에 들어와 자리 잡는 것을 허락하지 않았다. 여호수아는 약속의 땅에서 갑절의 축복을 누릴 사람으로 부름을 받았기에 그 땅에 있는 거인들을 보면서도 그 땅이 안전한 땅으로 보였던 것이다.

마음속에 두려움이 있거나 혹은 두려움이 세대에 걸쳐 마음에 뿌리를 내리고 있다면, 반드시 다음의 사실을 깨달아야 한다. "우리에게 안전한 장소는 강 건너에 있는 가나안 땅이며, 그 약속의 땅에 있는 거인들을 몰아낼 때 안전한 땅에 거할 수 있다." 두려움에는 승리가 없다. 하나님께서 주신 약속의 장소를 바라볼 때, 3미터나 되는 거인들이 우리를 내려다보고 있는 그곳이 안전하지 않다고 느껴질 수도 있다. 사랑하는 여러분, 하나님께서 우리에게 가라고 명령하시면 짐을 싸야 한다. 하나님의 말씀에 순종하고 그분의 지시에 따르는 것이 가장 안전한 길이다. 주께서 명하신 장소로 순종하며 나아가는 것이 가장 확실한 길이며 안전한 길이다. 구원은 오직 주님께 있음을 믿고, 하나님만이 안전한 요새이심을 확신함으로써, 결국 갑절의 약속을 성취했던 여호수아 같은 사람이 될 수 있다.

누구의 말을 믿을 것인가?

이제 열두 지파에 대한 공부가 끝났다. 각 리더의 이름과 소속 지파의 이름들에 대하여 자세히 공부했으며, 그들이 가지고 있는 예언적인 잠재력을 분석했다. 내가 말씀드리고 싶은 요지는, 우리 모두에게도 예언적 약속이 있으며, 또 그 약속들을 성취할 수 있는 잠재력을 지니고 있다는 것이다. 어떤 사람들은 최고의 환경에서 태어났고 어떤 사람들은 최악의 상황에서 태어났다. 그러나 우리의 삶이 어떻게 시작되었는지는 중요하지 않다. 주님은 어떻게 삶을 마무리 짓느냐로 우리를 평가하신다. 마지막의 모습이 우리의 마지막 결과이다. 그리스도 안에서 사명을 완수하셨는가? 약속의 땅에 가서 본 후 긍정적인 보고를 가지고 돌아갔는가? 아니면 우리의 미래를 도적질하는 원수, 곧 **적그리스도**의 거짓말을 믿었는가?

우리는 각 정탐꾼들이 각자의 사명과 관련되어 어떤 식으로 모세에게 보고했는지 살펴보았다. 그 모든 보고 중에서 여호수아와 갈렙의 말이 우리의 영혼을 울린다.

> 이스라엘 자손의 온 회중에게 말하여 이르되 우리가 두루 다니며 정탐한 땅은 심히 아름다운 땅이라 여호와께서 우리를 기뻐하시면 우리를 그 땅으로 인도하여 들이시고 그 땅을 우리에게 주시리라 이는 과연 젖과 꿀이 흐르는 땅이니라 다만 여호와를 거역하지는 말라 또 그 땅 백성을 두려워하지 말라 그들은 우리의 먹이라 그들의 보호자는 그들에게서 떠났고 여호와는 우리와 함께 하시느니라 그들을 두려워하지 말라 하나 민 14:7-9

여호수아와 갈렙은 하나님의 말씀을 믿기로 했다. 오늘날 여러분은 누구의 말을 믿기로 결정했는가? **적그리스도**의 음성과 그리스도의 음성 중 어떤 음성을 믿는가?

과제: 적그리스도를 대항하라

하나님께서 강력한 비밀들을 드러내고 계신다. 시간을 내어 주님을 찾으라. 여러분이 열두 정탐꾼들이 겪었던 그런 싸움을 싸우고 있다면, 원수를 정복하고 이길 수 있는 힘을 달라고 주님께 간구하라. 다음의 질문들에 대하여 기도 후 답변하라.

당신이 지금 싸움을 겪고 있는 삶의 영역을 적으라.

1.
2.
3.
4.

열두 지파의 이름을 기억할 수 있는가? 그들 중에는 자신에게 주어진 약속에 대하여 믿음을 가지기로 결정한 사람도 있고 믿지 않기로 결정한 사람들도 있다. 그들의 모습 중에서 당신의 모습을 발견할 수 있는가? 당신의 모습은 어떤 사람, 혹은 지파와 비슷한가? 그리고 그렇게 생각되는 이유는 무엇인가?

1.
2.

3.

   4.

 다음 단계에서는 조금 시간이 걸릴 수도 있지만 이 단계를 밟는 것은 중요하다.

 하나님께서 당신의 마음에 주신 약속의 말씀들을 성경에서 찾아보라. 만일 당신이 번민에 시달리고 있다면, 당신은 신비사술의 깊은 뿌리를 가진 지파와 연결되어 있을 수도 있다. 신비사술을 다루는 성경구절과 당신의 영을 도울 약속의 말씀들을 성경에서 찾아 적으라. 이 성경구절들을 최소한 칠일 동안 당신의 삶에 적용하라.

 성경의 약속들:
   1.
   2.
   3.
   4.

 아래의 여백에 "미래를 이룰 수 있는 능력"을 당신에게 줄만한 생각들을 더 적어 보라.

Conquering the
antichrist
spirit

제4부

제4부에서는 이스라엘 백성들이 통과했던 여러 광야들을 공부하면서,
각 광야에서 있었던 시험들도 분석해보겠다.
또한 그분의 거룩한 불을 붙잡고,
순전함을 가지고 전진하는 일이 얼마나 필요한 것인지 살펴볼 것이며,
아울러 하나님의 나라를 건설하기 위하여 삶을 드리는 것 역시
매우 중요하다는 것에 관하여도 살펴보겠다.
제4부를 통하여 우리의 마음이 정결케 될 것이며,
지금 당장 변화되고자 하는 갈망과 또 그럴만한 능력까지 받게 될 것이다.
또한 여러분들은 승리의 장소를 응시할 수 있는 분기점에 설 것이다.
제4부 중 한 장은 온전히 언약궤에 대하여만 다루겠다.
이번 제4부가 얼마나 많은 깨달음을 줄 것인지 알게 될 것이다.
제4부가 끝날 무렵에는 여러분의 마음속에
그분의 임재에 대한 차원 높은 갈망이 생길 것이다.

8장

광야의 정류장들

The Wilderness Stops

> 네 하나님 여호와께서 이 사십 년 동안에 네게 광야 길을 걷게 하신 것을 기억하라 이는 너를 낮추시며 너를 시험하사 네 마음이 어떠한지 그 명령을 지키는지 지키지 않는지 알려 하심이라 신 8:2

위 구절은 "하나님께서 이스라엘 백성들의 마음을 광야에서 시험(test)하셨다"고 말씀한다. 흠정역 성경에는 시험 대신 "증명"(알아봄, Prove)이라는 단어를 사용한다. 하나님은 먼저 그들의 마음을 알아보신 후 사명의 다음 단계로 인도하셨던 것이다. 주님은 각 광야의 정류장에서 그들의 마음이 어떠한지 알아보신 후, 더 위대한 믿음을 가질 수 있는 기회를 주셨다. 신명기 8장 16절은, 하나님께서 광야를 주신 이유가 "마침내" 그들에게 복을 주시기 위해서라고 말씀한다. 주님은 그들에게 사명을 이룰 능력을 주시기 위하여 마음을 시험하셨던 것이다. 그러므로 이스라엘은 각 광야의 정류장마다 확장의 문과 돌파의 문에 들어갈 기회를 가졌다. 만일 그들이 그 문들을 통과하기로 결정했다면, 그들은 "모든 약속을 성취할 수 있는 엄청난 능력을 주실 하나님"을 신뢰하게 되었을 것이며, 결국 약속의 땅으로 들어갔을 것이다.

오늘날, 우리에게도 같은 기회가 있다. 하나님께서 우리를 "정지" 시키는 이유는, 우리의 마음을 알아보기 위하여 시험하는 시간을 가지기 위함이다. 만일 우리가 바라는 것을 이루기 원하며, 하나님께서 계획하신 사명을 이루기 원하고, 또 광야에서 벗어나기 원한다면, 이스라엘이 경험했던 것들을 완전히 분석해야 할 뿐 아니라, 하나님께서 우리의 마음을 낱낱이 살펴보시도록 내어드려야 한다. 주께서 우리의 마음을 살펴보시는 목적은 우리에게 복주시기 위함이라는 사실을 잘 이해해야 한다.

자, 이제 이스라엘이 만난 각 광야를 살펴보자. 우리는 하나님께서 이스라엘을 시험하실 때 사용하셨던 여러 광야들의 이름을 공부할 것이며, 각 광야가 가지고 있는 예언적 의미도 배울 것이다. 각 광야의 이름을 공부할 때마다 우리의 마음도 점검해야 한다. 우리 마음에 어떤 동기들이 숨어 있는가? 각 광야의 정류장에서, 다음 광야로 움직이기 전에, 우리는 시간을 내어 하나님께 더 가까이 나아가야 하며, 그분께 우리의 마음을 살펴봐(시험해) 주시도록 요청해야 한다. 각 광야의 정류장에서, 우리는 그 광야를 제거할 기회를 얻게 될 것이다. 나는 우리 모두가 광야로부터 완전히 벗어나기를 원한다. 이를 위하여 성령님께서 하시는 말씀에 귀를 기울이기 바란다.

브엘세바 광야(창 21:14-20)

브엘세바는 성경에 그 이름이 명확하게 기록된 첫 번째 광야이다. 이스라엘 백성들이 광야에서 헤매기 훨씬 전에 이 광야의 이름은 성경에 언급되었다. 그러므로 이 광야가 가지고 있는 예언적인 의미를 알기 위하여, 이 이름이 처음으로 언급되던 때, 즉 광야를 통과하기 훨씬 전으로 돌아가겠다.

브엘세바라는 이름은 아브라함과 사라와 관련하여 처음으로 언급되었다. 사라는 하나님의 완벽한 계획을 기다리지 못하고 인위적인 방법을 사용했으며, 그 결과 여종 하갈을 통하여 이스마엘이 태어났다. 나중에 사라는 하갈과 이스마엘을 내보내도록 아브라함에게 압력을 가했으며, 쫓겨난 그들이 헤매던 장소가 브엘세바 광야이다.

그러므로 이스마엘은 "육신의 일"과 "하나님의 시간을 벗어나는 것"의 상징이 되었다. **적그리스도**는 이 땅의 육신에게 큰 영향력을 발휘하고 있다. 이 영향력은 하나님을 찬양하지 않는 모든 곳으로 침투한다. 하나님께서 마땅히 응답하셔야 할 때 응답하시지 않는 것처럼 느껴지는 때가 종종 있을 수 있다. 이때, 기다리지 못하면 우리 스스로 일을 저지르고 만다. 육신의 일에 대한 해결책은 하나님의 불이다. 광야에서는, 모든 적그리스도의 일을 태워버리시는 하나님의 불을 경험해야 한다. 그분은 모든 육신의 정욕을 태우실 것이다. 이것이 우리가 광야를 벗어날 수 있는 확실한 방법이다.

잠시 시간을 내어 하나님께 가까이 나가십시오. 지금 주님께서 당신의 삶 속에 있는 이스마엘을 알려주시나요? 당신은 지금 브엘세바 광야를 걷고 있는가요?

바란 광야(창세기 21:21)

성경에 나오는 두 번째 광야는 첫 번째 광야의 바로 다음에 나오는데, 이 광야는 첫 번째 광야와 깊은 연관이 있다. 창세기 21장은 이스마엘이 바란 광야에서 성장했다고 기록하고 있다. 히브리어 "바란"의 뜻은 "아름답게 꾸미다, 자랑하다, 아름다움, 자기 자랑, 자기 영광과 뽐냄" 등의 뜻을 가지고 있다.[1] 다시 말씀드리는데, 이스마엘은 본질적으로 자기만족을 추구하는 "교만과 육신의 일"을 상징한다. 자기만족을 추구하면 결코 사명을 이룰 수 없다. 그러므로 바란 광야는 고질적인 불만족을 상징하는데, 이는 원수의 결박이다. 이는 우리로 하여금 이기적인 정욕과 이기적인 야망에 빠지게 하며, 우리 자신의 왕국을 세우도록 거세게 미혹하는 악한 영의 상징이다.

창세기 21장 10절에서 사라가 아브라함에게 이렇게 말한다. "이 여종과 그 아들을 내쫓으라 이 종의 아들은 내 아들 이삭과 함께 기업을 얻지 못하리라." 성경은 계속하여 성령의 능력으로 태어난 아들(이삭)과 육신의 과업으로 태어난 아들(이스마엘)의 차이를 말한다. 성령으로 약속된 씨는 유업을 상속할 것이나, 여종의 아들은 결코 자유 있는 여인의 아들과 더불어 유업을 나눌 수 없다.

우리 역시 하나님의 언약 안에 있고, 아브라함의 씨로 말미암았기 때문에, 우리에게는 "형제들아 너희는 이삭과 같이 약속의 자녀라"라는 말이 합당하다고 갈라디아서가 설명한다. 갈라디아서 4장 31절은 우리의 "자유함"에 관하여 언급하면서 이렇게 말한다. "그런즉 형제들아 우리는 여종의 자녀가 아니요 자유 있는 여자의 자녀니라"(갈 4:28-31 참조). 갈라디아서 5장 1절 역시 우리의 자유함에 관하여 말한다. "그리스도께서 우리를 자유롭게 하려고 자유를 주셨으니 그러므로 굳건하게 서서 다시는 종의 멍에를 메지 말라."

우리는 육체로 난 것과 성령으로 난 것을 비교해야만 한다. 자기만족을 구하면 육체에 속한 것을 낳게 되고 적그리스도의 영에게 굴복하는 결과가 오게 된다. 반면 하나님께 순종하고, 약속을 이루시는 하나님의 때를 기다리며 그분의 언약 안에서 행하면, 우리는 자유하게 되어 더 이상 노예와 결박의 멍에를 메지 않게 된다.

성경을 보면, 모세가 약속의 땅으로 열두 정탐꾼을 보낸 장소가 바로 이스마엘이 자란 바란 광야였음을 알 수 있다. 그러므로 약속의 장소를 보고 돌아올 정탐꾼들은 반역과 자기의지, 그리고 육체의 일 등의 여러 영역의 영들이 깊이 뿌리내린 장소에서 파송되었던 것이다. 이러한 영들은 이스마엘과 그의 자손들이 가졌던 사고방식과 믿음의 체계를 통하여 자리를 잡았다. 그렇기 때문에 열두 정탐꾼이 바란 광야를 떠났을 때, 이미 그들의 내면에서는 영적인 전투가 시작된 것이 거의 틀림이 없다.

잠시 모든 것을 멈추고 주님께 가까이 나아가자. 하나님께서 당신의 삶 속에 있는 "육체로 말미암아 난 것"을 드러내신다. 교만과 자기 찬양을 통하여 **적그리스도**가 당신의 삶 속에 들어오는 것을 허용하지는 않았는가? 당신도 당신의 미래를 탐지할 목적으로 파송되었을 것인데, 당신이 파송된 그 장소는 어디인가? 당신은 바란 광야에서 왔는가? 만일 그렇다면, 당신은 당신의 믿음에 영향을 미치는 불경건한 생각과 믿음의 체계에 속아왔으며, 당신의 생각 속에는 실패와 의심, 불신과 보류된 희망과 같은 "생각의 패턴"이 자리잡고 있을 것이다. 당신의 토대(foundation)를 진단해 보라. 당신의 조상들에게 역사했던 영들이 자손들에게 영향을 미치고 있지는 않는가? 만일 그렇다면, 당신 자신의 죄와 조상들의 죄를 회개하라. 간단한 회개와 용서의 기도가 당신에게 바란 광야를 벗어날 수 있는 능력을 줄 것이다.

마음을 편하게 먹고, 시간을 가지라. 안전하게 상륙하려면 제대로 잘 시작하는 것이 중요하다. 하나님께서는 당신의 삶 속에 있는 "조상들 때문에 망가진 것들"을 회복시키기 원하시며, 당신이 굳건한 반석 위에 서서 행하는 사람이 되기를 매우 바라신다.

예레미야 29장 11-14절을 주의 깊게 읽으라. 우리를 향한 하나님의 계획, 곧 희망찬 미래의 계획은 하나님께서 아신다. 주님은 당신을 포로에서 해방시키기 위하여 당신을 주님께 가까이 이끄신다.

수르 광야(출애굽기 15:22-27)

애굽에서 해방된 후 홍해를 건넌 모세와 이스라엘이 첫 번째로 만난 광야가 수르 광야이었다. 수르는 "벽"이라는 뜻을 가지고 있다.[2] 이스라엘 백성들이 마라("쓴")[3]로 인도되었을 때에 그들은 목말랐고, 지쳤으며, 원망에 차 있었다. 하지만 불행하게도, 마라의 물은 쓴물이라 마실 수 없었다. 그러자 이스라엘은 어김없이 특기인 불평을 모세에게 쏟아내기 시작했다. 그렇다. 홍해의 기적이 일어난 지 겨우 삼일만에 만난 갈증이라는 벽 앞에서 이스라엘은 원망과 불평의 소리를 내었던 것이다.

이제는 앞으로 나갈 수 있겠다고 생각되는 순간 벽에 부딪혀본 경험이 있는가? 왜 이런 일이 일어날까? 한가지를 돌파하면 항상 다른 시험이 기다리고 있기 때문이다. 나는 놀라운 돌파를 경험한 사람들 중 거의 대부분이 삼일 안에 불만과 의심의 말을 하는 것을 보았다. 이스라엘 사람들처럼, 우리의 은혜 탱크 역시 대부분 가득 채워진 후 대략 삼일이 채 못 되어 새기 시작한다. 거의 다 빠져나갈 때 쯤 되면 하나님께 원망과 불평을 말하고 싶은 유혹이 찾아오는데, 하나님께서는 이런 일을 매우 싫어하신다. 그러므로 고갈되어간다고 느껴진다면 즉시 주님께 가서 재급유를 받아야 하며 우리의 말을 지키도록 애써야 한다. 이렇게 주의하지 않으면 원망과 불평이 입 밖으로 튀어나오기 때문이다.

"원망하다"에 해당하는 히브리어 "룬"의 근본적인 의미는 "멈춤"이다.4) 이미 말씀드렸던 것처럼, 수르 광야는 이스라엘 백성이 만난 첫 광야이며, 여기서 쏟아낸 원망으로 인하여 백성들은 완전히 정지해버리고 말았다. 사랑하는 여러분, 우리는 원망을 "멈추어야" 한다. 그렇지 않으면 우리의 전진이 멈추거나, 최소한 우리의 약속이 더디게 성취될 것이다. 이 단어가 내포하고 있는 또 하나의 의미는 "원망을 그치기 전에는 결코 멈춘 장소에서 더 이상 움직이지 말고 원망이 멈추어질 때까지 기다려야 한다"는 것이다.

이스라엘 백성들은 단지 멈추기만 한 것이 아니라 모세를 비난까지 했다. 하지만 모세에게는 아무런 잘못이 없었다. 그는 단지 인도자였으며, 하나님의 뜻을 전달하는 전달자였고, 하나님께 순종하기로 결정한 사람이었을 뿐이다. 모세는 그들의 구원자가 아니었다! **적그리스도**는 백성들을 유혹하고 속여서 문제를 해결해주고 필요를 채워줄 사람을 찾게 만들었다. 그들은 물을 공급해주실 하나님을 찾는 대신 단지 사람에 불과한 모세를 바라보았다.

우리가 이러한 상황에 빠질 때 **적그리스도**는 우리를 손아귀에 넣을 수 있다. 우리는 이 사실을 잘 인식해야만 한다. 우리의 믿음이 부족해지면 남을 비난하게 된다. 결코 이런 일에 빠지지 말아야 한다. 우리가 시험을 당한다고 해서 리더를 비난하면 안 된다. 우리 각자는 다 각자의 신앙여정을 가고 있는 중이다. 애굽에서 해방되고, 결박으로부터 자유케 되는 것은 신앙 여정의 중요한 한 부분이기는 하지만 가장 중요한 목적은 아니다. 가장 중요한 목적은 예수님을 닮는 것이다. 마귀는 우리가 예수님의 형상으로 바뀌는 것을 원치 않으며, 우리가 구주이신 그리스도를 바라보고 기대하게 되는 것을 원치 않는다. 마귀는, 이스라엘에게 그랬듯이, 문제를 해결하고 필요를 채워줄 사람을 찾게끔 우리도 유혹한다.

이제 모세도 시험을 당하게 되었다. 그리스도의 몸이 시험을 받을 때, 리더도 같이 시험을 받는다. 생수의 문제 앞에서 모세는 어떤 일을 하기로 결정했는가? 그는 주께 부르짖기로 했다. 그러자 하나님께서는 모세에게 나뭇가지 하나를 물에 던지라고 말씀하셨다. 세상에! 이 얼마나 쉬운 일인가? 그러나 십자가 역시 나무로 만들어졌다는 사실이 놀랍지 않은가?

하지만 하나님께서는 쓴물만 고치지 않으셨다. 그분은 우리의 병도 고치시는 치료자로 자신을 계시하셨다. "너희가 너희 하나님 나 여호와의 말을 들어 순종하고… 의를 행하며… 지키면… 모든 질병 중 하나도 너희에게 내리지 아니하리니 나는 너희를 치료하는 여호와임이라"(출 15:26).

무엇으로부터의 치료를 약속하셨을까? 나는 하나님께서 원망과 불평으로 인하여 생긴 질병을 치료하기 원하셨다고 믿는다. 야고보가 말하기를 혀는 작은 지체지만 큰 것을 자랑한다고 했다. "혀는 곧 불이요 불의의 세계라 혀는 우리 지체 중에서 온 몸을 더럽히고 삶의 수레바퀴를 불사르나니 그 사르는 것이 지옥 불에서 나느니라"(약 3:6). 우리 입술로 말한 것이 우리의 삶을 형성한다. 하나님의 말씀과 관계가 없는 말만 하면, 허약의 영을 포함한 악한 영의 권세가 우리의 삶에 영향을 미칠 수 있게 된다. 원망은 부정적인 것들을 끌어 들이며,

우리의 삶을 육체적으로, 영적으로 지치게 만든다.

성경은 원망이 질병의 원인이 된다는 것을 밝힌다. 쓴 뿌리, 그리고 슬픔과 비탄이 우리의 뼈를 갉아 먹어버리며, 질병의 문을 연다(시 31:10 참조). 입술의 고백에 주의해야만 한다.

그런데 좋은 소식이 있다. 우리가 약속의 땅을 정탐하고 돌아올 때, 좋은 보고를 하면 우리의 뼈가 살아나고 강해진다! "눈이 밝은 것은 마음을 기쁘게 하고 좋은 기별은 뼈를 윤택하게 하느니라"(잠 15:30).

뿐만 아니라, 모든 죄를 회개하면, 자비로우시고 신실하신 하나님은 우리를 용서하신다. 우리가 그분께 가까이 나아가면! 비록 우리가 아직 광야에 있을지라도 주께서 우리를 치료하시고 회복하신다.

잠시 모든 것을 멈추고 주님께 가까이 나가시기 바란다. 벽에 부딪혔는가? 하나님께서 당신의 원망과 불평을 드러내 주시는가? 그런 것들 때문에 질병에 걸렸는가? 사랑하는 여러분, 우리의 모든 죄를 회개하면, 자비로우시고 신실하신 하나님은 우리를 용서하신다. 우리가 그분께 가까이 나아가기만 하면, 비록 우리가 아직 광야에 있을지라도 주께서 우리를 치료하시고 회복하신다.

신 광야(출애굽기 16장)

다음 광야의 정류장은 엘림과 시내 산 사이에 있는 신 광야이다(출 16장 참조). 신은 "가시"라는 뜻을 가지고 있다.[5] 양식이 다 소진되자 백성들 사이에 불평과 원망이 다시 일어났으며 다수의 회중이 폭동에 가담했다. 그들은 죽는 게 낫다고 말했는데, 그들의 태도는 하나님과 그분의 선하심에 대한 불신을 심각하게 드러낸 일이었다. 그들에게 문제(가시)가 생기자, 이스라엘 백성들은 다시 한 번 원망을 쏟아냈으며 자신들을 굶어 죽게 만든다고 모세를 비난했다.

하지만 하나님은 구름 가운데 그 영광을 나타내셨으며, 당신의 자녀들에게 빵(만나)을 내려주시고 메추라기를 보내셔서 먹게 하심으로써 긍휼을 보이셨다. 이스라엘 백성들은 자신들이 광야에서 죽을 것이라고 생각했지만, 만일 하나님께서 그들을 죽게 내버려 두시려 했다면 홍해에서 이미 그렇게 하셨을 것이다. 주님은 그렇게 하지 않으셨다. 그들을 지켜주셨고, 먹을 것을 주셨다.

신 광야에서 이스라엘은 자신들에게 순종의 기회가 한 번 더 찾아왔다는 것을 알아차려야 했다. 그들은 광야에 있었다. 의심할 여지없이, 광야 정류장은 적그리스도의 사고방식을 버리고, 고난을 통과하며, 주님을 신뢰함으로써 더 큰 신앙심과 믿음을 받을 수 있는 기회의 장소이다.

바울에게는 하나님께서 제거시켜 주지 않으셨던 가시가 있었다. 그런데 그는 이 가시로 인하여 원망과 불평을 하는 대신 가시를 통하여 자신이 예수님을 더욱 닮아간다고 믿기로 결정했다(고후 12:7-10).

시험 받을 때마다 인내하는 사람은 매우 적다. 이스라엘 백성이나 우리 모두에게 명확한 해답은 이것이다. 주님께 가까이 나아가라!

모세가 또 아론에게 이르되 이스라엘 자손의 온 회중에게 말하

> 기를 여호와께 가까이 나아오라 여호와께서 너희의 원망함을 들으셨느니라 하라 아론이 이스라엘 자손의 온 회중에게 말하매 그들이 광야를 바라보니 여호와의 영광이 구름 속에 나타나더라 출 16:9-10

주님께로 가까이 가기로 결정하자, 주님의 영광이 그들 가운데 나타나셨다. 그분의 자비가 참으로 무한하지 않은가?

사랑하는 여러분, 잠시 일을 멈추고 하나님께 가까이 나가기를 바란다. 지금 가시가 당신을 찔러대는 것 같은 상황 속에 있는가? 또 다시 원망하고 있지는 않은가? 당신은 지금 주님을 불신하는 태도를 보이고 있지는 않은가? 이런 가시 같은 광야를 벗어나려면, 반드시 우리의 태도를 점검해야 하며, 하나님과 그분의 공급을 믿으면서 주님께 가까이 나아가야 한다.

시내 광야(출애굽기 19장, 레위기, 민수기)

시내 광야는 출애굽기 19장부터 레위기, 민수기에 이르기까지 모세오경 전체에 나올 정도로 이스라엘 백성이 가장 오래 머문 광야 정류장이다. 각 책을 주의 깊게 읽으면 이스라엘 백성들이 받았던 많은 시험에 관하여 배우게 될 것이다. 나는 이스라엘이 거룩하게 되는 데 필요한 것이 무엇인지를 집중적으로 살펴보려고 한다.

시내 광야는 정말 메마르고 황폐한 광야이다. 하나님은 바로 이러한 장소에 이스라엘을 붙잡아 두셨으며, 이러한 장소에서 이스라엘에게 공급해 주시기로 결정하셨다. 또한 모세는 바로 이 광야에 있는 시내 산에서 하나님으로부터 계명을 받았다.

하나님께서 계명을 주시기 위하여 모세를 시내 산 정상으로 부르실 때, 하나님은 백성들에게 성결케 될 것을 요구하셨다. 주께서는 바로 이 광야를 백성의 성결 장소로 선택하신 것이다. 그들은 옷을 빨고 성적인 관계를 금하면서 하나님의 방문을 준비했다. 또한 주님은 백성들을 보호하시기 위하여 엄격한 경계를 정해주셨다(출 19:10-15 참조). 제 삼일 째, 우레와 번개와 나팔 소리, 그리고 빽빽한 임재의 구름과 함께 하나님께서 그들을 방문하셨다. 이 삼일 째의 경험은 하나님의 영광을 보기 위하여 거룩하게 준비한 뒤에 왔다(11절 참조). 하나님께서 모세를 만나시기 위하여 그를 산 위로 부르셨을 때, 산 전체는 불과 연기로 빛났다. 하나님은 모세에게 백성들의 성결, 특별히 제사장들의 성결에 대하여 다시 경고하셨다. 왜냐하면 성결케 되지 않은 상태에서 주님께 접근하면 하나님의 영광이 그들을 돌격하실 것이기 때문이었다(출 19:20-22 참조).

그렇다. 하나님께서 이스라엘 백성들에게 더 높은 수준의 거룩을 요구하신 것은 ,하나님과의 언약을 준비하기 위해서는 성결케 되는 것이 필요하다는 것을 알려주시기 위함이었다. 이는 우리에게도 마찬가지이다. 하나님께서 첫 번째 언약(구약)을 위해서 백성들에게 순결함과 거룩을 요구하셨던 것처럼, 두 번째 언약(신약)을 위해서는 예수 그리스도의 보혈을 통해서만 얻을 수 있는 더 높은 차원의 거룩을 요구하신다. 언약 안에 거하려면 성결과 거룩이 있어야만 한다. 언약적 관계를 존중하시는 분은 바로 하나님이시며, 그분과의 언약 안에 거하는 길은 정결한 마음을 가지는 것이다. 두 언약 모두 경계(boundaries), 성막 제작지침, 제사장의 기름부음, 그리고 축복과 공급에 대한 규정을 제공한다. 또한 두 언약은 모두 급격한 변화를 요구한다.

사랑하는 여러분, 많은 교회들이 완고해졌으며, 율법적이고 형식적으로 변했다. 하나님께서는 종교적인 방법과 생각을 떠나 하나님의 거룩한 임재를 구하는 사람들을 세우신다. 주님은 새로운 기름부음을 풀어놓기 원하신다. 주님은 우리에게 높은 곳으로 와서 계시를 받고 멍에와 압제를 부술 더 큰 기름부음을 받으라고 부르신다. 그리스도는 기름부음을 받은 분이시다. 그러나 **적그리스도**는 기름부음 받은 사람을 대적하는 전략을 세우기 때문에 우리가 새로운 기름부음을 받으려고 할 때 우리를 표적으로 삼는다.

예수님께서 새 포도주 부대에 대한 예화를 말씀하셨다. 주께서 말씀하시기를 새 옷에서 한 조각을 찢어 낡은 옷에 붙이는 자가 없는데, 그렇게 하면 새 옷을 찢을 뿐이라고 하셨다. 또한 새 포도주를 낡은 가죽 부대에 넣는 자도 없으니 그렇게 하면 낡은 부대가 터진다고 하셨다. "새 포도주는 새 부대에 넣어야 할 것이니라 묵은 포도주를 마시고 새 것을 원하는 자가 없나니 이는 묵은 것이 좋다 함이니라"(눅 5:38-39). 예수님께서는 진리를 설명하시기 위하여 비유법을 사용하셨다. 낡은 신학과 신앙 체계를 가지고는 새로운 진리를 담을 수 없다는 뜻이다. 새로운 계시를 담기 위해서는 새로운 가죽 부대가 필요하다.

하지만 우리는 오래된 것이 더 좋다고 생각한다. 마치 오래될수록 더 고급이 되는 포도주처럼, 우리는 오래된 것이 좋다는 일종의 중독에 걸려 있다. 뭔가 새로운 것이 등장하면, 나도 모르게 옛 것을 기억하면서 옛 것을 찾으려는 경향이 우리에게 있다. 이러한 일이 우리를 오염시킨다. 그분께 있는 새롭고 신선한 생수 안에 들어가지 않으면 우리는 메말라지고, 쉽게 부서지는 존재가 되며, 썩어지고 만다. 새 포도주는 성령의 새로운 역사나 그분의 신선한 기름부음을 상징한다. 주님은 이스라엘을 새로운 그릇으로 만드실 작정으로 그들에게 성결케 되라고 명하셨다. 우리를 향해서도 같은 마음을 가지고 계신다. 우리 역시 그분의 신선한 기름부음을 담을 그릇이 되도록 부르심을 받았다. 그러므로 기름부음을 받기 전에 반드시 성결해지고 거룩해져야 한다.

기름부음이라는 단어는 단지 "바르다(smear)"는 뜻만 가지고 있는 것이 아니라 "문지르다(rub)"는 뜻도 가지고 있다.[6] 우리는 하나님의 능력을 "전해 받아야" 한다. 그래야 남에게도 전해줄 수 있다. 낡고, 굳어진, 그리고 부서지기 쉬운 우리의 가죽부대에 그분의 기름부으심을 전해 받아 우리의 마음과 생각이 온화해져야 한다. 이렇게 될 때 하나님의 새로운 기름부음을 담을 수 있다.

그런데 시내 광야에서의 이야기는 이것으로 끝나지 않았다. 모세가 하나님의 거룩한 성산에 올라 율법을 받고 있을 때 백성들은 금송아지 우상을 만들어 그것에게 제사를 드리고 있었다. 우상숭배에 빠져

적그리스도에게 경배한 것이다. 왜 그랬을까? 그들의 마음에 남아 있던 애굽의 잔재들이 청소되지 않았기 때문이다. 게다가 모세마저 함께 없었기 때문에 반역에 가담하기 시작했다. 그들은 늘 눈으로 볼 수 있는 리더를 원했기 때문에, 하나님 대신 우상을 만들어 섬겼다. 이스라엘은 하나님이 아닌 사람을 바라보려 했다. 그들은 인내심을 잃어버렸다. "인내심 상실"은 **적그리스도**가 우리를 속여 집중력을 잃게 만들고 하나님의 시간을 잊어버리게 만들 때 사용하는 도구이다. 인내심 상실은 하나님의 사람들로 하여금 우상을 찾게 만든다.

하나님을 추구하면 그분의 거룩한 산 위로 올라간다. 반면 사람을 추구하면 우상을 만든다. 새 부대를 만들지 않으면 이스라엘같이 되어 광야 가운데서 우상숭배와 불신으로 더럽혀진다.

사십 주야가 지난 후 시내 산에서 내려온 모세에게서 하나님의 영광이 드러났다. 모세의 얼굴에서는 강한 광채가 났으며, 그로 인하여 백성들이 그를 쳐다볼 수 없었기 때문에, 모세는 얼굴을 수건으로 가렸다. 백성들이 더러워졌기 때문에 하나님의 영광을 바라볼 수 없었던 것이다.

사랑하는 여러분, 잠시 멈추시고 마음을 검사하기 바란다. 하나님의 영광이 드러날 때, 당신은 그 영광을 쳐다볼 수 있겠는가? 광야에서 사람이나 우상을 의지했던 그들과 똑같은 사람이 될 것인가? 당신은 정결케 될 것인가? 아니면 더럽혀질 것인가? 만일 더럽혀진다면, 당신은 오직 다른 사람이 경험한 하나님의 영광을, 그것도 수건을 통해서나 볼 수밖에 없을 것이다. 나는 나에게 임하시는 하나님의 영광을 직접 체험하고 싶다. 당신도 그것을 원하지 않는가? 여호와의 산에 오를 자는 손이 깨끗하고 마음이 청결한 사람이며, 이들은 우상에게 그 뜻을 두지 않을 것이다(시 24:3-6 참조).

"정결케 됩시다. 그리고 주님께 가까이 나아갑시다."

신7) **광야**(민수기 13:21)

드디어 열두 정탐꾼들이 신 광야에 도착했으며 정탐도 막바지에 이르렀다. "신"은 사막의 "평지"를 의미한다. "평지"의 영적인 의미는 무엇일까? 영적 여정 중의 평지는 믿음의 좌절을 경험한 때를 의미한다. 열두 정탐꾼의 대부분은 확실히 깊지 않은 믿음을 가지고 있었다. 또한 광야의 막바지에 이르기까지도 그들의 영적 상태는 크게 변하지 않았다.

북쪽을 향한 그들의 여정은 그들에게 믿음을 확대시킬 수 있는 절호의 기회를 주었다. 그들이 첫 발을 디딘 도시는 "확장, 넓게 열린"이라는 뜻을 가지고 있는 르홉이었다.8) 열두 정탐꾼들은 비전과 믿음을 키울 수 있는 기회를 잡았다. 그들은 "벽, 요새"라는 뜻을 가진 하맛이라는 곳을 향하여 계속 북진했다.9) 정탐꾼들은 믿음으로 그 벽을 맞닥뜨렸다. 그리고 다시 남하하기 시작했고, 헤브론에서 아낙 자손들을 보게 되었다. 그들이 가나안 땅에 자리잡고 있던 세 명의 거인들, 아히만("형제"-연합된 힘을 상징10)), 세새("너의 운명을 뽑아내다"11)), 그리고 달매

("격정" 또는 "산마루"12))를 보았을 때, 그들의 믿음은 녹아버리고 말았다.

열 명의 정탐꾼들은 요새를 보고, 그들의 힘, 곧 자신을 파괴시킬 그들의 힘을 보자 압도되고 말았다. 그들은 거인들의 크기뿐 아니라 자신들의 상황, 자신들의 능력에 초점을 맞추었던 것이다. 원수가 그들의 마음속에 두려움과 의심의 씨를 뿌린 결과로 그들의 믿음과 사명이 뽑혀버리고 말았다.

정탐꾼들이 모세에게 돌아왔을 때, 그들은 그 땅의 풍성함을 부정하지 않았다. 포도송이가 얼마나 컸는지 둘이 막대기에 꿰어 어깨에 메고 와야 했다. 그러나 열 명의 부정적인 정탐꾼들은 그 땅에 사는 백성들이 강하고, 장대하며 능숙하여 이스라엘 백성들보다 훨씬 강대하기 때문에, 그리고 성읍이 심히 견고하기 때문에 이스라엘은 결코 그 땅을 차지할 수 없을 것이라고 보고했다. 아낙 자손들에 대한 보고를 듣자 백성들은 떨기 시작했다. 그들의 눈에는 스스로가 메뚜기로 보였다고 했다. 그들은 "우리는 능히 올라가서 그 백성을 치지 못하리라 그들은 우리보다 강하니라 하고"(신 13:31)라고 냉소적으로 보고했다.

사실, 이스라엘에는 성령님께서 준비시킨 60만에 가까운 병사들이 있었다. 또한 거인들의 장대한 크기는 오히려 그들을 쉬운 표적으로 만들 뿐이었다. 비록 가나안인들이 이스라엘보다 강할지라도, 이스라엘의 하나님보다 강하겠는가? 설사 이스라엘의 힘으로는 그들을 파괴시킬 수 없을지라도, 하나님께서 하시겠다고 약속하셨다. 하나님께서 이스라엘 편이시며, 그 하나님께서 그들 앞서 행하시겠다고 약속하셨다. 하나님께서 아브라함에게 이미 약속하시기를 아브라함의 자손이 가나안인들을 몰아낼 것이라고 하셨다. 하나님께서 이미 이러한 약속들을 주셨다.

오직 여호수아와 갈렙, 두 명의 정탐꾼들만 긍정적인 보고를 가지고 모세에게 돌아왔으며, 백성들에게 앞으로 전진하자고 독려했다. 그들은 하나님께서 그 약속의 땅을 이미 주셨다고 자신 있게 믿었다. 하지만 백성들은 모두 의심과 불신에 중독돼 버리고 말았다. 열 명의 부정적인 보고는 모든 진영을 전염시켰다(시편 106편 참조). 이스라엘은 그 땅을 경멸하면서 하나님의 말씀을 믿지 않았다.

민수기 14장은 이스라엘 백성들의 의심과 불신 위에 부어진 하나님의 진노를 기록했다. 열 명의 부정적인 보고는 이스라엘의 진영을 심각한 경멸로 이끌어버렸다. 그들은 또다시 그들을 자유로 이끌 광야의 여정을 통과하는 것보다 애굽에서 죽는 것을 더 원했다. 하나님은 그들의 마음 상태를 보시고는 그들의 태도와 죄로 인하여 모두 광야에서 죽게 될 것이라고 선포하셨다. 그리고 그들은 그렇게 되었다. 여호수아의 지도 하에서 약속의 땅을 소유할 수 있는 능력을 받을 새로운 세대가 일어나기 위해서 이 일은 일어났어야 했다.

사랑하는 여러분, 잠시 멈추고 하나님께 가까이 나가시기 바란다. 하나님께서는 우리를 위해서도 앞서 행하시겠다고 약속하지 않으셨는가? 설사 우리가 원수 앞에서 스스로 메뚜기 같아 보일지라도, 원수 역시 하나님 앞에서는 메뚜기가 아닌가? 그들의 성읍이 우리를 가로막는 거대한 벽처럼 보일지라도 하늘의 목적까지 막을 수 있겠는가? 하나님의 말씀과 능력을 의심했던 열 명의 정탐꾼처럼 되지 말자. 하나님을 신뢰하고, 약속의 땅을 소유할 수 있는 능력을 받아서 굳게 선 여호수아와 갈렙의 편에 서자.

모압 광야와 그데못 광야

내가 두 광야를 가장 마지막까지 남겨둔 이유는 행진 순서 상의 이유 때문이 아니라 두 광야의 중요성 때문이다. 모압 광야는 이스라엘이 에돔 족속의 지경를 통과하는 것과 관련이 있고, 그데못 광야는 "선조들"과 관련이 있다.

에돔 족속은 에서의 후손들이다. 에서는 동생인 야곱에게 속아 장자권을 팔아버렸다. 오늘날 팥죽 한 그릇에 속아 장자권(유산)을 팔 사람이 얼마나 되겠는가? 그런데 우리는 항상 팔고 있다. 어떻게 팔고 있을까? 원수에게 동의할 때 파는 것이다. **적그리스도**에게 속아서 하나님을 의심하거나, 하나님의 공급하심이 없을까 두려워할 때, 혹은 주님을 신뢰하지 않을 때마다 우리는 우리에게 주어진 유산을 조금씩 잃어버리게 된다. 그 결과 약속의 땅에서 정탐을 하는 중에 아주 조금씩 마모되고 닳아지다가, 어느 순간 갑자기 소망과 믿음을 거의 잃어버린 채 떠나게 된다.

들릴라가 어떻게 삼손을 조금씩 마모시켰는지 기억해 보라. 사사기 16장 16절이 말한다. "날마다 그 말로 그를 재촉하여 조르매 삼손의 마음이 번뇌하여 죽을 지경이라." 이제 우리에게 선택의 순간이 왔다.

자랑의 영으로 하여금 여러분의 장자권을 도적질하지 못하게 하라.

이제 역시 에돔 족속의 영역에 속한 그데못 광야를 보자. 그데못은 "태초, 옛적의, 직면"이라는 뜻을 가지고 있다.13) 이번 광야에 대한 연구는 옛적부터 계신 이가 어떻게 하늘의 법정에 좌정하고 계시며, 성경이 "심판(적그리스도의 구조에 대한 심판)의 결정"에 관하여 어떻게 말씀하고 있는가를 이해하는 것으로부터 시작되었다. 놀랍게도, 우리는 "옛적"의 개념이 무엇인지 공부를 시작했던 바로 그 자리로 돌아와서 공부의 결말을 내고 있다.

옛적부터 항상 계신 이께서 이미 옛적에 당신의 사명을 정해 놓으셨다. 그분은 당신의 사명을 이미 정해 놓으셨을 뿐 아니라, 당신을 위한 약속의 땅도 이미 정해 놓으셨다. 당신은 이제 광야의 여정을 거의 마쳤으며, 광야를 벗어날 때가 임박했다. 당신이 계속하여 적그리스도적인 생각과 사악한 신앙체계, 사고방식, 방해물을 정복해감에 따라, 당신은 모든 악한 영의 권세를 발로 밟을 수 있는 능력을 얻게 될 것이다.

하나님은 당신의 삶 속에 있는 "오래 전부터 황폐한 것들"을 회복시키실 것이다. 하나님께서 태초부터 약속하셨던 모든 것들을 회복시켜주시겠다는 약속의 말씀들을 찾아보자. 하나님은 먼저 우리를 치료하시고, 회복시키신 후 다른 사람을 치료하고 회복시키시는 기름을 우리에게 부으실 것이다. 이것이 하나님의 나라의 일이다!

나는 이사야 61장 1-4절 말씀을 좋아한다. 왜냐하면 이 구절이 예로부터 황폐한 것들을 회복시키실 기름부음을 받으신 이, 곧 그리스도에 관한 말씀하기 때문이다. 사랑하는 여러분, 지금 주님께 가까이 나아가자. 꼭 시간을 내어 이 구절을 읽으라. 각 구절을 묵상하면서 하나님께서 당신의 삶을 회복시키시는 신선한 꿈을 얻으시기 바란다. 하나님은 당신의 삶 속에 재대신 화관을 주심으로써 다음의 말씀을 이루시기를 진실로 원하신다. "오래 황폐된 곳들을 다시 세울 것이며 너는 역대의 파괴된 기초를 쌓으리니…"(사 58:12).

주님께서 오래 황폐된 곳을 다시 세우라고 당신을 부르셨다는 것을 믿는가? 적그리스도의 구조는 하나님께서 당신의 가족의 번영을 위하여 세우신 역대의 기초를 파괴시켰다. 당신은 "무너진 데를 보수하며, 길을 수축하여 거할 곳이 되게 하는 자"(사 58:12 참조)로 부름을 받았다. 어떻게 이 일을 할 수 있는가? 예수님께서 기름부음을 받으셨던 것처럼, 당신도 기름부음을 받음으로써 이 일을 할 수 있다. 주께서 당신에게 의의 옷을 입히셨다. 기억하라. 압제의 멍에를 부술 수 있는 것은 기름부음이다.

광야를 벗어나 전진하라

그들의 의심, 불신, 반역 때문에, 그리고 하나님께서 그들에게 약속의 땅을 주신다는 사실을 신뢰할 능력이 없었기 때문에, 이스라엘 민족은 광야에 머물렀고, 광야에서 광야로 계속 같은 경험을 반복하며 전진했다. 마침내, 한 세대 전체가 죽자 하나님께서는 약속의 땅을 취할 다음 세대를 일으킬 준비를 마쳤다.

신명기는 이스라엘이 모압 광야에 장막을 치고 거하는 상황에서부터 시작된다. 40년간의 공백기가 끝난 후, 드디어 약속의 땅을 취할 때가 왔다. 주님께서 처음에 주셨던 명령이 백성들에게 다시 주어졌다.

> 우리 하나님 여호와께서 호렙 산에서 우리에게 말씀하여 이르시기를 너희가 이 산에 거주한 지 오래니 방향을 돌려 행진하여 아모리 족속의 산지로 가고 그 근방 곳곳으로 가고 아라바와 산지와 평지와 네겝과 해변과 가나안 족속의 땅과 레바논과 큰 강 유브라데까지 가라 내가 너희의 조상 아브라함과 이삭과 야곱에게 맹세하여 그들과 그들의 후손에게 주리라 한 땅이 너희 앞에 있으니 들어가서 그 땅을 차지할지니라 신 1:6-8

그들은 광야에 너무 오래 머물렀다. 여호수아와 갈렙의 리더십 아래에서, 새로운 세대들이 광야를 벗어날 때가 되었다. 장막을 걷고, 믿음과 결단을 가지고 가나안을 향하여 전진하라는 명령이 떨어졌다. 전진해야 할 때이다.

사랑하는 여러분, 지금은 뒤를 돌아볼 때가 아니다. 미래를 두려워하지 말아야 한다. 성경은 자주 "두려워 말라"라고 말씀한다. 두려움은 우리에게 위험, 불확실, 염려, 그리고 불신에 대한 말을 하는 존재이다. 두려움은 하나님의 백성을 마비시키는 마음과 사고방식이다. 주께서 말씀하시기를 "하나님이 우리에게 주신 것은 두려워하는 마음이 아니라 능력과 사랑과 절제하는 마음이라"고 하셨다(딤후 1:7 참조). 적그리스도는 우리가 미래를 향하여 나아가는 것을 방해한다. 사탄은 늘 우리의 실패를 생각할 뿐 아니라 우리로 하여금 스스로의 파멸을 묵상하도록 부추긴다. 그러나 완전한 사랑이 두려움을 내어쫓는다. 우리는 주님께 가까이 나아가야만 한다. 그렇게 할 때만 우리의 믿음과 사랑이 살아나기 때문이다. 이제 앞을 바라보아야 할 때이다. 우리는 너무 오래 이 언덕(광야에 있는)에 머물러 있었다.

9장

제련가의 불과 천국의 열쇠

The Refiner's Fire and the Key to the Kingdom

모든 야영장에는 모닥불(campfire)이 필요하다. 이스라엘은 온 산을 불과 연기로 비추는 진짜 불, 하나님으로부터 오는 불과 함께 거했다. 시내 산 위에 임한 불은 거룩한 불이었으며, 하나님의 임재를 상징하는 불이었다. 불은 하나님께서 영광의 임재를 나타내실 때 자주 사용하시던 방법이다. 후에는 제사장이 제물을 드릴 때 하나님의 임재가 하늘에서 불로 내려와서 제물을 불살라 버리기도 했다.

하나님의 불은 이스라엘의 여정을 준비시켜 주었다. 주께서는 그들을 낮추시고 불로써 그들을 연단하셨다. 하지만 이스라엘이 40년 동안 광야에서 야영하도록 되어 있던 것은 아니다. 불로 연단 받는 기간이 그렇게 길 필요는 없었다. 3장에서 말씀드렸듯이, 하나님은 우리에게서 연기 냄새가 나는 것을 원하시지만 연기 냄새가 나는 데 40년이 걸릴 필요는 없었다. 이스라엘이 광야를 벗어나는 데는 훨씬 적은 짧은 시간만 있어도 충분했다.

우리의 삶 역시 불로 사름을 당하기 위하여 주님의 제단 위에 놓여 있다. 우리의 삶과 심령, 그리고 동기들을 점검하기 위하여 주님께서는 매일 거룩한 불로 우리를 방문하신다. 이스라엘이 정화되는 데는 40년이 걸렸지만, 우리에게는 같은 일이 40일 만에 일어날 수도 있다. 우리는 하나님의 불을 붙잡아야 한다. 그리고 그분이 우리 삶의 모든 영역을 정결케 하시도록 우리를 내어드려야 한다.

우리로 광야를 벗어나지 못하도록 계속 붙들며, 우리가 주님의 형상으로 변화되는 것을 최대한 억제하는 적그리스도의 영을 정복하기 위해서, 우리는 먼저 두 종류의 "적그리스도의 견고한 진"을 다루어야만 한다. 그리고 나서 두 개의 영적인 열쇠를 가져야 하는데, 첫 번째 열쇠는 불을 통하여 정결케 되고 거룩케 되는 일이며, 두 번째 열쇠는 다윗의 열쇠이다.

소멸하는 불

하나님은 질투하시는 하나님이며, 소멸하는 불이시다(신 4:24 참조). 그분은 불이시다! 또한 그분은 우리와 그분 사이의 관계를 빼앗아 가는 모든 것에 대하여 질투하신다. 그분이 말씀하실 때마다 그분의 입에서 불이 나온다(사 30:27 참조). 하나님께서 우리의 사명에 대하여 예언하실 때마다, 주님의 말씀에는 불이 붙어 나온다! 뜨거운 말씀이다!

그분의 임재 안에서 우리는 "망하게 되었다"고 느낀다(사 6:5 참조).

그분의 임재 안에서는 우리 삶에 있는 그 어떤 부정한 영역도 드러난다. 그분은 거룩한 불이시며, 우리의 모든 부정한 것들을 태우신다. 심지어 예언적 미래에 대한 말씀을 풀어 놓고, 약속의 땅을 차지할 것이라는 말씀을 선포할 때도 그분의 불이 나와서 우리의 마음과 동기를 연단한다. 내가 전심으로 분명히 믿기는, 주께서 광야를 주신 이유가 "우리의 마음과 동기를 연단하시기 위함"이라는 것이다.

하나님께서 제사장직을 정결케 하신다는 것을 기억하라. "그가 은을 연단하여 깨끗하게 하는 자 같이 앉아서 레위 자손을 깨끗하게 하되 금, 은 같이 그들을 연단하리니 그들이 공의로운 제물을 나 여호와께 바칠 것이라"(말 3:3). 하나님은 거룩한 제사장을 세우실 것이다. 그렇다. 주께서 우리에게 복주시겠다고 약속하셨지만, 그 복은 광야가 끝난 후 부어진다. 아직 우리에게 축복이 부어지지 않았다면, 하나님의 불에 전적으로 나를 맡겨야 하며, 하나님의 인도를 따라야 한다. 성령님께 우리의 모든 통제권을 드리면, 불이 꺼지지 않고 오래 갈 수 있게 될 뿐 아니라, 기쁨의 향기를 가지고 광야를 벗어날 것이다.

우리가 광야를 벗어날 때의 모습이 어떨지에 관하여 나는 말씀이 기억나는가? "몰약과 유향과 상인의 여러 가지 향품으로 향내 풍기며 연기 기둥처럼 거친 들에서 오는 자가 누구인가"(아 3:6). 신부는 연기와 몰약, 그리고 유향의 향내를 가지고 있었다. 불을 통과한 후, 신부는 제사장들에게 기름을 부을 때 사용되는 유향과 몰약으로 기름부음을 받는다. 기름부음에는 대가가 지불된다. 그것이 바로 제련가의 소멸하는 불이다. 나는 하나님께서 주님의 불로 우리를 연단하시는 모습을 생각할 때, 주께서 우리를 큰 집게로 집으셔서 꼼짝 못하게 하신 후 맹렬한 불(주님의 말씀)속에 집어넣고 또 다시 꺼내서 모루에 놓고 그분의 완전한 생각의 망치로 우리를 두드리시는 모습이 그려진다.

우리가 정결해지고, 하나님의 왕국을 품게 됨으로써 광야의 시험들을 통과하면, 전진할 수 있는 능력을 받게 될 것이다. 이사야 31장 9절에서는 하나님의 불이 그분의 백성들 안에 거할 것이며 그분의 불이 시온에 있을 것이라고 하였다. 이제 주님의 산인 시온 산 위에 올라가서 그분의 소멸하는 불로 연단을 받는다.

왜 당신이 계속하여 맹렬한 용광로를 보고 있는지 의아하게 생각한 적은 없는가? 당신의 삶 자체가 바로 하나님의 영광을 나타내는 간증이기 때문이다. 당신은 견뎠고, 시험을 통과했으며, 그분의 임재의 불을 붙잡았다.

그리스도를 닮음

왜 열기가 그렇게 뜨거울까? 주께서 우리를 녹여 그분의 형상을 만들고 계신다. 그리스도를 닮기 위하여 우리는 그분의 교정과 훈련을 받아야만 한다. 이것이 우리로 하여금 모든 적그리스도의 구조를 이기고 승리케 하는 궁극적인 열쇠이다. 하나님께서 우리에게 다음과 같이 권면하신다. "내가 너를 원하노니 내게서 불로 연단한 금을 사서 부요하게 하고 흰 옷을 사서 입어 벌거벗은 수치를 보이지 않게 하고 안약을 사서 눈에 발라 보게 하라"(계 3:18). 불로 연단한 금이란 고난과 환란을 통하여 정제된 믿음을 가리킨다. 연단 과정에 관하여 베드로가 말한 것을 읽어보라.

> 그러므로 너희가 이제 여러 가지 시험으로 말미암아 잠깐 근심하게 되지 않을 수 없으나 오히려 크게 기뻐하는도다 너희 믿음의 확실함은 불로 연단하여도 없어질 금보다 더 귀하여 예수 그리스도께서 나타나실 때에 칭찬과 영광과 존귀를 얻게 할 것이니라 예수를 너희가 보지 못하였으나 사랑하는도다 이제도 보지 못하나 믿고 말할 수 없는 영광스러운 즐거움으로 기뻐하니 믿음의 결국 곧 영혼의 구원을 받음이라 벧전 1:6-9

욥이 말하기를 "그러나 내가 가는 길을 그가 아시나니 그가 나를 단련하신 후에는 내가 순금 같이 되어 나오리라"(욥 23:10)라고 했다. 금은 불로 연단을 받는다. 우리 삶 속에 있는 금은 바로 "그리스도를 닮음"이다. 이 금은 우리의 공로나 선한 행위, 자원 등으로 얻을 수 있는 것이 아니다. 주님의 연단의 불을 견뎌야만 얻을 수 있는 것이다. 그리고 성경 말씀에 의하면, 이 금을 가져야만 부자가 될 수 있다.

그렇다. 우리는 그분의 불을 지나가야 한다. 비록 발로 차며, 소리를 지르면서 불 속에 들어간다 할지라도, 그 불을 반드시 통과해야만 한다. 그 불을 통과해야지만 그분께 가까이 갈 수 있기 때문이다. 우리가 통과하기로 결정만 하면, 그분께서 연단시켜 주신다.

리워야단

적그리스도는 여러 가지 방법으로 성도들을 미혹하는데, 그중에 가장 즐겨 사용하는 방법이 "교만"이다. 그는 우리가 불을 통과하는 것을 원치 않기 때문에 리워야단의 영을 사용하여 "불을 통과할 필요는 없다"는 생각으로 우리를 미혹한다.

> 그 날에 여호와께서 그의 견고하고 크고 강한 칼로 날랜 뱀 리워야단 곧 꼬불꼬불한 뱀 리워야단을 벌하시며 바다에 있는 용을 죽이시리라 사 27:1

> 그것(리워야단)은 모든 높은 자를 내려다보며 모든 교만한 자들에게 군림하는 왕이니라 욥 41:34

쉽게 설명하자면, 리워야단은 교만과 오만의 영이다. 리워야단은 우리로 하여금 "불은 불필요한 것이며 신경 쓸 필요도 없다"라는 생각을 심어주려고 한다. 꼬불꼬불한 뱀 리워야단이 바로 **적그리스도**이다. 성경에 용, 악어, 바다에 있는 뱀 등으로도 불린 리워야단은 우리를 속이기 위하여 가만히 기다리는 원수이며, 우리의 삶을 향한 하나님의 계획 위에 스스로를 높이려고 하는 교만한 존재이다. 또한 리워야단은 에덴 동산에서 하와를 속여 정체성을 잊어버리게 만들었던 존재이며 지금도 같은 일을 하고 있다.

리워야단은 사람들의 자만심을 부추겨서 사람들을 하나님보다 더 칭송받게 만든다. 리워야단이 바로 헬라 사상 배후에 있었던 악한 영이다. 이 어둠의 권세는 헬라 사상을 무기 삼아, 야망과 교만을 가진 사람들과 영역들을 지배하고 미혹한다. 이 **적그리스도**의 영의 권세가 정점에 이르면 사람들은, 특히 정치권의 사람들은, 하나님께 여쭈어 보는 일을 더 이상 하지 않게 된다. 리워야단은 사람들을 미혹하여 그들로 하여금 하나님의 통치와 그리스도의 가르침의 기초인 도덕성을 추구하는 후보 대신 경제적인 부(재물의 신, the spirit of mammon)를 약속하는 후보, 더 쉬운 삶을 약속하는 후보(역시 재물의 신), 더 많은 현금을 약속하는 후보 (또 다시 재물의 신)에게 투표하게 만든다.

진정한 부는 고난의 용광로를 통해서 얻은 금을 통해서 주어진다는 사실을 기억하라. 교만을 이기는 유일한 방법은 복종에 있으며, 복종은 하나님의 연단의 불을 통과해야 얻을 수 있다.

사람의 왕국의 건설

적그리스도의 영인 리워야단은 영적 교만이라는 도구를 이용하여 우리의 숨통을 끊을 전략을 꾸민다. 밥 조르게가 이렇게 말했다. "영적 교만이 가지고 있는 가장 큰 특징은 하나님께 여쭈어보지 않고 중대한 결정을 내리는 것이다"[1] 인간의 지혜가 필요한 것은 사실이지만, 우리는 자주 우리의 지혜를 하나님의 지혜보다 더 높게 보는 경향이 있다. 이렇게 되면, 하나님의 나라가 아닌 사람으로부터 오는 해결책을 추구하는 리워야단에게 복종하게 된다. 하나님의 왕국보다 더 높은 곳에 사람의 왕국을 건설하면 결국 굶주림, 황폐함, 파산에 처하고 만다. 우리의 자녀들은 다른 신을 찾게 될 것이며, 우리는 사람을 기쁘게 하는 영에 사로잡히고 만다. 거기에 더하여, 교만의 영에 복종하면, 우리의 영적 분별력은 최악으로 떨어지게 된다.

모세가 시내 산 위에서 하나님께 십계명을 받는 동안에, 여호수아는 불경건한 소리를 들었다. 그 소리는 **적그리스도**와 믿는 자들 사이에 벌어진 전쟁의 소리였다(출 32:17-20 참조). 마치 아론이 우상을 세울 때 일어난 소리를 여호수아가 들었던 것처럼, 사탄이 교회 안에 쓰나미와 지진을 일으키기 전에 제사장들은 전쟁의 소리를 들을 수 있어야 한다. 우리의 분별력은 이 정도로 날카로워야 한다. 하지만 교만이 들어올수록 분별력은 줄어든다. 이것이 **적그리스도**가 제사장들을 공격하는 한 방법이다. 그는 "복음사역자를 미혹하는 일"을 매우 좋아한다. 왜냐하면 사역자 한 명이 실족하면 환멸과 혼동이 그리스도의 몸 전체를 뒤덮어버리기 때문이다.

사울의 왕국은 사람이라는 토대 위에 세워진 왕국의 전형적인 모델이다. 사무엘상 8장에서, 사무엘은 늙어 제사장직을 내려놓을 때가 되었다. 하지만 그의 아들 중에는 순결하거나 하나님을 섬기는 데 모든 삶을 헌신한 자가 없었다. 그 결과 이스라엘의 장로들은 자신들을 인도할 사람으로 선지자 대신 왕을 구했다. 그들은 더 이상 "하나님께 헌신되고 바쳐졌던, 그리고 하나님의 음성을 들을 수 있었던 사무엘"

을 원하지 않았다. 그들은 자신들을 다스릴 왕을 구함으로써 세상의 나라들과 똑같이 되고 싶어 했다. 이스라엘은 세상의 길을 따르기로 결정했으며, 제사장이나 선지자가 아닌 사람의 말을 듣기로 결정했다. 이스라엘의 자손들은 여전히 "교만한 야망"으로부터 벗어나지 못했다. 광야에서 그랬던 것처럼, 지금도 자신의 지혜를 따라 "어떤 것이 자신들에게 최선인가"라는 것에만 관심을 가지고 있었다.

이 일이 사무엘을 노엽고 슬프게 만들었으며, 이 일로 인하여 사무엘은 하나님께 기도드렸다. 하나님께서는 사무엘에게 그들의 요구를 들어주라고 하시면서 다음과 같이 말씀하셨다. "이는 그들이 너를 버림이 아니요 나를 버려 자기들의 왕이 되지 못하게 함이니라…." 하나님께서는 사무엘에게 그들을 다스릴 왕(사람)이 어떤 일을 할 것인가에 대하여도 경고하셨다(삼상 8:6-9 참조). 하나님께서는 또 사무엘에게, 자신을 위한 왕국을 건설할 왕, 즉 사람을 섬길 때 백성들에게 어떠한 일이 일어날 것인지에 대하여 백성들에게 가르치라고 하셨다. 사무엘은 주께서 하신 모든 말씀을 백성들에게 가르쳤다.

> 이르되 너희를 다스릴 왕의 제도는 이러하니라 그가 너희 아들들을 데려다가 그의 병거와 말을 어거하게 하리니 그들이 그 병거 앞에서 달릴 것이며 그가 또 너희의 아들들을 천부장과 오십부장을 삼을 것이며 자기 밭을 갈게 하고 자기 추수를 하게 할 것이며 자기 무기와 병거의 장비도 만들게 할 것이며 그가 또 너희의 딸들을 데려다가 향료 만드는 자와 요리하는 자

와 떡 굽는 자로 삼을 것이며 그가 또 너희의 밭과 포도원과 감람원에서 제일 좋은 것을 가져다가 자기의 신하들에게 줄 것이며 그가 또 너희의 곡식과 포도원 소산의 십일조를 거두어 자기의 관리와 신하에게 줄 것이며 그가 또 너희의 노비와 가장 아름다운 소년과 나귀들을 끌어다가 자기 일을 시킬 것이며 너희의 양 떼의 십분의 일을 거두어 가리니 너희가 그의 종이 될 것이라 그 날에 너희는 너희가 택한 왕으로 말미암아 부르짖되 그 날에 여호와께서 너희에게 응답하지 아니하시리라 하니

삼상 8:11-18

이것이 바로 리워야단에게 귀를 기울인 결과이다. 불순종적이며 자기중심적이고 자신의 왕국을 건설하는 데 관심을 가진 사람들은 다음의 결과들을 거두게 될 것이다.

1. 우리의 아들들과 딸들이 "사람을 섬기는 일"이라는 결박에 묶이게 된다. 자손들이 하나님보다 사람을 섬기게 될 것이며, 사람에게 공급을 구하며, 하나님이 아닌 사람의 인도를 받게 될 것이다. 그들은 자손 대대로 사람을 기쁘게 하는 영과, 하나님이 아닌 사람들 두려워하게 하는 적그리스도의 구조에 의하여 고통을 받을 것이다. 후손들은 실패하도록 결정될 것이며, 사람들과 상호의존적인 관계에 빠질 것이다.

2. 우리의 자손들은 "사람"의 결실을 거둘 것이며 하나님의 왕국이 아닌 "사람"의 왕국을 건설할 것이다. 우리가 하나님보다 사람을 더 섬길 때, 사람의 왕국의 건설을 돕게 된다. 권세 있는 자에게 굴복하라는 것은 성경적이다. 그러나 사람의 왕국을 건설하는 일에는 결코 초점을 맞추지 말아야 한다. 우리가 하나님의 나라를 건설하고 있다면, 그 과정에서 아론과 훌이 했던 것처럼 사람을 섬길 수 있으며 또 그렇게 할 수 있는 능력이 부어지기도 한다. 하나님이 주신 힘을 잃어버리면, 하나님이 아닌 사람을 섬기게 된다.

3. 그들은 사람의 왕국을 지키기 위하여, 하나님의 인도하심에 바탕을 둔 계획과 전략의 창고를 준비하는 대신 전쟁무기를 개발할 것이다. 전투(영적)에 나설 때, 사람의 왕국을 건설할 목적으로 마귀를 결박하는가? 아니면 하나님의 나라를 건설할 목적만을 위하여 행동하고 기도하는가? 우리는 사람의 왕국을 세우는 데 관심을 두고 기도를 하며 많은 에너지를 소모하고 있다. 만일 돌파를 경험하지 못한다면, 기도 중에 하나님의 나라에 초점을 맞추지 않고 있을 가능성이 있다.

4. 하나님이 아닌 사람을(자신의 왕국을 건설하는) 위하여 최선을 다하게 된다. 이것은 하나님과 관계없는 "행위"에 지나지 않는다. 하나님의 불을 통과하는 공력 시험을 받을 것이다.

5. 하나님께 속한 십일조를 하나님의 왕국이 아닌 사람의 왕국을 위하여 바친다. 그 결과 "누르고 흔들어 넘치도록 부어주심"을 볼 수 없다. 우리는 모두 십일조를 해야 한다. 그러나 하나님의 나라를 위한 계획을 위하여 해야 한다. 하나님 나라를 위한 계획은 여러 작은 계획들을 포함할 수 있으며, 하나님께 속한 각 계획은 하나님의 마음을 가진 사람들이 담당하게 되어 있다. 만일 하나님께서 그 계획 가운데 계시다면, 그것은 하나님의 왕국 중심의 계획이 될 것이다. 성공의 정의를 내릴 때, 많은 사람들이 이기적인 정의를 내린다. 각각의 사역을 세우는 것이 아닌 하나님의 나라를 세우는 데 초점을 맞추어야 한다. 재정의 풍성한 채워짐이 없다면, 지금 내가 무엇을 세우고 있는지 알려달라고 주님께 여쭈어 보아야 한다.

6. 사람을 높인 결과로 하나님의 손이 떠나실 것이며, 원수의 권세로부터 보호받지 못할 것이다. 우리는 힘 없는 교회가 아니다. 결코 아니다! 나는 감히 하나님의 군사들에게 일어나 교회답게 되라고 경고한다. 우리는 강력한 메시지를 가지고 있다. 그러나 불을 붙잡지 않았기 때문에 그 메시지를 제대로 이해하지 못했고 적그리스도의 구조를 부술 능력을 주는 거룩한 방문을 거의 받지 못했다.

사무엘은 이스라엘의 결정으로 인하여 슬펐다. 그러나 하나님께서는 이스라엘이 원하는 것을 얻도록 허락해 주셨다. 하지만 하나님께서는 사람이 선택한 왕인 사울을 이스라엘의 지도자로 뽑지는 않으셨다. 사울의 왕권은 이스라엘을 위한 하나님의 완벽한 계획 안에 있지 않았다. 하나님은 사무엘에게 그들이 원하는 것, 곧 왕을 주라고 말씀하셨다.

우리가 원하는 것을 받은 적이 있는가? 혹시 그것이 사람의 욕심을 이루는 데 초점을 맞춘 사람 중심의 왕국은 아니었는가? 또는 전능하시고 영원하신 하나님에 의하여 세워진 왕국이 아닌 리워야단, 곧 적그리스도의 영에 의하여 세워진 왕국은 아니었는가?

성공을 위한 다윗의 열쇠

사울은 무익한 왕으로 판명 났다. 무엇보다 그는 하나님이 택하신 왕이 아니었으며, 가련하게도 나라의 주권을 세우는 일에도 실패하고 말았다. 그의 첫 시작은 선지자들의 예언이 함께 하는 등 나쁘지 않았지만, 그는 40년의 통치기간 중에 사악한 혼돈과 마법을 불러 들였다. 불순종과 완고함, 그리고 교만으로 인하여 그는 아말렉과의 전투 이후 왕좌로부터 떨어져 나가게 되었다. 교만의 영인 리워야단이 사울의 마음에 깊이 뿌리를 내렸던 것이다. 자기 중심적이고, 불순종적이며, 완고한 사람이 이스라엘을 위한 영적인 문을 열 수는 없다. 그러나 주께 가까이 가는 법을 아는 사람, 곧 문을 열 수 있는 열쇠에 접근하는 길을 아는 사람에게는 성령님의 영역이 무한정으로 열리고 부어진다. 사울은 하나님의 나라의 열쇠에 접근하는 길을 알지 못했으나, 다윗은 하나님의 마음에 합한 사람이었기 때문에 그 길을 알았다.

요한계시록 3장 7-13절에서 예수님께서 빌라델피아 교회에게 이렇게 말씀하셨다. "거룩하고 진실하사 다윗의 열쇠를 가지신 이 곧 열면 닫을 사람이 없고 닫으면 열 사람이 없는 그가 이르시되." 주께서 말씀하신 "다윗의 열쇠"란 무엇을 의미하는 것일까? 열쇠로 문을 열고 닫을 수 있기 때문에 열쇠는 엄청난 권세를 상징한다. 문은 그 자체로 의미가 있다. 문이 닫혀있다는 것은 어떤 의미를 가지고 있는가? "열쇠를 가지고 있지 않거나 허락이 없으면 들어오지 마시오"라는 의미이다. 문은 닫아버리거나 막아버리는 역할을 한다. 예수님께서는 요한계시록에서 "닫혀 있고 막혀 있던 영적 세계에 들어가는 영적인 열쇠"에 관하여 말씀하신 것이다. 숨겨진 계시의 장소 안으로는 도적처럼, 혹은 부수고 들어갈 수 없다. 그 열쇠를 얻기 위해서는 반드시 하나님의 친구가 되어야 한다.

예수님께서 말씀하시기를, 예수님이 다윗의 열쇠, 곧 우리를 위하여 문을 여시고, 우리를 위하여 문을 잠그실 다윗의 열쇠를 가졌다고 하셨다. 다윗의 열쇠와 천국의 열쇠는 같은 말이다. 그러므로 왕국의 사고방식과 왕국의 주권 안에서 온전히 행하려면 천국의 열쇠, 곧 다윗의 열쇠를 가져야 한다.

사울은 교만한 마음 때문에, 하나님으로부터 천국의 열쇠를 맡기에 합당하다는 신뢰를 받지 못했지만 다윗은 신뢰를 받았다. 다윗은 하나님께 합한 마음을 가지고 다스림과 통치의 훈련을 시작했다. 하나님께서는 다윗과 영원한 약속을 하셨으며, 그를 통하여 온 세상에 미칠 왕국의 권세를 세우셨다. 왕 중 왕이신 예수님은 사울이 아닌 다윗의 자손으로 오셨다. 다윗은 천국의 열쇠를 가지기에 합당한 자로 하나님의 인정을 받았기 때문이다.

천국의 열쇠에 대한 말은 성경 여러 곳에 나온다. 메시아를 예언한 구절인 이사야 22장 20-24절에도 "다윗의 집"의 열쇠에 관한 말이 나온다. "그가 열면 닫을 자가 없겠고 닫으면 열 자가 없으리라." 이사야는 이 다윗의 집의 열쇠가 예수님께 주어질 것임을 예언했다(사 22:22 참조). 이 구절은 예수님이 요한계시록 3장에서 빌라델피아 교회에게 스스로를 계시하실 때 거의 그대로 인용하셨다.

또한 마태복음 16장에서 예수님이 베드로에게 이렇게 말씀하셨다.

> 내가 천국 열쇠를 네게 주리니 네가 땅에서 무엇이든지 매면 하늘에서도 매일 것이요 네가 땅에서 무엇이든지 풀면 하늘에서도 풀리라 하시고 마 16:19

천국의 열쇠는 원수를 풀기도 하고 결박하기도 하며, 영적인 세계를 열 수도 있고 닫을 수도 있는 권세이다.

사랑하는 여러분, 이 열쇠는 베드로에게만 주어진 것이 아니다. 우리에게도 원수를 결박하기도 하도 풀기도 하며, 문을 열기도 하고 닫을 수도 있는 똑같은 권세의 열쇠가 주어졌다. 어떻게 이 열쇠를 얻을 수 있는가? 그분께 더 가까이 감을 통하여, 그분이 그리스도시며(기름부음 받으신 분) 우리가 그분께 속함을 앎으로써 그 열쇠를 얻을 수 있다. 주님은 우리에게 이 땅의 모든 것을 다스리고 통치할 수 있는 모든 능력과 권세를 주셨다. 그렇기 때문에 우리는 승리자가 될 수 있다. 우리에게 주어진 열쇠를 가지고 적그리스도의 구조를 결박할 수 있다!

우리가 주님의 불을 견디며, 그분이 우리를 녹여 그리스도를 닮도록 만드시는 작업을 견디어 나가면, **적그리스도**의 눈에 우리는 그리스도처럼 보이게 될 것이다! 사랑하는 여러분, 우리가 기름부음을 받은 까닭에 리워야단과 교만이 도망을 가버리고 말았다!

라합

나는 이 장의 첫 부분에서 우리로 하여금 광야를 벗어나지 못하도록 계속 붙들며, 우리가 주님의 형상으로 변화되는 것을 최대한 억제하는 적그리스도의 영을 정복하려면 두 종류의 "적그리스도의 견고한 진"을 다루어야만 한다고 말씀드렸다. 그중 리워야단에 대하여는 상세히 말씀드렸다. 이제 두 번째 권세에 대하여 공부할 차례이다. 이 역시 리워야단과 관계가 있다. 둘 다 교만과 오만의 영이다. 내가 말씀드리려는 라합은 여리고성의 정복을 도운 기생 라합이 아니다. 그 이름은 사탄과 **적그리스도**의 다른 이름이면서 이사야에서 언급된 그 라합이다.

이스라엘이 홍해를 건넜을 때, 라합은 물 속에 있었다. 이사야 51장 9-11절에 있는 라합에 대한 묘사를 보자. 홍해가 말라서 이스라엘이 건너가는 상황을 묘사하는 중에, 그들이 건너갈 수 있도록 라합의 몸이 토막내어야만2) 했음을 알 수 있다.

> 여호와의 팔이여 깨소서 깨소서 능력을 베푸소서 옛날 옛시대에 깨신 것 같이 하소서 라합을 저미시고 용을 찌르신 이가 어찌 주가 아니시며 바다를, 넓고 깊은 물을 말리시고 바다 깊은 곳에 길을 내어 구속 받은 자들을 건너게 하신 이가 어찌 주가 아니시니이까 사 51:9-10

라합은 "자랑하는 자"라는 의미를 가지고 있다.3) 이 단어는 "강함을 자랑하는"이라는 뜻을 가진 단어와 연관이 있다.4) 그러므로 라합은 홍해(영적인)에 누워서 이스라엘이 건너지 못하도록 막을 수 있는 힘을 자랑하는 사악한 영이라는 결론을 내릴 수 있다. 이 악한 영이 어떤 식으로 드러나는가? 이스라엘이 애굽에서 나올 때 그들은 축복을 받으며, 행복하게 나왔다. 그런데 얼마 후 그들은 바로의 군사와 홍해 사이에 갇히게 되었고 원망과 불평을 토하기 시작했다(출 14:10-14 참조). 그들은 주님께서 자신들을 해방시켜 주셨는데, 다시 애굽으로 돌아가서 노예가 되려고 했다. 이 얼마나 슬픈 일인가?

바로 여기서부터 광야가 실제로 시작되었다. 이것이 그들에게 주어진 첫 번째 시험이었던 것이다. 원수는 하나님의 백성들을 못 건너가도록 막을 수 있는 자신의 힘을 자랑하던 라합이었다.

다니엘이 본 하늘의 법정의 환상에 대하여 드린 말씀을 기억하는가? 그때 한 적그리스도의 영이 성도들을 패배시킬 수 있다고 자랑했던 말을 기억하는가? 그렇다. 이것이 바로 라합의 영이 드러나는 형태이다.

사랑하는 여러분, 리워야단과 라합에게 굴복하지 말자. 우리가 성령의 불에 순복하면, 우리는 거룩해질 것이며 주님께 더 가까이 나아가게 될 것이다. 우리가 그분께 가까이 이끌려 가면, 우리는 문을 열고 닫을 수 있으며, 원수를 결박하고 풀어줄 수 있을 뿐 아니라, 이 땅을 다스리고 통치할 수 있는 능력과 권세를 가진 천국의 열쇠를 받기에 합당한 자로 여김을 받게 될 것이다. 그분은 그리스도이시며, 우리는 그분께 속해 있다! "소중한 여러분, 그분께 더 가까이, 가까이 갑시다!"

10장

시내 광야에서 시온까지: 광야의 여정 중에 있는 언약궤

From Sinai to Zion: The Wildernesses of Ark

수세대 동안 (약 400년간) 이스라엘의 조상들은 노예 생활을 했다. 주께서 마침내 그들의 오래된 황폐를 회복시켜 주시기 위하여 그들을 애굽에서 해방하셨다. 하지만 그들은 하나님을 믿지 않았다. 약속의 땅으로 가는 여정 중에 만난 각각의 광야 정류장에서 이스라엘은 자신의 믿음을 점검해 볼 기회를 얻었지만 그들은 계속하여 하나님을 믿지 않았다. 그들은 거짓말로 자신들을 속이는 **적그리스도**에게 40년간 귀를 기울였다. 그들의 진짜 원수는 사람, 그 이상의 존재였다. 그들은 일상의 삶 속에 나타나는 영적 전투를 매일 했다. **적그리스도**의 영은 끊임없이 의심과 불신으로 그들에게 역사했다. 그들은 모세와 아론에 대하여, 혹은 광야, 또는 모든 것을 눈에 보이는 대로 비난했는데, 그 비난의 밑바닥에는 "하나님을 알지 못함"이 있었다.

당신의 광야 속에도 그들과 비슷한 것들이 있는가? 성경은 그들의 경험을 통하여 "광야의 위기 속에서 하지 말아야 할 것들"을 배울 수 있다고 말한다. 바울은 "광야에서의 이스라엘의 실패"에 관하여 이렇게 설명한다. "이러한 일은 우리들의 본보기가 되어… 이런 일은 본보기가 되고…"(고전 10:6, 11). 바울이 말하기를 이스라엘이 광야에서 겪은 모든 일은 오늘날의 우리와 연관이 있다고 했다.

적그리스도가 약속의 땅으로 들어가려는 당신을 계속 방해하고 있는가? 당신의 사명을 도적질하려 하며 당신을 광야에 묶어 두려고 애쓰는 적그리스도의 존재를 지금 깨닫게 되기를 기도한다.

사랑하는 여러분, 광야를 벗어나려면 반드시 하나님의 분명한 임재를 느껴야 한다. 또한 예수님을 모든 변화의 한 가운데로 모셔야 한다. 이스라엘 백성들이 광야에서 시험을 받을 때, 하나님께서는 바로 그들 가운데 임재하셨다. 그때 그들에게 필요했던 것은 오직 그분을 믿고 신뢰하는 일이었는데, 그들은 하나님의 명백한 임재를 등지고 돌아서 버리고 말았다. 모세는 하나님의 임재를 보고 그 임재를 붙잡았으며, 여호수아 역시 그렇게 했다. 갈렙도 마찬가지였기에 긍정적인 보고를 가지고 돌아올 수 있었다. 여호수아와 갈렙은 하나님의 임재에 초점을 맞추었다. 그렇기 때문에 그들은 애굽에서 나온 1세대 중 유일하게 약속의 땅으로 들어갈 수 있었다. 하지만 하나님께서는 이스라엘 모두 가운데 임재해 계셨다. 하나님의 임재가 광야에 있던 그들에게 나타나셨듯이 오늘날 우리에게도 나타나신다. 우리가 광야에 있든 아니면 벗어나고 있든, 우리는 매일 그분의 임재로 가까이 가야 한다.

그분의 명백한 임재

주님은 편재의 하나님이시다. 즉 주님은 동시에 어디에나 계신다. 비록 하나님을 볼 수 없을지라도, 그분이 우리와 함께 계심을 성령으로 (믿음으로) 알 수 있다. 그러나 그분의 임재는 그 이상이다. 나는 하나님의 명백한 임재를 "하나님을 아는 경험, 그리고 그분이 개인적이고도 실제적으로 우리에게 다가오는 것"이라고 생각한다.

하나님께서 자신의 임재를 드러내시면, 하나님의 존재가 너무도 생생하게 나타나며 너무도 높은 수준으로 그분을 경험할 수 있기 때문에, 그 어떤 것도 의심할 수 없게 된다. 주께서 우리에게 주님의 속성을 계시하시면 할수록, 우리는 주님의 임재를 너무도 명백히 알 수 있다. 그분의 임재 안에 들어가면 우리의 감각이 향상되어, 그분의 음성을 듣고, 그분을 보고, 심지어 그분의 향기를 맡을 수 있는 수준에 이른다. 나는 주님 앞에서 친밀한 예배의 시간을 가질 때 종종 천사의 날개가 내 얼굴을 스치는 것을 느끼곤 한다. 이것이 그분의 임재가 보여주는 한 모습이다. 하나님께서는 단지 우리의 믿음을 세워주시기 위하여 임재를 나타내시는 것이 아니라 우리의 믿음에 응답하시고 또 자신을 계시하여 주시기 위하여 임재를 나타내신다.

'단 노리'는 그의 책 《그의 명백한 임재》에서 하나님의 임재에 관한 많은 개인적인 경험과 지식을 기술했다. 그는 이렇게 기록했다. "명백함(manifest)의 사전적인 정의는 '즉시 지각할 수 있는 것, 또는 쉽게 이해하고 인식할 수 있는 것'이다. 이것이 바로 하나님께서 말세에 우리에게 자신을 드러내시는 방법이다."1)

노리는 계속하여, 하나님께서 이스라엘 자손 앞서 행하실 때, 낮에는 구름기둥으로 밤에는 불기둥으로 자신의 임재를 드러내셨다고 설명했다. 그가 제시한 또 하나의 예는 시내 산에 임한 불이었다. 사랑하는 여러분, 모세는 그때 불을 보았을 것이며, 격렬히 타는 소리를 들었을 것이고 맹렬한 열기를 느꼈을 것이다. 이러한 것들이 하나님의 임재를 볼 때 느껴지는 감각들의 예이다.

하나님께서는 모세에게 지시를 내리셨고, 그에 따라 이스라엘 백성들은 성막을 만들었다. 하나님은 성막의 모든 부분을 만드는 법에 대하여 놀라울 정도로 자세한 지시사항을 주셨다. 성막의 핵심은 언약궤에 있다. 언약궤는 단지 성막의 한 부분이 아니라 하나님께서 거하시는 곳이기 때문에 성막의 전부이며 목적이다. 그리고 성막의 목적 역시 하나님의 거하심이다. 살아계시고 호흡하시는 하나님의 영이 언약궤에 임하셨다. 언약궤는 하나님께서 사람들 중에 거하신다는 것을 상징한다.

이스라엘 백성들이 40년 동안 광야를 지날 때, 그들은 하나님의 임재의 상징인 언약궤를 항상 메고 다녔다. 그들은 하나님의 특별한 지시에 따라 항상 언약궤를 그들 앞서 메고 갔다. 이동을 멈출 때마다, 자신들의 천막을 만들기 전에 항상 언약궤를 둘 성막을 먼저 만들었다. 마침내 요단강을 건너 약속의 땅에 들어갈 때에도, 제사장들이 백성들 앞서 언약궤를 메고 건너갔으며, 강이 갈라졌다. 하나님의 임재는 이스라엘이 모든 광야를 통과할 때마다 함께 계셨다. 하나님께서는 이스라엘을 홀로 광야에 남겨두고 떠나지 않으셨다. 그들과 항상 같이 계셨다. 이제 광야에 대한 공부를 마치기 전에 한 가지 중요한 것을 더 알아보려고 한다. 그것은 바로 언약궤에 대하여, 그리고 광야로부터 시온에 이른 언약궤의 여정에 대하여 공부하는 것이다.

광야의 여정을 시작하는 언약궤

언약궤 역시 시온에 이르기까지 광야의 여정을 겪었다. 실제로, 언약궤는 광야의 여정을 겪었을 뿐 아니라 포로로 잡혀가기까지 했다. 이제 언약궤가 시온 산에 이르는 과정을 살펴보자. 이 과정은 사무엘이 선지자였던 시기에 있었던 전투 중 언약궤를 빼앗겼던 때로부터 시작된다.

사무엘은 하나님의 말씀이 희귀하고 이상이 흔히 보이지 않던 때에 선지자가 되었다(삼상 3:1-3 참조). 하나님의 임재는 "시각" 등 우리의 감각 능력과 관련되어 있다는 사실을 기억하기 바란다. 이는 하나님께서 우리의 영안 뿐 아니라 육안도 사용하셔서 환상과 꿈을 보여주신다는 것을 의미한다. 사무엘은, 엘리의 나이가 많아짐에 따라 그의 눈이 점점 어두워질 때 선지자가 되었다. 하지만 엘리는 영적으로도 보지 못하는 사람이 되었다. 엘리에 이어 그 아들들이 제사장직을 이어받아야 하는데, 그들은 하나님 앞에서 죄를 범하였기 때문에 엘리와 그의 집은 하나님의 심판을 받았다. 그렇다. 정결하지 않으면 제사장직을 받을 수 없다. 엘리는 "오래된 것"을 상징한다. 하나님께서는 주님의 새로운 기름부음을 담을 새 부대를 만들고 계셨다. 사무엘이 바로 적합한 새 부대, 곧 하나님의 사람이었다. 하나님은 사무엘에게, 엘리가 아들들의 죄를 금하지 않았음을 인하여, 엘리와 그 집을 제사장직에서 쫓아내시겠다는 하나님의 결정을 말씀해 주셨다(삼상 3:10-14). 그리고 하나님께서는 사무엘에게 은혜를 베푸사 제사장의 직분을 그에게 주셨다.

> 단에서부터 브엘세바까지의 온 이스라엘이 사무엘은 여호와의 선지자로 세우심을 입은 줄을 알았더라 여호와께서 실로에서 다시 나타나시되 여호와께서 실로에서 여호와의 말씀으로 사무엘에게 자기를 나타내시니라 삼상 3:20-21

제사장은 하나님을 떠나버렸으며, 하나님의 언약궤는 자신의 광야 여정을 하고 있었다.

언약궤의 여정에 대하여는 사무엘상 5-6장에 기록되어 있다. 먼저 시간을 내어 이 두 장을 주의 깊게 읽으면 언약궤의 여정을 더 잘 이해할 수 있을 것이다.

이 여정은 이스라엘이 블레셋과 전투하러 나가면서 시작되었다. 그들은 언약궤의 보호를 받기 위해, 실로에 가서 언약궤를 가져 오기로 결정했다. 그런데, 그렇게 했음에도 불구하고 그들은 블레셋에게 패하였고 엘리의 두 아들은 살해당했다. 거기에 더하여 블레셋은 언약궤를 탈취하여 자신들의 땅으로 가지고 가버렸다(삼상 4:10-11 참조). 언약궤가 포로가 된 것이다.

이 사건을 보면서, 두 가지 질문이 생긴다. 첫 번째 질문은 "왜 하나님께서는 언약궤가 탈취당하는 것을 허락하셨을까?" 두 번째 질문은, "왜 하나님은 당신의 영광을 백성들의 진영으로부터 거두셨을까?"이다.

제사장은 회개하지 않았으며, 하나님께서는 이미 엘리의 집을 심판하시겠다는 경고를 주셨다. 거기에 더하여, 이스라엘은 단지 하나님의 보호(하나님의 손)만 원했다. 그들은 하나님께 가까이 가지 않았으며, 그분의 모든 은혜를 찬양하지도 않았다. 그들은 하나님의 임재에 영광을 돌리지 않았다.

매튜 헨리가 이렇게 주석했다.

> 하나님의 언약궤를 빼앗긴 것은 이스라엘에게 매우 큰 하나님의 심판이 되었으며, 그들에 대한 하나님의 진노의 표가 되었다. 이제야 그들은 자신들의 악함으로 인하여 상실된 "외적인 특권"을 믿고 있었던 일, 하나님이 그들을 떠나 계신 것도 모르고 "하나님의 언약궤가 그들을 지켜 주리라고만 믿었던 일"이 얼마나 어리석은 일이었는지 알게 되었다. 또한 이제야 그들은 언약궤를 진영 안으로 옮겨 와서 적들에게 노출시킨 일이 얼마나 경솔하고 무분별한 일이었는지도 알게 되었고, 하나님께서 정하신 장소에 언약궤를 그대로 두고 옮기지 말아야 했다고 크

게 후회하였다. 그들은 이제, 하나님은 혈과 육을 가진 사람들에 의하여 좌우되지 않으시는 분이라는 사실과, 우리를 하나님의 언약궤에 묶을 수는 있어도 하나님 스스로는 언약궤에 묶이지 않으신다는 사실을 분명히 알게 되었다. 또한 하나님은 언약궤를 적에게 빼앗기는 한이 있어도 거짓된 친구들에게 모욕당하거나 미신적인 신앙을 묵인하시는 분이 아니라는 사실도 확실히 알게 되었다. 껍데기만 있는 신앙의 고백을 가지고 하나님의 진노를 피할 수 있다고 생각하지 말아야 한다. 왜냐하면 그리스도의 임재를 먹고 마셨던 사람들 중에서도 바깥 어두운 데로 내어 쫓길 사람들도 있기 때문이다.[2]

헨리가 하나님의 임재를 찬양하는 것과 관련된 우리의 마음을 아주 잘 설명했다. 이스라엘의 죄, 제사장의 신성 모독, 회개하지 않는 태도…이러한 것들이 그들을 광야와 노예생활로 이끌었다.

광야를 겪은 언약궤

이제 언약궤가 겪은 광야를 살펴보겠다. 다음에 기록된 성경의 설명을 읽으면, 주님의 임재가 오늘날 우리에게 얼마나 소중하며, "기억해야 할 일들을 잊지 않는 것"이 얼마나 중요한 것인지를 더 알게 될 것이다.

1. 아스돗으로 간 언약궤(삼상 5:1-7)

블레셋(부정하고 견고한 진의 상징)은 언약궤를 탈취한 후, 언약궤를 아스돗으로 가지고 갔다. 아스돗은 "잘 준비된 요새, 견고한 진" 등의 의미를 가지고 있을 뿐 아니라 "강력한, 난공불락의, 약탈하다, 죽은, 파괴하다, 억누르다, 강탈하다, 망치다" 등의 뜻을 가진 단어와도 연결되어 있다. 완전히 초토화시킨다는 뜻이다.3) 그러므로, 언약궤는 하나님께서 택하신 백성들을 약탈하고 파괴하며, 그들의 예언적 사명을 약탈하고, 억누르고, 파괴시키려는 파괴자이자 강도에게 탈취된 것이다.

아스돗은 블레셋의 신을 섬기는 다곤 신전이 세워진 곳인데, 그들은 하나님의 언약궤를 다곤 신전 안에 두었다. 다곤(물고기)은 블레셋이 국가적으로 섬기는 신으로서, 물고기의 몸통에 사람의 손, 사람의 얼굴 형상을 가지고 있다. 블레셋 사람들은 할례 받지 아니한 자들과 부정한 사람들을 상징한다. 부정함의 영은 우리에게서 하나님의 임재를 도적질하려고 노린다. 이 영은 사람의 "행위" 또는 사람의 손과 얼굴을 통해서 드러난다. 내가 일전에 쓴 책《사명을 훔치는 도둑들》에서, 나는 부정함의 영이 어떻게 기름부음과 하나님의 임재를 방해하는지에 대하여 상세하게 폭로했다.4)

당신의 마음을 점검하라. 당신은 하나님이 아닌 사람의 손과 얼굴에 경배하지 않는가? 당신의 삶에 존재할지도 모르는 부정한 영역을 점검해 보라. 만일 당신 안에 부정한 영역이 있다면 하나님의 임재가 당신 가운데 나타나지 않는다. 우리가 구하는 것은 사람의 얼굴이 아닌 하나님의 얼굴이다. 사람의 손으로 이룬 것들은 단지 "어떤 것" 곧 불을 통과하면서 죽어버릴 것에 불과하다. 아스돗의 의미 중에 "죽어버린"이라는 뜻이 포함되어 있다는 것을 기억하기 바란다. 하나님의 임재가 없다면 우리의 목회와 교회 사역은 죽어버린다. 적그리스도는 우리에게서 하나님의 임재를 빼앗아 버리는 것을 좋아한다. 만일 우리가 사람과 육신의 일에 초점을 맞추면, 그는 이 일에 성공할 것이다. 우리는 오랫동안 억눌려 왔다. 이제 하나님의 영광을 볼 때이다. 그분의 임재가 우리의 삶, 마음, 교회, 셀 조직, 사업체, 가족 등 모든 곳에 나타날 때까지 멈추지 말라. 모세가 그랬던 것처럼 우리 역시 하나님의 영광과 임재 없이는 움직이지 말아야 한다(출 33:15 참조).

2. 가드로 간 언약궤(삼상 5:8-9)

아스돗 사람들은 하나님의 궤를 어떻게 처리해야 할지 결정하기 위하여 방백들을 불러 모았다. 그들은 하나님의 명백한 임재 앞에서 무엇을 해야 할지 전혀 몰랐다. 그들은 참 신이신 하나님 앞에서 회개하거나 하나님을 따르는 대신 하나님의 궤를 블레셋의 다섯 성읍 중 하나인 가드(후에 가드에서 태어난 거인 골리앗이 하나님을 모욕하는 이스라엘의 대적자가 되지만 다윗에게 죽임을 당한다)로 보내버렸다. 아스돗 사람들은 오늘날 "하나님의 궤(하나님의 임재)를 어찌하랴"고 묻는 많은 교회들과 비슷하다. 블레셋 사람들이 하나님의 궤를 가드로 보내자 하나님의 손이 가드를 쳐 그곳에 온역과 심한 종기와 파괴가 일어났다.

가드는 "포도즙 짜는 틀"이라는 뜻이다.[5] 포도즙 짜는 틀은 말 그대로 압착 기계이다. 이 틀에는 큰 통이 있어서 거기에 포도를 놓고 으깨서 포도주를 만들 즙을 받는다. 포도원 주인들이 돈을 모으기 위해서는 포도의 가장 좋은 부분, 즉 압착되어 모인 즙을 필요로 한다.

오늘날, 하나님께서는 우리를 하나님의 포도즙 틀에 넣으신다. 그리고 우리는 그분의 임재를 더 볼 수 있도록 준비되고 있다. 우리 안에 있는 귀한 것(하나님 안에서의 잠재력)은 압착의 과정을 거쳐야 드러난다. 흥미롭게도 포도즙 틀은 "노예 생활을 하기 이전의 옛 이스라엘 시대부터 전해 내려온 확실한 유물 중 하나이다."[6] 놀랍지 않는가? 옛적부터 항상 계신 이는 오늘날 우리를 미래로 향하여 "압착"하실 때 "옛날"의 압착 방법을 사용하신다!

3. 에그론으로 간 언약궤 (사무엘상 5:10-12)

여전히 하나님의 궤를 어찌해야 할지 모르는 블레셋의 다섯 방백들은 하나님의 궤를 "이주, 황폐, 찢기다" 등의 의미를 가진 에그론으로 보냈다.[7] 하나님의 궤가 가는 곳마다 파괴와 온역의 재앙이 함께 간다는 소식을 들은 에그론 사람들은 하나님의 궤가 자신들에게 오는 것을 원하지 않으니 하나님의 궤를 되돌려 보내야 한다고 주장했다. 하지만 하나님의 궤가 떠나기 전에 하나님의 심판이 에글론에 부어졌으며, 이에 그들의 부르짖음이 하늘에 사무쳤다.

우리 안에 하나님의 임재가 머물면, 풍성한 열매와 영광이 나타난다. 하나님께서 그들에게 심판을 내리신 이유는 에그론 사람들이 하나님의 임재에 영광을 돌리지 않았기 때문이다. 블레셋이 원했던 것은 하나님의 임재를 떠나게 하는 것이었다. 그 결과 하나님의 손이 그들을 질병과 황폐함의 재앙으로 치셨다. 결국 핵심은 하나님의 영광을 진정으로 사모해야 한다는 것이다. 블레셋이 부정했다는 것을 깨달을 수 있는 또 한 가지 사실은, 우리의 부정함은 하나님의 임재 곁으로 가는 것을 싫어한다는 것이다. 예들 들어, 혹시 우리에 대한 비밀스러운 것을 드러낼까봐 두려워하여 선지자 곁에 가기 싫어하는 것이 그것이다. 예수님께서 이 땅에 거니실 때, 예수님을 마주한 부정함의 영들은 "나를 떠나소서!"라며 울부짖었다. 오늘날에도 마찬가지다. 우리에게 영향을 미치는 부정함의 영은 주님의 임재를 거절한다.

4. 벧세메스로 간 언약궤(삼상 6:1-12, 13-20)

일곱 달이 지나는 동안 하나님은 블레셋의 땅에 큰 재앙을 부으셨다. 하지만 여전히 그들의 질문은 "하나님의 궤를 어찌할까"였다. 이제 방백들이 제사장들과 복술자들을 불러 어떻게 해야 할지를 물어보았다. 그런데, 하나님의 임재에 대하여 물어보기 위하여 마법사들을 부른 것이 좋은 해결책이 되었다. 그들의 종교 지도자들은 하나님의 궤를 유다의 원래 장소로 돌려보내되 제물과 함께 돌려보내라고 권고했다. 그들은 유대의 종교와 하나님의 방법에 대하여 잘 알지 못하는 상황에서도, 하나님의 궤를 유다로 돌려보낼 때 "속건제" 제물을 (레 5장 참조) 함께 보내라고 블레셋 사람들에게 권고했다. 그들은 만일 속건제 제물을 보낼 때 하나님의 백성들을 치유했다면, 자신들이 언약궤를 돌려보낼 때 하나님께서 블레셋 사람들의 질병도 치유하실 것이라고 확신했다.

블레셋 사람들은 소가 끄는 새 수레를 준비해서 언약궤를 싣고, 그 곁에는 속건 제물을 놓았다. 속건 제물은 다섯 개의 금 독종과 다섯 개의 금 쥐로 구성되었는데, 이는 그들이 받은 재앙과 질병의 형태를 상징함과 동시에 다섯 방백과 다섯 성읍을 상징한다. 또한 숫자 5는 속죄를 성장하기 때문에 그들의 속건 제물에 이 숫자를 사용한 것은 적절했다. 그들은 하나님의 궤가 블레셋을 떠날 때 큰 기쁨으로 보냈다.

언약궤가 이스라엘 땅, 여호수아의 들, 벧세메스에 이르자 이스라엘 사람들은 수레의 나무를 패서 두 마리의 소를 아벨의 큰 돌 위에서 하나님께 번제로 드렸다. 레위인들은 하나님의 궤와 블레셋인들이 보낸 속건 제물을 옮겼다. 그러나 이 일은 잠시 후 큰 재앙이 되었다. 벧세메스 사람들이 여호와의 궤를 들여다 본 까닭에 하나님께서 오만 칠십 명을 죽이시는 큰 살육으로 그들을 치셨다. 왜 이런 일이 일어났을까? 하나님의 백성들은 하나님의 궤 자체와 그것이 상징하는 모든 것을 존중해야 한다는 것을 배워야 했다. 내 생각에는, 교만과 어림짐작, 그리고 무익한 호기심 때문에 언약궤를 들여다 보았던 것 같다. 오, 세상에! 그들은 피로 얼룩진 시은좌를 만졌다! 그들은 십계명, 곧 죽게 하는 율법 조문을 보았던 것이다(고후 3장 참조). 율법은 진노와, 파괴와, 죽음을 이룬다(롬 4:15 참조). 은혜가 사라지면 인간은 진노 앞에 놓일 수밖에 없다.

하나님의 임재가 우리 가운데 거하시면 어림짐작하는 행위를 하지 말아야 한다. 하나님의 임재가 명백히 나타나면 자칫 교만해지기 쉽다. 하나님의 임재가 주는 것 중의 하나가 담대함이다. 하나님의 임재와 동행했던 베드로와 사도들은 예수님과 구원에 대하여 전파할 때 담대했다. 그러나 그들은 감히 하나님의 임재를 사람의 손으로 조종하려고 하지는 않았다. 우리의 육신으로 하여금 하나님의 임재를 조종하려는 시도를 못하게 해야 한다. 우리의 소망은 율법에 있지 않고, 영광의 직분을 감당할 수 있도록 우리에게 힘을 주는 하나님의 은혜와 자비에 있다. 사명자로서 우리는 하나님의 명령과 그분의 방법을 항상 존중해야만 한다.

5. 기럇여아림으로 간 언약궤(삼상 6:21-7:2)

벧세메세 사람들은 자신들이 이 거룩한 하나님 앞에 설 수 없다는 것과 하나님은 자신이 거하시기 원하는 곳에 자신의 뜻대로 거하시는 분임을 깨달았다. 이에 이스라엘 사람들은 하나님의 궤를 기럇여아림에서 아비나답의 집으로 옮겼으며, 아비나답의 아들을 거룩히 구별하여 여호와의 궤를 지키게 하였다. 얼마나 지혜로운 일인가?

기럇여아림은 "숲의 도시"라는 뜻을 가지고 있지만 "카라"라는 단어와도 연결이 되어 있는데, 카라는 "우연히 발견하다, 목재(지붕 또는 마루)를 지우다, 부정함" 등의 뜻을 가지고 있다.8) 목재를 지었다는 것은 갇혔다는 것을 암시한다. 비록 하나님의 임재가 궤 안에 갇혀 있는 것처럼 보여도, 그것은 사실이 아니다. 궤는 하나님의 임재의 상징이다. 그러나 우리가 그분의 임재와 능력, 그리고 기름부음을 붙잡지 않으면 그분의 임재는 궤 안에 갇혀 있게 된다.

즉, 예배 중에 그분을 가두어 놓지는 않았는가? 만일 그렇다면 주님을 슬프시게 만들어 드리는 것이다. 비록 그분이 모든 곳에 임재하시는 편재의 하나님이시라도, 우리는 그분의 임재를 거절할 수 있으며, 그분을 거절함으로써 그분을 슬프게 만들어 드릴 수 있다. 나는 많은 예배를 드리면서 하나님께서는 "갇혀 계시는 것을 원치 않으시는 분"이라는 사실을 잘 알게 되었다. 하나님은 "하나님께서 행하신 일들"과 함께 종교 체계 안에 갇혀 계신다. 하나님의 임재는 자유를 가지고 오며, 예언적 사역을 풀어 놓고, 방언과 치유의 은사를 가져 온다. 만일 이러한 은사들을 원하지 않는다면, 우리는 하나님의 임재를 제거하려 했던 블레셋 사람들같이 될 것이다. 우리가 하나님을 가두어 놓으면, **적그리스도**가 우리 안에 견고한 진을 만들 것이다. 하나님의 백성들을 자유케 하려면 하나님의 임재가 있어야 한다! 하나님의 궤가 기럇여아림에 있은 지 20년이 지나자 하나님의 백성들은 하나님의 영광을 사모하며 애통해 했다. 마침내 선지자가 말했다. 사무엘이 "…만일 너희가 전심으로 여호와께 돌아오려거든 이방 신들과 아스다롯을 너희 중에서 제거하고 너희 마음을 여호와께로 향하여 그만을 섬기라 그리하면 너희를 블레셋 사람의 손에서 건져내시리라"라고 말했다(삼상 7:3).

마침내 이스라엘이 이 말을 들었다. 하지만 다윗이 통치하며 하나님의 궤가 시온으로 돌아오기까지는 아직도 많은 세월을 더 기다려야 했다.

기브아로 간 언약궤(삼상 14:15-23)

백성들의 압력과 하나님의 허락에 따라, 사무엘은 사울에게 기름을 부어 이스라엘의 첫 번째 왕으로 세웠다. 사울이 왕으로 다스리던 중에 언약궤는 거의 기브아에 있었다. 비록 언약궤는 이스라엘 가운데 있었지만 사울은 하나님의 임재에 영광을 돌리지 않았다. 블레셋과의 전투 중 큰 두려움과 공포가 이스라엘 진을 강타하자, 사울은 하나님의 궤를 가지고 오라고 명령했다. 흥미롭게도 사울은 이가봇의 친척인 아히야에게 제사장이 되라고 요청했다. 이가봇은 "영광이 떠났다"라는 뜻이다.[9]

슬프게도, 이 순간이 바로 하나님의 영광이 이스라엘을 떠나기 시작하는 순간이 되었다. 이후의 시간들은 사울에게 고통의 시간들이었다. 이스라엘의 왕은 하나님께 더 가까이 가는 대신 점점 하나님으로부터 멀어져 갔다. 사울이 더욱 더 반역의 길로 가자 하나님께서는 이스라엘 민족으로부터 기름부음을 거두셨다. 주께서 사울을 거절하셨기 때문에 더 이상 주님의 영광이 사울과 이스라엘 백성 가운데 머물 수 없으셨다. 하나님은 더 이상 언약궤로도, 선지자로도, 꿈으로도, 환상으로도, 우림과 둠밈으로도 사울에게 말씀하지 않으셨다. 절망적인 상황에 빠진 사울은 하나님을 찾기 위하여 많은 애를 썼다. 그러던 중 그는 용납될 수 없는 방법으로 하나님을 찾으려 했다. 복술을 통하여 하나님을 찾아보려고 엔돌의 신접한 여인을 찾아가는 비참한 일을 저질러 버렸던 것이다. 하나님의 영광은 그런 사울에게 임하실 수 없었다. 하나님은 그를 거절하셨다(삼상 16:1 참조).

소중한 여러분, 우리가 하나님의 방법을 찬양하지 않고, 그분의 임재를 찬양하지 않으면, 주님은 그 영광을 거두어 가신다. 사울처럼 되지 말자. 하나님의 임재를 부르짖어 간구한 다윗 같은 사람이 되자.

하나님의 백성에게 돌아온 언약궤

사울이 그토록 불순종하자, 하나님께서는 사무엘에게 기름을 부어 새로운 왕을 세우라고 명하셨다. 주께서 사무엘을 이새의 집으로 보내셔서 이새의 막내아들인 다윗에게 기름을 부으라고 말씀하셨다.

다윗은 하나님을 향하여 정결한 마음을 가진 사람이었다. 그는 어린 시절부터 전심으로 하나님의 임재를 보고 싶어 했다. 그는 어린 소년 시절, 양들을 돌보면서 하나님을 예배하고 찬양하는 데 많은 시간을 보냈다. 그는 하나님을 예배하는 사람이었다. 또한 하나님의 임재를 더 많이 보고자 하는 그의 갈망은 날로 깊어졌다. 그는 하나님 안에 거하며, 하나님과 함께 거하기를 소원했다. 그는 하나님께 가까이 가는 법을 깨달은 사람이었으며 주님과 친밀한 사람이었다.

시간이 지날수록 사울은 다윗을 시기하였으며, 그를 죽이려 했다. 다윗은 생명을 지키기 위하여 도망할 수밖에 없었으며, 하나님께서 자신을 이스라엘의 왕으로 세우시기까지 광야에 머물러야 했다. 그러나 다윗은 광야에서 생활하는 동안에 하나님을 원망하거나 사울 왕에 대한 원한을 품지 않았다. 그는 누구를 비난하는 대신 자신의 마음을 지켰다. 다윗은 우리 모두가 알아야 하는 비밀을 알고 있었다. 그는 하나님의 임재의 중요성을 알고 있었다. 이것이 바로 값을 따질 수 없이 귀한 것이다.

서른 살에 왕이 된 다윗이 가장 먼저 한 일 중의 하나는 하나님의 궤를 시온 산으로 모셔온 일이다. 하나님의 임재를 사모했던 다윗은 하나님의 임재의 상징을 다시 모셔오는 일이 얼마나 중요한지 알았다. 그러나 하나님의 궤를 이동하는 일은 결코 쉽지 않은 일이었다. 하나님의 임재를 다루기 위해서는 "합당한 절차"가 필요했다.

다윗은 우리가 잊지 말아야 할 한 가지 교훈을 배웠다. 그것은 하나님의 임재를 다룰 때는 "옛 방법"을 고수하지 말아야 한다는 것이다. 블레셋 사람들이 하나님의 궤를 옮길 때 수레를 사용했던 것처럼 다윗도 같은 수레를 사용하여 하나님의 궤를 옮기려 했다. 하나님은 이를 기뻐하지 않으셨다. 왜냐하면 하나님께서 정하신 절차가 따로 있었기 때문이다. 하나님의 궤를 실은 수레를 끄는 소들이 뛰자, 제사장 웃사가 손을 펴서 궤를 붙들었다. 그러자 하나님께서는 "기름부음"을 손대려 한 웃사를 쳐서 죽이셨다. 다윗이 일의 절차를 바르게 처리하지 못했던 것이다. 하나님께서 명하신 절차는 제사장들이 하나님의 궤를 어깨에 메는 것이었으며, 이는 결코 사람의 손을 직접 하나님의 궤에 대라는 뜻이 아니었다.

성도 여러분, 우리가 기름부음의 운반자가 되는 대신 기름부음을 직접 손대려 하면 웃사가 경험했던 일을 경험하게 될 것이다(대상 13:9-10 참조). 사람들은 너무 오랫동안 기름부음을 손대어 왔으며, 인간의 이성으로 그 기름부음을 규격화 시켰다. 우리는 그분의 기름부음의 운반자가 되어야 한다. 이 일을 제대로 하는 길은 다윗이 했던 것처럼 하나님의 얼굴을 매일 구하는 것이다.

다윗이 여호와의 궤를 옮겨 다윗 성 자기에게로 메어 가기를

즐겨 하지 아니하고 가드 사람 오벧에돔의 집으로 메어 간지라
여호와의 궤가 가드 사람 오벧에돔의 집에 석 달을 있었는데
여호와께서 오벧에돔과 그의 온 집에 복을 주시니라 삼하 6:10-11

이 기간 동안 다윗은 하나님의 얼굴을 구했으며, 이 기간이 끝나자, 바른 절차를 통해서 하나님의 궤를 시온으로 옮겨왔다.

어떤 사람이 다윗 왕에게 아뢰어 이르되 여호와께서 하나님의 궤로 말미암아 오벧에돔의 집과 그의 모든 소유에 복을 주셨다 한지라 다윗이 가서 하나님의 궤를 기쁨으로 메고 오벧에돔의 집에서 다윗 성으로 올라갈새 여호와의 궤를 멘 사람들이 여섯 걸음을 가매 다윗이 소와 살진 송아지로 제사를 드리고 다윗이 여호와 앞에서 힘을 다하여 춤을 추는데 그 때에 다윗이 베 에봇을 입었더라 다윗과 온 이스라엘 족속이 즐거이 환호하며 나팔을 불고 여호와의 궤를 메어오니라… 여호와의 궤를 메고 들어가서 다윗이 그것을 위하여 친 장막 가운데 그 준비한 자리에 그것을 두매 다윗이 번제와 화목제를 여호와 앞에 드리니라

삼하 6:12-15, 17

다윗이 하나님의 임재를 다윗 성으로 다시 가지고 온 후에 시온에서 일어난 일들을 살펴보면 주님의 임재가 우리 안에 임하실 때 어떤 일이 일어날 지 알 수 있다.

하나님의 임재 자체인 하나님의 언약궤는 이제 바른 장소인 하나님의 백성들 가운데로 돌아왔다. 이스라엘 백성들이 하나님의 임재를 집으로 다시 모셔온 것이다. 다윗이 하나님의 궤를 시온으로 다시 옮겨온 후 이스라엘 가운데 일어난 일은 큰 승리였으며, 이때 왕국의 절정기가 찾아왔다. 이스라엘 백성들은 시내 산에서 실패를 경험했다. 그러나 이번에는 시온에 임하신 하나님의 임재가 그들에게 승리할 수 있는 능력을 주었다.

우리에게 있어서 "집"은 우리의 마음이다. 그분을 우리의 마음에 모시면 광야를 벗어날 수 있는 능력을 얻을 수 있다.

다윗 시절 이후 시온 성은 중요한 의미를 지니게 되었다. 시온 성은 거룩한 도시며 통치의 자리가 되었다. 다윗은 시온에 24시간 찬양의 집을 세웠고, 하나님의 임재는 다시 한 번 온 이스라엘에게, 아니 사실 전 세계에 알려졌다. 다윗은 하나님과의 언약을 맺었는데, 이 언약은 모든 후손들에게까지 미치는 언약이다. 그리스도께서 바로 이 다윗의 혈통에서 나셨다. 사실, 예수 그리스도는 더 위대한 다윗의 자손이시며, 시온의 왕이시고, 하나님의 도성이시다. 예수님께서 다스리시고 통치하신다. 주님의 통치는 찬양과 경배의 장소인 시온으로부터 나온다. 그러므로 주님의 통치는 예배의 자리로부터 나온다는 것을 알 수 있다. "여호와께서 시온에서 부르짖고"(욜 3:16).

적그리스도를 정복하라

적그리스도가 원하는 것은 단지 우리가 하나님의 임재를 경험하지 않는 것이다. **적그리스도**는 우리의 경배를 받고 싶어 한다. 그는 우리가 자기의 계획에 굴복하기를 원한다. 그의 계획에 굴복하는 것은 그에게 경배하는 것과 마찬가지이다. 우리는 우상숭배에 관하여 논의했었고, 또 그의 거짓말에 굴복하는 것에 관하여도 토의해 본 적이 있다. 그런데, 그의 거짓말에 굴복하는 것이 정말 그에게 경배하는 것과 마찬가지 일이라고 생각해 본 적이 있는가?

이는 새로운 일이 아니다. 사탄은 천상에서 아주 오래 전부터 이미 하나님처럼 경배받기를 원했다. 사탄은 천상에서 쫓겨나는 순간부터 경배를 받기 위하여 사람을 미혹하기 시작했다. 그는 자신만을 위한 장막을 가지기 원하는데, 그 장막이 바로 사람이다. 사탄은 우리 삶의 모든 영역 안에 거하고 싶어 한다. 그는 하나님께 대한 믿음과 신뢰, 그리고 그분과의 관계를 빼앗으려 한다.

사랑하는 여러분, 우리에게서 하나님의 임재를 도적질하려는 강도가 있음을 기억하기 바란다! **적그리스도**는 하나님의 대적자이며 그리스도의 대적자이다. 그러므로 그는 (마귀 자신) 우리의 축복과 돌파를 도적질하기 위해서라면 무슨 일이든지 저지른다. 그는 우리에게 "하나님의 임재는 없어도 된다!"는 확신을 심어주기 위해 최선을 다할 것이다. 사실, 많은 교회들이 성령님으로부터 빠르게 떠나고 있다!

하나님의 통치는 시온, 곧 예배하는 자리에서 나온다는 사실을 기억하라. 우리 각 개인의 영역과 공동체의 영역 속에 침투해 들어온 **적그리스도**의 구조를 발로 밟아버리려면 하나님의 임재를 초청하고 받아들이는 차원 높은 예배의 자리에 나아가야 한다. 우리가 경배할 때, 우리의 삶과 영역 안에 하나님의 통치가 세워지며, 하나님의 임재가 우리 안에 나타나게 된다.

그러므로 그리스도와 함께 다스리는 한가지 길은 바로 경배하는 것이다. 원수를 대적하는 또 다른 전투의 형태는 계약의 능력을 붙잡는 것이다. 시내 산을 떠나 하나님의 통치가 흘러나오는 시온에 이르는 길은, 하나님의 말씀에 우리를 맞추는 것을 상징한다. 다시 말씀드리자면, 우리는 냄새나는 옛 사고방식을 버려야만 주께서 우리를 새 부대로 만드실 수 있으며, 우리 역시 다시 한 번 믿음을 회복할 수 있다. 반드시 믿음을 회복해야 한다. 삼손이 넘어질 때까지 그를 매일 지치게 만들었던 들릴라처럼 **적그리스도** 역시 우리를 지치게 만든다. 하나님의 나라로 가는 열쇠는, 마귀를 묶고 나에게서 떠나가게 하는 것과 관계가 있다. 하지만 그 이상의 것이 있다.

다윗의 열쇠는 당신의 삶 속에 있는 모든 장애물을 해제시켜 버린다. 당신을 가두고 있는 모든 문은 열릴 것이며, 원수가 들어올 수 있도록 열려 있는 문은 모두 잠길 것이다. 어떻게 이 일을 할 수 있을까? 경배를 통해서, 그리고 약속을 붙잡은 기도를 통해서 할 수 있다.

당신의 믿음을 말씀에 일치시키라. 하나님의 말씀은 살았고 활력이 있다! 그 말씀을 계속하여 사용하면, 모든 잠긴 문들이 열리고 숨겨진 것들이 드러나게 될 것이다. 우리의 미래는 더 이상 숨겨질 수 없으며 다른 모든 것도 드러날 것이다(히 4:12-13 참조).

경주에서 승리하라

바울은 고린도전서에서 매우 유익한 권면을 주었다. 그는 "우리는 모두 믿음의 경주자"라고 말했다. 우리는 하나님께서 우리 앞에 놓으신 경주에서 승리하기 위하여 달음질 하는 존재들이다. 바울이 말하기를, 다 달릴지라도 오직 상을 받는 사람은 한 명뿐이라고 했다(고전 9:24-25 참조). 우리는 승리하기 위하여 태어났다. 이는 이미 예전에 정해진 일이다. 옛적부터 항상 계신 이가 하늘의 법정에 좌정하시기 전에 이미 심판이(당신의 실패를 원하는 원수에 대한) 정해졌다. 다시 말씀드리자면, **적그리스도**는 시간이 창조되기 전에 이미 패배된 존재이다.

우리는 같은 실패를 반복하지 말아야 한다. 우리는 모든 면에서 더 나아질 수 있다. 결단을 잊지 않고 계속하여 훈련을 받으면, 더 빨리 경주를 마칠 수 있다.

시작한 것에 비하여 훨씬 빠르게 마치고 싶은가? 나는 옛적부터 항상 계신 이가 모든 오래된 황폐함으로부터 우리 세대를 회복시켜 주실 것이라고 확신한다.

지금부터 시작하자. 오늘 광야를 벗어나겠다고 결단하라. 예배자가 되라. 용사가 되라. 하나님을 따르기로 결단하라. 광야를 벗어나서 당신과 당신의 자손들을 방해하는 적그리스도의 구조를 부숴버리라!

제5부

이스라엘 사람들처럼, 우리에게도 선택권이 있다.
40일 동안 광야에 머물 것인지,
아니면 40년 동안 광야에서 머물 것인지를 선택할 수 있다.
이 책을 마치면서, 나는 "40일 집중 기도와 성경공부"를 제공하려고 한다.
이 "40일 집중 기도와 성경공부"를 통하여
적그리스도의 구조의 영향력을 정복하고
광야를 벗어날 수 있는 능력을 받게 되기를 기대한다.

11장

40일이냐? 40년이냐?
광야로부터의 해방을 돕고
적그리스도의 구조를 벗어나도록 돕는
40일 기도 지침

Forty Days or Forty Years?
A Forty-Day Prayer Guide to Cycle Out of the Wilderness
and Defeat the Antichrist Structure

이제 우리는 선택을 해야 한다. **적그리스도**의 거짓말을 믿어 우상숭배에 빠져 다른 신들을 섬길 것을 선택하겠는가? 아니면 주님을 믿고 섬길 것을 선택하겠는가? 광야에서 40일을 보내기를 원하는가? 아니면 40년간 지내기를 원하는가? 선택은 우리의 몫이다. 그렇다. 정말 선택을 해야 한다. 여호수아가 이스라엘에게 다음과 같이 권고하며 물어보았다.

> 만일 여호와를 섬기는 것이 너희에게 좋지 않게 보이거든 너희 조상들이 강 저쪽에서 섬기던 신들이든지 또는 너희가 거주하는 땅에 있는 아모리 족속의 신들이든지 너희가 섬길 자를 오늘 택하라 오직 나와 내 집은 여호와를 섬기겠노라 하니 수 24:15

나는 여러분이 바른 선택을 하도록 기도한다. 나는 여러분이 능하신 성령님의 능력을 받으며, 당신 안에 거하는 하나님이 어떤 분이신지 알게 되고, 그분이 당신을 얼마나 사랑하시며 당신이 자유하고 승리하기를 얼마나 원하시는지를 알게 되기를 기도한다. 그분은 수많은 기도와 간구에 응답하시는 하나님이시다. 또한 그분은 우리가 구하기 전에 우리에게 있어야 할 것을 먼저 아시는 하나님이시다. 사실, 당신을 위한 응답은 이미 천국에서 출발해서 오고 있는 중이다. 그럼에도 불구하고 여전히 기도해야 한다. 다니엘, 에스더, 모세가 기도했으며, 수많은 사람들이 기도했고, 예수님도 기도하셨다. 사실 예수님께서는 기도를 많이 하셨고, 모든 것을 알게 되셨다. 만일 하나님이신 예수님께서도 기도를 하셔야 했다면, 우리는 얼마나 기도를 많이 해야 하겠는가? 그러므로 우리는 기도해야 한다. 특별히 주님의 나라가 우리 안에 임하시도록, 그리고 그분의 온전함과 완전함으로 우리를 변화시켜 달라고 기도해야 한다. "주여, 주님의 나라가 임하소서!"

주님의 사랑은 결코 변하지 않으며 우리를 떠나지 않는다. 주께서 당신의 마음을 다시 재촉하신다는 사실을 알아차려야 한다. 그 이유는 주께서 당신을 통해서 주님의 목적을 이루기를 원하시기 때문이다. 바로 지금부터, 오늘부터 시작하기 원하신다.

내가 제안하는 40일 집중 기도를 지금부터 시작할 것을 여러분께 권한다. 40일간의 집중 기간은 여러분에게 광야를 완전히 벗어날 수 있는 힘을 줄 것이며, 당신 주변에 견고한 진을 건설했고, 당신을 포로로 붙잡고 있었으며, 당신의 미래를 방해하고 있던 적그리스도의 구조를 파괴시킬 능력을 당신에게 줄 것이다. 당신은 많은 과정들을 극복하고 여기까지 왔다. 당신은 여러 다른 광야 여정들에 대하여 살펴보았고, 12지파에 대하여 공부했고, 광야를 벗어나지 못했던 이스라엘에 대하여도 배웠다. 당신에게는 주어진 약속을 온전히 성취하여 그 약속의 땅을 소유할 수 있는 잠재력이 있다. 이 잠재력을 인정하고 받아들일 때, 당신의 삶은 변화된다. "변화를 추구하면 변화를 보게 된다." 나는 이 말을 수천 번 이상 한 것 같다. 기도하기로 결심하고, 과거로부터 해방되기로 결정하기만 하면, **적그리스도**는 패배한다. 왜냐하면 그에게는 당신의 때와 시기를 변화시킬 능력이 없기 때문이다. 당신은 승리자이다.

이제 당신이 옛 삶의 습관에서 해방되었다면, 다음의 일들을 하기 바란다.

1. 40일 동안 매일 경배하십시오.
2, 40일 동안 하나님의 말씀에 동의하십시오.
3. 40일 동안 하나님과 친밀한 시간을 가지십시오.

여정을 계속해 감에 따라 당신은 세대 속에 흘러오는 죄를 발견하게 될 것이다. 당신의 죄는 물론 조상과 후손들의 죄까지, 모든 죄에 대하여 용서를 구하라. "세대"라는 단어는 "시간의 회전" 또는 "회전 운동"이라는 뜻을 가지고 있다.[1] 하나님은 우리 세대가 결박과 압제의 멍에, 그리고 조상 때부터 내려온 거짓 믿음의 체계로부터 해방되는 것을 원하신다.

당신이 매일 전진할 때, 당신이 가는 곳에 원수도 먼저 가 있다는 사실을 잊지 마라. 원수는 쉽게 영역을 빼앗기려 하지 않는다. 기도의 친구들을 만들어라. 이 여정을 함께 걸어갈 신앙의 동반자들이 있다면 더욱 좋다. 그러면 서로 책임져 주고, 서로를 위하여 기도로 지원해 줄 수 있다.

집중기도 기간 중 회개할 시간이 필요하거든, 아무 때든지 모든 것을 중단하고 회개하기 바란다! 하나님은 모든 적그리스도의 구조와, 당신을 방해하는 모든 거짓된 믿음들을 무너뜨리기 원하신다. 사도 바울이, "우리의 싸우는 무기는 육신에 속한 것이 아니요 오직 어떠한 진도 무너뜨리는 하나님의 능력이라"(고전 10:3-5 참조)고 한 말의 의미는 오직 더 높은 권세만이 적을 파괴시킬 수 있다는 뜻이다. "무너뜨리다"는 단어는 "초자연적인, 거룩한 능력"이라는 뜻을 가진 헬라어 단어에서 나왔다.[2] 다시 말씀드리자면, 우리는 단지 기도하고 하나님의 말씀을 선포할 뿐이며, 역사하셔서 적을 멸하시는 분은 하나님이시라는 뜻이다. 이것을 잘 이해하는 것이 중요하다. 당신이 기도하고 회개하며 당신의 삶을 하나님의 말씀에 맞출 때, 주님께서 당신의 원수를 멸망시켜 주시기 때문이다!

> 그 때에 불법한 자가 나타나리니 주 예수께서 그 입의 기운으로 그를 죽이시고 강림하여 나타나심으로 폐하시리라 살후 2:8

이 구절은 주 예수께서 그 입의 기운으로 원수를 죽이신다고 말씀한다. 주님께서 그 강림하여 나타나심으로 **적그리스도**의 모든 계획을 압도하실 것이다.

당신이 날마다 광야에서 벗어나는 여정을 하는 동안에, 그분의 임재가 여러분 삶 가운데 함께 하시기를 기도한다. 또한 주님께서 그 입의 기운과 말씀으로 사악한 구조, 곧 당신과 당신의 집안을 포로로 잡고 있던 원수의 구조를 무너뜨리심으로써 그것들이 마치 여리고 성벽처럼 주저앉고 부수어지기를 기도한다.

기도 지침

매일 주어진 기도의 과제를 읽으신 후 당신의 생각을 기록하십시오. 주어진 성경 구절을 읽고 당신의 말로 바꾸어 말해 보십시오. 그리고 주께서 당신에게 계시하신 것을 적으시기 바랍니다. 이어서 각 기도의 과제 마다 다음의 단계들을 순서대로 따라하십시오.

1. 하나님께서 드러내신 죄를 회개하십시오. 특별히 당신을 포로로 잡고 있었거나 당신의 미래를 도적질 했던 적그리스도의 구조와 연관된 죄를 회개하십시오.
2. 적그리스도의 구조에 사로잡혀 있었던 조상들과 후손들의 죄를 회개하십시오.
3. 당신 자신과 당신 집안을 위하여 주님께 용서를 구하십시오.
4. 주님께서 주시는 용서를 받아들이십시오.
5. 당신에게 주어진 약속과 관련된 말씀을 받아들이십시오.
6. 예수님의 이름으로 당신이 자유하게 되었다고 선포하십시오.[3]
7. 매일 기뻐하기 시작하십시오. 이것이 중요합니다. 현재가 바로 우리의 삶이기 때문입니다! 우리는 주님과 함께 매일 새로운 시작을 할 수 있습니다. 몇 분의 시간을 내어 주님을 경배하십시오. 주님은 우리의 찬양 가운데 거하십니다!

제1일

숫자 "1"은 하나님을 제일 우선순위로 모신다는 것을 상징합니다. 어떻게 하면 하나님을 당신의 인생에서 최우선으로 모실 수 있는지 여쭈어 보시기 바랍니다. 기도의 반석을 세우는 것 역시 중요합니다. 당신의 삶의 우선순위를 재조정해야 할 때입니다. 하나님께서 기도 및 금식과 관련된 당신의 우선순위를 개조하실 수 있도록, 당신을 내어 드리시기 바랍니다. 40일 동안 주께서 감동 주시는 방법대로 금식을 하라고 권하고 싶습니다.[4]

누가복음 11장 2-4절을 읽으십시오. 주님께서 가르쳐 주신 기도입니다. 당신을 향한 하나님의 완전한 뜻에 당신의 삶을 맞추는 것이 중요합니다. 하나님의 왕국이 당신의 삶에 나타나기를 소원한다고 주님께 오늘 말씀하십시오. 만일 하나님의 나라를 찬양하는 대신 당신 스스로의 왕국을 포함하여 어떤 종류든지 사람의 왕국을 찬양하신 적이 있다면, 회개의 시간을 가지시기 바랍니다. 하나님보다 사람을 더 찬양하면 마귀의 포로가 되고 맙니다. 하나님께서, 당신의 미래를 방해하는 그 어떤 "자아"를 보여주신다면 그것을 기록하시기 바랍니다. 당신을 포로로 잡고 있는 적그리스도의 구조를 던져버릴 능력을 얻으며, 자유를 얻기 위한 적절한 단계를 밟으십시오.

제2일

성경적으로 볼 때 숫자 "2"는 갑절을 의미합니다. 엘리사와 엘리야의 이야기를 읽어 보시면 엘리사가 어떻게 겉옷을 얻게 되었는지를 알 수 있습니다(왕하 2장 참조). 주님은 당신의 영역을 더 확장시키기 원하십니다. 엘리사 같이 끝까지 사모하는 자가 되기로 결단하십시오. 엘리사는 자신의 멘토를 거절하거나 따라가지 않기로 결정할 수도 있었지만 그렇게 하지 않고 엘리야의 모든 것을 얻기로 결정했습니다. 민수기 14장을 읽어 보세요. 하나님의 말씀보다 원수가 당신에게 한 말을 더 크게 여기고 받아들인 결과로 당신의 삶 속에 생긴 원수의 보좌를 파괴하여 달라고 주님께 요청하세요.

제3일

숫자 "3"은 "완성(completion)"을 의미합니다. 주님은 우리를 완전한 존재로 만들기 원하십니다. 흥미로운 것은 노아 웹스터(Noah Webster) 사전이 내린 "완전해지다(being complete)"의 정의가 "밀어 넣다"라는 것입니다. 또 다른 정의는 "부족함이 없다, 완벽해지다"입니다.[5] 주님은 우리를 사명의 완수 자리와, 거룩한 완벽 자리로 밀어 넣기 원하십니다. 그리고 주님께서는 이 완성의 과정을 통하여 우리의 영역이 확장될 것이라고 약속하십니다. 영역의 확장은 시험(광야의 시간들)과 강한 연관을 가지고 있습니다. 언약에 관한 하나님의 말씀이 기록된 시편 105편을 읽으십시오. 8절을 깊이 묵상하시면서 확장의 은혜와 자비를 받아 누리시기 바랍니다. 그러나 주님은 우리에게 확장뿐 아니라 회복도 주시는 분이십니다. 이사야 54장 전체를 주의 깊게 공부하십시오. 읽으시면서 조상 때부터 역사했던 악한 영이 당신의 사명을 도적질하기 위하여 웅크리고 있는 영역이 없는지 주님께 여쭈어보시기 바랍니다. 만일 그런 영역이 있다면 제1일 바로 전에 있는 "기도 지침"을 다시 한 번 따라 하십시오. 40일간의 기도 여정 중 내가 기도로 돕고 있다는 것을 기억하십시오.

제4일

고린도전서 10장 1-11절을 읽으십시오. 사도 바울이 "이스라엘이 약속의 땅에서 만난 모든 일은 오늘날 우리에게 본보기가 된다"라고 말하였습니다. 당신이 지금 싸우고 있는 일들 중에서 이스라엘이 직면했던 일과 비슷한 것들이 있다면 목록을 만들어 보시기 바랍니다. 이스라엘과 똑같은 실수를 저지르지 않겠다는 결심을 하십시오. 원수의 거짓말에 속았던 것을 회개하시며 당신의 모든 상황 위에서 능하신 선포를 하시는 주님께 감사하십시오. 숫자 "4"는 "자연적인"을 상징합니다. 믿음을 가지십시오. 그리고 당신이 자연적으로 가지고 있는 명철에 기대지 마시기 바랍니다. 하나님께서 주님의 능력을 당신에게 부어주신다는 사실을 아셔야 합니다.

제5일

예레미야 25장 30절을 읽으십시오. 옛적부터 항상 계신 그분께 당신의 원수를 심판해 달라고 요청하시기 바랍니다. 일어서서 예레미야 25장 30-31절의 말씀을 예언하며 선포하십시오. 숫자 "5"는 은혜의 숫자입니다. 주님께서 당신이 적그리스도의 체계를 파쇄시키기에 충분한 은혜를 풍성하게 베푸실 것입니다.

제6일

잠언 3장 3-12절을 읽으세요. 당신의 삶 속에 용서받지 못한 부분이 있다면 드러내 달라고 주님께 요청하시기 바랍니다. 이스라엘 백성들이 마라와 므리바에서 갈증 때문에 주님께 불평했다는 사실을 기억하셔야 합니다. 이스라엘 백성들에게 그곳은 쓰디 쓴 장소였지만, 주께서는 여전히 그들에게 마실 물을 주셨고 치료를 베푸셨습니다. 쓴 뿌리는 우리의 몸에 영향을 미칩니다. 주님께 치료를 간구하시되, 특별히 회개가 필요한 쓴 뿌리나 용서받지 못한 부분이 있으면 더욱 치료를 간구하시기 바랍니다. 시간을 내어 회개하시고 주님을 경배하십시오. 내가 드린 단계들을 밟으시면서 주님의 완전한 용서와 치료를 받으십시오.

숫자 "6"은 인간의 수라는 것을 잊지 마십시오. "6"은 우리의 육적인 것과 죽은 행실들을 상징합니다. 그러므로 오늘 기도하실 때, 주께서 당신의 믿음을 연단하시는 일에 대하여 육적인 반응을 한 것을 회개하십시오.

제7일

"7"은 영적으로 완벽함을 의미합니다. 하나님은 우리 모두를 완벽하게 만들기 원하시지만 우리가 완벽해질 것을 기대하지는 않으십니다. 적그리스도의 구조는 완벽주의와 판단, 그리고 행위를 많이 강조합니다. 이러한 종류의 견고한 진에 갇혀 있었다면 오늘 자유케 되실 수 있습니다. 하박국 1장을 읽으십시오. 하박국은 "붙잡다"라는 뜻입니다.6) 주님을 붙잡고, 과거의 "완벽주의"와 "사람을 기쁘게 하는 견고한 진"을 던져 버릴 때입니다. 하나를 붙잡으려면 다른 하나는 버려야 합니다. 당신 자신에 대한 거짓말을 믿었던 일들을 버리십시오. 대신 당신을 향하여 하나님께서 선포하신 말씀들을 붙잡으십시오. 내가 드린 단계들을 사용하시고, 주님 안에서 당신의 미래를 붙드십시오.

제8일

숫자 "8"은 새로운 시작을 의미합니다. 새로운 시작은 매우 흥분되는 일입니다. 오늘 당신은 주님과 함께 새로운 시작을 할 것입니다. 이전 것은 지나갔으며, 당신이 믿기만 하면 모든 것이 새롭게 될 것입니다. 마가복음 8장 22-26절을 읽으시고 당신의 미래에 대한 새로운 비전을 얻으십시오. 당신에게는 새로운 비전만 필요한 것이 아니라 명확한 비전도 필요합니다. 당신은 과거의 고통으로 인하여 눈이 가려졌습니다. 내가 드린 단계를 밟으신 후 주님께 회개하시되, 당신에게 주신 볼 수 있는 능력을 의심하거나 불신했던 것을 회개하십시오.

제9일

"9"는 성령의 아홉 가지 은사들을 상징합니다. **적그리스도**는 "은사의 대적자"라는 사실을 기억하세요. **적그리스도**는 당신이 은사를 가지고 행하는 것을 방해하려고 노력합니다. 주님 안에서의 전진을 방해하는 것과 사명의 완수를 방해하는 것이 무엇인지 보여 달라고 주님께 여쭈어 보시기 바랍니다. 당신의 조상 중에 원수의 방해로 인하여 은사를 제대로 활용하지 못한 분이 있다는 것을 알게 되었다면, 지금 당신의 조상이 충분히 헌신하지 못했던 것에 대하여 회개하며, 그들이 하나님의 임재를 귀하게 여기지 못한 태만함과 제사장직으로의 부름에 주의하지 못했음에 대하여 회개하기 바랍니다.

데살로니가후서 2장은 거짓 은사와 영적 미혹에 관하여 말씀합니다. 이 본문을 읽으면서 미혹 당한 부분이 없는지 스스로에게 질문하기 바랍니다. 하나님이 아닌 사람을 따른 적이 있다면 회개해야 합니다. 제1일 바로 전에 주어진 기도 지침을 따라 단계를 밟으세요. 하나님께서 당신의 삶의 방향을 바꾸실 때, 즉시 주님께 내어 맡김으로써 성령님이 주시는 완전한 자유를 받으시기 바랍니다.

제10일

숫자 "10"은 하나님께서 우리의 진보를 측량하실 때 사용하시는 숫자입니다. 하나님은 우리를 항상 측량하실 것입니다. 당신의 진보가 어떤 상태인지 주님께 여쭈어 보십시오. "주님, 나는 지금 어떤 상태인가요?" 이런 식으로 간단한 기도를 드리십시오. 어렵게 기도할 필요가 없습니다. 만일, 잊어버리고 하루를 건너뛰었다면, 건너뛴 부분으로 돌아가서 다시 시작하되 오늘의 단계, 즉 제10일의 단계를 한 번 더 하면 됩니다. 염려할 것 없습니다. 하나님께서 보좌에 앉아 계시지, 당신이 앉아 있는 것이 아닙니다. 기억하십시오? 제10일의 단계를 통하여 당신이 주 안에서 얼마나 성장했는지 (영역이 확장되었는지) 확인하기 바랍니다. 그리고 시간을 내어 그분의 광대하신 사랑에 감사하십시오.

제11일

숫자 "11"은 변화의 수입니다. 예레미야 29장 11-14절을 보십시오. 하나님은 절망에 빠진 당신을 변화시키는 분이십니다. 하나님은 당신의 미래에 관한 좋은 계획을 가지고 계십니다. 하나님은 당신을 놓치지 않으실 것입니다. 시간을 내어 당신의 꿈들을 적어 보세요. 그중 어떤 꿈은 도적에게 빼앗겼을 것입니다. 당신의 조상 중에는 자신의 꿈을 전혀 실현해보지 못한 분들도 있을 것입니다. 이루지 못한 당신의 소원을 적고, 당신의 집안에 속한 사람들이 이루지 못한 꿈들도 적어보십시오. 필요하다면 당신과 당신 집안의 의심과 불신앙을 용서해 달라고 주님께 기도하세요.

절망에서 미래로 이동할 때입니다. 당신의 삶 위에 부어진 하나님의 말씀에 동의하신 후 다음 단계로 나아가십시오!

제12일

"12"는 권세를 상징하는 숫자입니다. 당신은 천국에서 하나님과 함께 앉게 될 것이라는 사실과, 주께서 당신을 주님의 사역자로 삼으시기 위하여 당신에게 영적인 권세를 주셨다는 사실을 알아야 합니다. 당신이 광야를 벗어나면 여러 가지 일이 일어나는데, 그중 하나가 주께서 당신에게 더 많은 권세를 부으시는 일과 당신을 주님의 영광의 도구로 사용하시는 일입니다. 마태복음 10장과 마태복음 28장 18-20절, 그리고 누가복음 10장 19절을 읽어 보세요. 당신은 이미 천국에서 그리스도와 함께 앉은 자가 되었음을 알아야 합니다. 요한계시록 2장 26절을 읽으세요. 이기는 자에게는 새로운 분량의 권세가 주어집니다. 당신이 광야를 벗어날 때, 당신 역시 적그리스도의 모든 구조를 제어할 권세를 받게 됩니다. 당신의 묵상 일기에 승리가 필요한 영역들을 적으시기 바랍니다. 회개와 해방이 필요하다면 내가 드린 단계들을 밟으세요. 그리고 나서 주님의 뜻을 받아들인 후, 그리스도 안에서 주어진 새 권세의 자리로 들어가시기 바랍니다.

제13일

열왕기하 6장을 읽으십시오. 당신의 미래와 관하여 감추어져 있는 것들을 볼 수 있는 눈을 열어달라고 주님께 간구하기 바랍니다. 여기서 잠시 시간을 내어 성령님의 간섭하심을 구하세요. 주께서 숨은 견고한 진들을 드러내실 수 있도록 스스로를 준비시키세요. 내가 제1일 바로 전에 드린 회개와 해방의 지침을 따라 하세요. 닫힌 문들을 열 수 있도록 주님께 다윗의 열쇠를 구하기 바랍니다.

제14일

하나님은 예전의 것, 곧 적그리스도의 구조를 무너뜨리시는 분이십니다. 예레미야 1장 10절을 읽으신 후, 당신 안에 어떤 것을 무너뜨려야 하며 무엇을 세워야 하는지를 주님께 여쭈어 보시기 바랍니다. 전도서 3장을 읽고 지금 당신의 때가 어떤 때인지 결정하시기 바랍니다. 주 안에서 새로운 건축물을 세우기 원한다면 에스라 3장을 읽으세요. 하나님께서 당신을 위하여 예비하신 건축물이 다가올 것이라고 예언적으로 선포하시기 바랍니다. 당신의 뼈들을 향하여 "살아나라"고 예언하시기 바랍니다!

새로운 건축물이 나타남에 따라 부정한 영이 일어나서 이렇게 말할 것입니다. "나를 내버려 두라!" 원수의 진동이나 목소리에 신경 쓰지 마세요. 당신에게 주어진 예언적 약속을 결실 맺게 하실 주님을 신뢰하시기 바랍니다.

제15일

하나님은 당신의 마음을 변화시키십니다. 잠언 3장 1-14절을 읽으세요. 시간을 내어 이 구절을 묵상하면서 주께서 거짓된 적그리스도의 믿음 체계를 어떻게 패배시킬 수 있는지 알려주기까지 기다리시기 바랍니다. 당신의 마음속에 있는 아직 성화되지 않은 영역을 드러내 달라고 주님께 요청하세요. 시간을 내어 불경건한 부분들을 적어보세요. 이번에는, 당신의 미래를 도적질 하고 있는 사악한 구조를 뿌리채 뽑아버릴 수 있는 경건한 믿음들을 기록하기 바랍니다. "나는 이제 그리스도의 마음을 가졌습니다. 그리고 내가 광야에서 완전히 벗어나는 것을 방해하려는 모든 부정적인 생각을 대항합니다"라고 선포하세요.

제16일

시편 149편을 읽으십시오. 당신의 내면으로부터 새 찬송이 터져 나오게 하십시오. 하나님은 옛날부터 당신의 가문 가운데 역사하고 있는 악한 영을 묶어버리기를 원하십니다. 당신의 검을 들고 원수를 향해 외치십시오. 시편 149편 말씀을 당신에게 주어진 예언적 말씀으로 선포하십시오! 당신의 믿음을 세워줌과 동시에 원수의 목소리를 무력

화시킬 능력을 당신에게 줄 것입니다.

제17일

신명기 5장 23절을 읽으십시오. 캄캄한 때에도 주님의 음성을 들을 수 있는 능력을 달라고 주님께 간구하시기 바랍니다. 첫사랑을 기억할 수 있게 해 달라고 주께 간구하시며, 당신의 등불이 계속 타서 어둠을 빛으로 바꿀 수 있게 해 달라고 기도하시기 바랍니다(시 18:28 참조).

기도와 금식으로 하루를 보내십시오. 금식은 우리가 하나님의 음성을 들을 수 있도록 준비시켜 줍니다. 기도의 삶을 세우는 데 어려움이 있으세요? 새로운 "기도의 구조"가 당신 삶 속에 세워지도록 주님의 도움을 요청하시기 바랍니다. **적그리스도**는 당신이 확고한 기도생활을 하지 못하도록 미혹할 것입니다.

제18일

주님의 손이 지금 이 어두운 때에 당신을 인도하신다고 느껴지는가요? 거의 기도 여정의 절반이 끝났습니다. 원수의 목소리가 더 강해 보여도 자유를 바라보십시오. 그러면 주께서 당신의 손을 더욱 강하게 잡아주실 것입니다. 당신을 보호하시고 인도하시는 주님의 손길과 힘, 그리고 능력을 느끼십시오. 시편 91편을 읽으시고, 이러한 골짜기를 지나갈 때 당신을 지키시는 주님의 거룩한 보호를 발견하시기 바랍니다. 주님은 당신을 보호하시기 위하여 천사들을 보내실 것이며, 그분의 사랑은 당신에게 광야를 벗어날 수 있는 능력을 주실 것입니다.

제19일

하나님은 당신을 승리의 장소로 인도하시며, 당신에게 새로운 열정과 향기를 부어주십니다. 고린도후서 2장 14-15절을 읽으십시오. 그리스도의 향기가 되어 이 땅에서 주님의 영광을 위하여 사용될 수 있기를 기도하십시오. 광야에서 벗어나는 목적 중의 하나가, 주님의 신부가 되는 일이며 또한 주님의 영광을 간증하는 일입니다. 격려가 필요한 사람들에게 오늘 전화하십시오. 그들과 만나 주님의 향기가 그들에게 생명으로 역사하도록 하십시오.

제20일

주님께서 당신의 일상의 삶을 방해하는 것을 허용하셔야 합니다. 이제 기도 여정의 절반이 끝났습니다. 오래된 습관을 깨뜨리는 데는 7일이 걸린다고 합니다. 옛 습관은 잘 없어지지 않습니다. 옛날부터 가족들 안에서 역사해 오는 세대의 영도 마찬가지로 끈질깁니다. 주님을 가장 우선으로 모시려면, 주님께서 저지하시는 것이라면 내가 중요하게 여기는 것이라도 받아들이기로 결심하여야 합니다. 주님께 영광을 보여 달라고 기도하시기 바랍니다. 주님의 영광이 우리를 막으셔도, 그 임재 앞에서 불평할 수 없습니다. 무엇보다, 하나님의 임재는 우리를 사로잡아 버립니다! 주님의 임재에 영광을 돌리지 않았거나 더 가까이 나아오라는 주님의 부르심에 귀를 기울이지 않았었는지 주님께 여쭈어 보시기 바랍니다. 만일 있다면 회개하십시오. 주님은 여전히 여기 계십니다. 다만 그분께 가까이 나아오시기를 바랍니다.

제21일

오늘 주님께 더 가까이 나아가시기 바랍니다. 은밀한 곳에서 주님을 만나십시오. 당신을 숨겨달라고 주님께 요청하십시오. 주께서 당신 마음속에 감추어진 것을 드러내시기까지 기다리십시오. 주님은 당신의 마음을 치유하시고, 당신의 눈물을 닦아주시며, 당신의 상처를 고치시기 원합니다. 주께서 "죄를 숨기면 형통할 수 없다"고 말씀하셨습니다. 하지만 죄를 자복하고 버리면 불쌍히 여김을 받게 될 것입니다(잠 28:13 참조). 주님과 시간을 보내십시오. 고통을 벗어날 수 있는 힘을 주시는 주님의 가르침을 노트에 적으시기 바랍니다.

제22일

오늘은 "하나님께서 얼마나 크신 분이신가?"라는 사실에 집중하십시오! 주님은 광야보다 크신 분입니다. 주님은 모든 세대의 죄악들보다 크신 분입니다. 그분은 모든 것에 생명을 주십니다. 그분은 하늘과 땅을 만드셨습니다. 우리는 사람으로부터의 공급을 기대할 필요가 없습니다. 느헤미야 9장 6절과 시편 24편 1절, 그리고 시편 95편 3-5절을 공부하십시오. 하나님보다 더 큰 존재가 있습니까?

제23일

적그리스도의 구조가 당신의 또 다른 날을 도적질하거나, 당신의 이전 기억을 가지고 당신을 공격하도록 내버려두지 마십시오. 하나님은 세상 끝날까지 당신을 이끄시고, 힘을 주시며, 당신과 함께 계시겠다고 약속하셨습니다. 두려워할 필요가 없습니다. 마귀와 살인자의 말을 분별해내기로 결정합시다. 그들의 말은 모두 거짓말입니다(요 8:44을 읽으십시오). 당신이 속았던 거짓말들을 적으신 후 끊어버리기 바랍니다. 모든 거짓말이 있던 자리를 하나님의 말씀으로 채우십시오.

제24일

로마서 8장 9절을 읽으십시오. 당신은 더 이상 죄의 본성에게 끌려 다니지 않습니다. 하나님께서 당신 안에 계시기 때문에 성령님께서 당신을 이끄십니다. 당신은 그리스도에 속하였습니다. 당신의 집에는 마귀가 머물 공간이 없습니다. 그는 당신 집안에 살 수 없습니다. 오늘 마귀를 쫓아내십시오! 광야에서 벗어나 다시는 들어가지 않기로 결심하십시오!

제25일

에베소서 1장 17-18절을 읽으십시오. 하나님을 더 많이 알 수 있도록 지혜와 계시의 영을 구하십시오. 마음의 문을 열어달라고, 또 소망을 깨닫게 해달라고 주님께 간구하시기 바랍니다. 당신은 이 소망을 위하여 부름을 받았습니다. 당신은 하늘의 유업을 받을 뿐 아니라 이 땅에서도 강한 영향력을 발휘할 존재입니다. 아마 당신의 조상들은 지혜를 활용하지 못했고 경건한 결정을 내리지도 못했을 것입니다. 당신 역시 지혜롭지 못한 선택을 했을 가능성이 있습니다. 회개의 시간을 가지십시오.

제26일

권세를 얻으려면 먼저 주님의 권세에 굴복해야만 합니다. 주님의 때가 이르면, 어제는 괜찮았던 것이 오늘은 불편하게 되는 것을 보게 될 것입니다. 아마 주께서 더 엄격한 경계선을 그리시기 때문일지도 모릅니다. 그로 인하여 괴로워하지 마십시오. 그분은 우리를 자유케 해주시기 위하여 우리를 훈련시키십니다. 우리가 그분을 주님으로 모신 후 모든 것을 내어드릴 때만 주님의 성령으로 충만해질 수 있습니다. 요한복음 14장 26-27절과 이사야 64장 4-5절을 읽으십시오. 주님의 권세는 이미 옛적에 세워졌습니다. 우리가 할 일은 예전부터 변치 않으신 그분의 사랑에 순복하는 것입니다.

제27일

무거운 짐을 버리십시오. 무거운 짐은 우리를 광야에 묶어둡니다. 찬송의 옷을 입고 무거움의 영을 대적하며 맞서십시오. 시편 40편 11-13절과, 시편 71편 3절을 읽으시기 바랍니다. 과거의 문제들이 당신을 누르지 못하게 하시고, 지나간 죄들이 당신의 눈을 가려 미래를 못 보게 하는 것을 허용하지 말아야 합니다. 당신을 구원의 반석으로 이끄시는 주님의 인도를 따라 가십시오. 당신을 계속 짓누르는 짐들을 적으십시오. 원수의 목소리를 무효케 만들기 위하여 짐 대신 하나님의 약속으로 채우십시오. 주님의 멍에는 쉽고 주님의 짐은 가볍습니다. 찬송의 옷, 곧 당신 안에 있는 노래는 가벼워서 무게가 거의 나가지 않습니다. 이사야 54장을 읽으십시오. 황폐한 모든 장소에서 찬양하십시오. 광야에서 벗어나기 시작할 것입니다.

제28일

오늘은 사랑에 초점을 맞출 날입니다. 고린도전서 13장 4-8절을 읽으십시오. 주님의 사랑은 오래 참고 온유합니다. 주님을 그렇지 않은 분으로 보셨는가요? 많은 사람들이 하나님을 엄한 주인으로 인식하곤 합니다. 그분은 사랑의 하나님이십니다. 하나님을 어떤 하나님으로 알고 계셨는지 적어보시기 바랍니다. 하나님께서 스스로에 대하여 말씀하신 것과 반대로 하나님을 이해하고 계셨다면 회개의 시간을 가져야 합니다. 이는 우상숭배 및 조상 때부터의 죄와 관계가 있는 것이기 때문에 중요한 일입니다. 당신을 향한 하나님의 사랑을 온전히 이해하게 되면, 당신은 광야의 경험을 끝마칠 수 있습니다.

제29일

미래에 대하여 두려워할 필요가 없습니다. 시편 91편 4-7절을 읽으십시오. 비록 두려움이 주변에 가득하고 어둠 속에서 원수가 활보하고 있어도, 하나님께서 우리와 함께 계십니다. 당신이 가지고 있는 모든 두려움의 영역을 적으십시오. 두려움의 영이 당신을 괴롭히도록 내버려 둔 것을 회개하십시오. 제1일 직전에 있는 회개 지침에 따라 회개하십시오. 당신을 붙잡아 주기 위해서, 그리고 악한 자로부터 당신을 보호하기 위해서 당신께 다가오는 주님의 못자국 난 손을 보십시오.

제30일

골로새서 2장 13-15절을 읽으십시오. 죽음의 쳇바퀴에서 벗어나십시오. 당신은 그리스도 안에서 다시 살아나셨습니다. 그리고 죄에 대하여는 죽으셨습니다. 그리스도께서 당신의 죄를 취하여 십자가에 못박으셨습니다. 당신에게 생명을 주시기 위하여 주님께서 죽으셨습니다. 그러므로 넘치는 소망을 누리시기 바랍니다. 우리가 옛 죄에 대하여 죽을 때 생명이 부어집니다. 광야를 벗어남과 함께 당신의 미래를 방해하는 모든 것, 곧 자만과 거만, 두려움, 의심, 불신, 종교적인 자세 등을 버리십시오. 세대를 이어 온 죽음의 쳇바퀴를 드러내 달라고 기도하시기 바랍니다. 회개하고 전진하십시오.

제31일

원수의 저항과 방해를 허용하지 마십시오. 광야를 벗어나기 위하여 집중해야 할 날이 열흘 밖에 남지 않았습니다. 당신의 힘이 새롭게 될 수 있도록 기도하십시오. 이사야 40장 31절을 읽으십시오. 독수리처럼 일어나 모든 방해하는 환경 위로 날아오르십시오! 원수는 날마다 당신의 문을 두드릴 것입니다. 열어주지 마십시오. 천국 문의 열쇠를 가지고 원수를 묶으십시오. 당신에게 들어가기 위하여 문을 두드리는 적그리스도의 구조를 묶으십시오.

제32일

오늘 은혜 안으로 들어가십시오. 에스더에 대하여 읽으시고, 그녀가 어떻게 왕의 은혜를 얻게 되었는지 보십시오(에 2:1-17을 읽으십시오). 그녀가 행했던 일들로 인하여 에스더의 영향력이 바뀌게 되었습니다. 이제 당신 주변의 상황을 바꿀 때입니다.

제33일

새로운 시각을 개발하십시오. 마가복음 8장 22-26절을 읽으시기 바랍니다. 우리의 눈은 과거 때문에 미래도 볼 수 없도록 가려졌습니다. 그중 어떤 것은 세대에 걸쳐 이어 온 영향력의 결과입니다. 어쩌면 당신의 "보지 못함"은 영적인 문제 때문일 수 있으며, 종교적인 교만에서 온 것일 수도 있습니다. 만일 그렇다면, 주님께 당신의 눈을 만지셔서 보게 해 달라고 기도하시기 바랍니다. 종교적인 사고방식, 옛 구조, 현재의 진리를 보지 못했던 것 등에 관하여 회개하십시오.

제34일

예레미야 1장을 읽으십시오. 그리고 "볼 수 있는" 능력을 받으시기 바랍니다. 예레미야는 하나님의 말씀을 받아들였고 미래를 "볼 수" 있게 되었습니다. 하나님의 백성들에게 신선한 기름이 부어지고 있습니다. 실패와 약함을 보는 대신, 강함과 미래를 볼 수 있게 하는 새로운 기름부음이 부어지고 있습니다. 향유와 몰약의 기름을 당신의 눈에 바르십시오. 주님의 향기가 옛 길, 곧 당신이 과거에 보아왔던 옛 길로부터 당신을 깨끗케 하신다는 사실을 믿으시기 바랍니다. 하나님께서 당신을 보시는 대로 당신도 당신 자신을 바라볼 수 있는 능력을 달라고 주님께 간구하십시오!

제35일

시편 133편을 읽으십시오. 신선한 기름부음을 받을 시간입니다. 머리 끝에서부터 기름부음이 흘러 내려온다는 사실을 기억하십시오. 하나님의 지시에 바르게 순응함으로 연합하십시오. 연합은 생명을 풀어놓으며, **적그리스도**가 당신 주변에 세웠을지 모를 죽음의 구조를 무너뜨립니다. 세대를 이어 온 반역의 흐름이 있다면 그것이 바로 죽음의 구조입니다. 세대를 이어 온 죄를 회개하며 당신을 다시 주님께 드리는 시간을 가지십시오.

제36일

기름부음, 기름부음, 기름부음! 집으로 가서 모든 문들과 각 방들, 그리고 현관에 기름을 바르십시오. 모든 악한 영에게 떠나라고 명령하십시오. 당신의 삶은 이제 정결해졌으며 적그리스도의 구조는 더 이상 발붙일 곳이 없다고 선포하십시오. 이사야 10장 27절은 "기름부음이7) 멍에를 부러뜨린다!"라고 말했다. 당신은 정결 과정을 거쳤으며 기름부음이 더 증가되었습니다. 당신은 주님의 의로우심 안에서, 제사장으로서 모든 적그리스도의 영에게 떠나라고 명령을 할 수 있는 기름부음을 받았습니다. 예수님의 이름으로 원수의 멍에는 떠나갔습니다!

제37일

요한계시록 1장을 읽으십시오. 알파와 오메가이신 주님께 초점을 맞추시기 바랍니다. 그분은 처음에도 계셨고 나중에도 계실 것입니다. 그분은 당신을 아십니다. 당신의 과거와 미래를 다 아십니다. 주님은 결코 당신을 떠나지도, 버리지도 않으실 것입니다. 그분은 당신이 태어날 때 있었던 일을 보고 계시며, 당신의 과거를 치료하고 계십니다. 또한 주님은 당신을 당신의 미래로 이끌기 원하십니다. 주님을 신뢰하십시오.

제38일

이제 광야를 거의 다 벗어났습니다. 여호수아 1장을 읽으십시오. 모세가 죽자 하나님께서는 새로운 지도자를 세우셨습니다. 여호수아는 두려워했지만 주님께서 그에게 두려워 말라고 용기를 주셨습니다. 당신의 과거는 지나갔습니다. 지금은 당신의 미래에 대하여 두려워할 때가 아니라 주님을 의지할 때입니다. 일어나십시오! 믿음을 가지십시오! 당신은 할 수 있습니다. 벗어나십시오!

제39일

성결의 날입니다. 여호수아 3장 5-6절을 읽으십시오. 이스라엘 백성들은 하나님의 궤를 따르기 전에 먼저 자신들을 성결케 해야 했습니다. 우리가 거룩해지면, 주님의 임재에 훨씬 더 가까이 갈 수 있습니다. 당신은 하나님의 궤를 따를 준비가 되셨는가요? 당신이 지금 있는 그곳에 명백한 주님의 임재가 있습니다! 어디든지 주께서 인도하시는 대로 따라 가십시오. 광야에서 영원히 벗어날 것입니다.

제40일

시편 150편을 읽으십시오. 주님을 찬양하십시오! 주님을 찬양하십시오! 주님의 선하심을 기뻐하고 노래하십시오! 그분은 찬양받으시기에 합당하십니다. 탬버린을 잡고 찬양 CD를 켜십시오. 누군가를 초청하여 당신의 찬양 보고서를 나누십시오. 하나님께 영광을 돌리십시오!

결론

성도 여러분, 우리는 여정의 끝까지 함께 왔습니다. 나는 이 여정을 함께하는 동안 많은 축복을 받았습니다. 여러분도 이 여정 동안 내가 받은 축복만큼 받으셨으리라고 기대합니다. 이 책은 내가 쓴 책 중에서 의심할 여지없이 가장 힘들게 쓴 책입니다. 그러나 이 책이 하나님의 백성들에게 가장 위대한 자유를 줄 것이라고 확신합니다. 주님께 영광을 돌립니다. 주님이 아니셨다면, 이 책은 존재할 수 없었습니다.

당신을 늘 생각하면서 당신을 위하여 기도하겠습니다. 사랑합니다.

샌디.

미주

추천의 글
1) John Doe란 우리식으로 하면 "아무개" 혹은 "갑, 을" 등에 해당하는 이름으로서 특정한 사람이 아닌 무지칭, 불특정의 사람을 말한다 - 역자 주
2) 저자가 원문에서 사용한 KJV 성경을 직역하면 "꿈[비젼]이 없는 백성은 멸망한다" 이다: 역자 주

1장 적그리스도와 그의 사악한 구조
1) 원문에서 저자는 대문자 A를 쓴 Antichrist와 소문자 a를 사용한 antichrist 라고 표기하겠다고 하였지만 한글에는 대/소문자 구별이 없기에 편의상 고딕체를 사용하여 구분함: 역자 주
2) 매튜 헨리, 매튜 헨리의 성경 전권 주석: 새 현대판 (Peabody, 헨드릭슨 출판사, 1991)

2장 하늘의 법정
1) 매튜 헨리 주석
2) 제인 헤이몬, 《키루스의 법령》(산타 로사 비치, 인터내셔널 크리스천 가족 교회, 2001), 11
3) 제임스 스트롱, 《뉴 스트롱 성경 색인 사전》(내쉬빌, 테네시: 토마스 넬슨 출판사, 1996), 1757
4) 스트롱, 2476p
5) 스트롱, 4725, 6965
6) 샌디 프리드, 《꿈을 꾸라》(Dream On) (허스트, 텍사스: 시온 미니스트리, 2007)
7) 스트롱, 3665, 3667
8) 낙태를 조장하거나, 자살을 유도케 하는 영, 또는 두려움 등을 줌으로써 일찍 포기하게

함으로써 영적으로 일찍 주저앉게 만드는 영을 가리키는 것으로 보임: 역자 주

9) 개역개정성경에는 "큰 말을 하였더라"(단 7:8)라고 번역이 되어 있으나 NIV 성경에는 "자랑하는 말을 하였더라"로 번역되어 있다: 역자 주

10) 개역개정성경에는 "왕좌가 놓이고"(단 7:9)라고 번역이 되어 있기에 주님을 위한 왕좌가 놓였다는 뉘앙스가 강하지만 KJV 성경이나 히브리 원문에는 "보좌들이 던지어졌다"라며 적그리스도와 추종자들의 보좌들이 던지어졌다는 뉘앙스를 강하게 가지고 있다. 저자는 "주께서 적그리스도와 추종자들을 축출하신 후 보좌에 좌정하셨다"는 의미의 해석을 취하였다: 역자 주

3장 광야로부터의 해방

1) 개역개정성경에는 "묵시가 없으면 백성이 방자히 행하거니와"(잠 29:18)라고 번역이 되어 있지만 원어에는 KJV의 번역(Where [there is] no vision, the people perish)처럼 "꿈이 없으면 망하게 된다"는 의미를 가지고 있다: 역자 주
2) 스트롱, 3835, 3836
3) 저드슨 콘웰, 스텔만 스미스 박사 공저, 《성경 이름 대사전》(노스 브런스윅, 뉴저지: 브리지 로고스 출판사, 1998), 71
4) 스트롱, 2141

4장 씨를 품으라

1) 스트롱, 1982
2) 스트롱, 3539
3) 웹스터 미국어 사전 "conception"

5장 헬라 사상과 거짓 가르침

1) 스트롱, 2712
2) 피터 와그너, 《권세를 직면하라》(벤튜라, 캘리포니아, 리갈 북스, 1996), 204
3) 와그너, 204
4) 길레모 말도나도, 《새 포도주 세대》(마이애미, 플로리다: GM 미니스트리, 2003) 55
5) 말도나도, 65
6) 웹스터 미국어 사전, "hypocrisy"

7) 말도나도, 57

8) 말도나도, 57

9) 말도나도, 57

10) 스트롱, 5281

11) 스트롱, 341, 342

12) 스트롱, 3794

13) 개역개정성경의 "이론"(고후 10:4)이라는 단어가 NIV에는 arguments로 KJV에는 imaginations로 번역되어 있다: 역자 주

14) 스트롱, 3053

15) 월터 A 엘웰, 《베이커 성경 백과사전》, 제 1권 (그랜드 라피드, 베이커 북스, 1998) 항목 "Athena"

16) 아르테미스 신전 (다이애나는 그리스 신화에서 아르테미스로 등장): 역자 주

17) 위카(Wicca), 고대 켈트의 전통과 관련되며, 고대의 풍습에서 유래된 신앙과 의식을 가진 자연 종교: 역자 주

6장 약속의 땅을 차지하라 I

1) 스트롱, 3045

2) 스트롱, 7218

3) 스트롱, 7205

4) 스트롱, 8051

5) 스트롱, 8095

6) 스트롱, 8202

7) 스트롱, 1350

8) 스트롱, 6406

9) 《브라운-드라이버-브릭스 히브리어 사전》, PC 바이블 스타디 제 4판 (시애틀, 바이블 소프트, 2004), 1427

10) 《브라운-드라이버-브릭스》, 1464

11) 켈리 배너, 《제사장직의 변화》(쉬펜버그, 펜실베니아: Destiny Image 출판사, 1991), 145

12) 《브라운-드라이버-브릭스, 2082, 2074

13) 브라운-드라이버-브릭스, 2082, 2074

14) 콘웰, 스미스, 75

15) W. E. 바인, 《바인 신약낱말 주해사전》(피바디, 매사추세츠: 헨드릭슨 출판사, 1998-2007), 1089

16) 《브라운-드라이버-브릭스》, 4519

7장 약속의 땅을 차지하라 II

1) 《브라운-드라이버-브릭스》, 6004

2) 스트롱, 6004

3) 미식축구에서 선수들이 스크럼선 뒤로 모이는 것을 가리킴: 역자 주

4) 스트롱, 1777

5) 궨 소우, 《이스라엘 지파 개론》(엔드타임 핸드메이든, 1982), "단" 5

6) 스트롱, 5639, 5631

7) 바인, 2928

8) 스트롱, 836, 833

9) 스트롱, 5147

10) 스트롱, 5231, 6617; 궨 소우, "납달리", 1

11) 스트롱, 1342

12) 궨 소우, "갓", 1

13) 스트롱 3612

14) 스트롱, 3063

15) 스트롱, 3034

16) 스트롱, 669

17) 스트롱, 3467

18) 스트롱, 3467

8장 광야의 정류장들

1) 스트롱, 6286

2) 스트롱, 7795

3) 스트롱, 4751

4) 스트롱, 3885

5) 콘웰, 스미스, 228

6) 스트롱, 4886

7) 앞서 나온 신 광야는 출애굽기 16장에 나오는 The Wilderness of Sin 이며 여기의 신 광야는 민수기 13장에 나오는 The Wilderness of Zin 으로서 서로 다른 광야이다: 역자 주

8) 스트롱, 7340, 7339; 브라운-드라이버-브릭스, 7339

9) 스트롱, 2346; 브라운-드라이버-브릭스, 2346

10) 《구약신학 워크북》, PC 바이블 스타디 제4판 (시애틀, 바이블 소프트, 2004), 251

11) 스트롱, 8334, 4871

12) 스트롱, 8525

13) 콘웰, 스미스, 153

9장 제련가의 불과 천국의 열쇠

1) 밥 조르게, 《지체된 응답의 불》(캐넌다이과, 뉴욕, 오아시스 하우스, 1999), 137

2) 영어 성경에는 "cut into piece" 즉, "토막 내다"로 되어 있으며, 개역개정성경에는 "저미다"로 번역되어 있다: 역자 주

3) 스트롱, 7294

4) 스트롱, 7293

10장 시내 광야에서 시온까지: 광야의 여정 중에 있는 언약궤

1) 단 노리, 《그분의 명백한 임재; 다윗의 성막에서 솔로몬의 성전으로》(쉬펜버그, 펜실베니아, Destiny Image 출판사, 1988), 6

2) 헨리, 주석

3) 스트롱, 795, 7703

4) 샌디 프리드, 《사명을 훔치는 도둑들》(그랜드 래피드, 초즌 북스, 2007)

5) 스트롱, 1660, 1661

6) 《이스턴의 삽화 성경 사전, 제 3판》(내쉬빌, 테네시, 토마스 넬슨, 1987) "winepress"

7) 브라운-드라이버-브릭스, 6131

8) 스트롱, 7136

9) 콘웰, 스미스, 109

11장 40일이냐? 40년이냐?
광야로부터의 해방을 돕고 적그리스도의 구조를 벗어나도록 돕는 40일 기도 지침
1) 웹스터 미국어 사전 "generation"
2) 스트롱, 1410, 1411
3) 체스터와 베스티 킬스트라, 《토대의 회복》(헨더슨빌, 노스캐롤라이나, 말씀선포 출판사, 1994)에서 발췌
4) 한 끼 금식, 다니엘 금식, 미디어 금식 등 여러 종류의 금식이 금식의 범주에 포함된다.
   : 역자 주
5) 웹스터 미국어 사전 "complete"
6) 콘웰, 스미스, 90
7) 개역개정성경에는 "기름진 까닭에"(사 10:27)라고 번역이 되어 있지만 KJV에는 "because of the anointing", 즉 " 기름부음 때문에"라고 되어 있다: 역자 주

순전한 나드 도서안내　02-574-6702

No.	도서명	저자	정가
1	강력한 능력전도의 비결	체 안	11,000
2	광야에서의 승리〈개정판〉	존 비비어	10,000
3	교회, 그 연합의 비밀	프랜시스 프랜지팬	10,000
4	교회를 뒤흔드는 악령을 대적하라	프랜시스 프랜지팬	5,000
5	교회를 어지럽히는 험담의 악령을 추방하라	프랜시스 프랜지팬	5,000
6	그리스도인의 삶의 비결	진 에드워드	8,000
7	기름부으심	스미스 위글스워스	8,000
8	꿈을 통해 말씀하시는 하나님	헤미만 리플	10,000
9	존 비비어의 친밀감〈날마다 하나님께로 더 가까이 개정〉	존 비비어	13,000
10	내 백성을 자유케 하라	허철	10,000
11	내게 신선한 기름을 부으셨나이다	허철	9,000
12	내어드림	페늘롱	7,000
13	다가온 예언의 혁명	짐 골	13,000
14	다가올 전환	래리 랜돌프	9,000
15	당신도 예언할 수 있다	스티브 탐슨	12,000
16	당신은 예수님의 재림에 준비가 되어 있습니까?	메릴린 히키	13,000
17	당신은 치유받기 원하는가	체 안	8,000
18	당신의 기도에 영적 권위가 있습니까?	바바라 윈트로블	9,000
19	더 넓게 더 깊게	메릴린 앤드레스	13,000
20	동성애 치유될 수 있는가?	프랜시스 맥너트	7,000
21	두려움을 조장하는 악령을 물리차라	드니스 프랜지팬	5,000
22	마지막 시대에 악을 정복하는 법〈개정판〉	릭 조이너	9,000
23	마켓플레이스 크리스천〈개정판〉	로버트 프레이저	9,000
24	존 비비어의 축복의 통로(무시되어 온 축복의 통로 개정)	존 비비어	6,000
25	믿음으로 질병을 치유하라〈개정판〉	T.L. 오스본	20,000
26	부서트리고 무너트리는 기름 부으심	바바라 J. 요더	8,000
27	부자 하나님의 부자 자녀들	T.D 제이크	8,000
28	사도적 사역	릭 조이너	12,000
29	사랑하는 자가 병들었나이다	허 철	8,000
30	사사기	잔느 귀용	7,000
31	사업을 위한 기름 부으심〈개정판〉	에드 실보소	10,000
32	상한 마음을 치유하는 기도	마크 버클러	15,000
33	상한 영의 치유1	존 & 폴라 샌드포드	17,000
34	상한 영의 치유2	존 & 폴라 샌드포드	13,000
35	성령님을 아는 놀라운 지식	허 철	10,000
36	세계를 변화시키는 능력	릭 조이너	10,000
37	속사람의 변화 1	존 & 폴라 샌드포드	11,000
38	속사람의 변화 2	존 & 폴라 샌드포드	13,000
39	신부의 중보기도	게리 윈스	11,000
40	십자가의 왕도	페늘롱	8,000
41	아가서	잔느 귀용	11,000
42	악의 속박으로부터의 자유	릭 조이너	9,000
43	어머니의 소명	리사 하텔	12,000
44	여정의 시작	릭 조이너	13,000
45	영광스러운 교회에 보내는 메시지 1	릭 조이너	10,000
46	영광스러운 교회에 보내는 메시지 2	릭 조이너	10,000
47	영분별	프랜시스 프랜지팬	3,500
48	영으로 대화하시는 하나님	래리 랜돌프	8,000
49	영적 전투의 세 영역〈개정판〉	프랜시스 프랜지팬	11,000
50	예레미야	잔느 귀용	6,000
51	예수 그리스도와의 친밀함	잔느 귀용	7,000
52	예수님 마음찾기	페늘롱	8,000
53	예수님을 닮은 삶의 능력	프랜시스 프랜지팬	9,000
54	예수님을 향한 열정〈개정판〉	마이크 비클	12,000
55	요한계시록	잔느 귀용	11,000
56	인간의 7가지 갈망하는 마음	마이크 비클	11,000
57	저주에서 축복으로	데릭 프린스	6,000

PURE NARD BOOKS

No.	도서명	저자	정가
58	주님! 내 눈을 열어주소서	게리 오츠	8,000
59	주님, 내 마음을 열어주소서	캐티 오츠/로버트 폴 램	9,000
60	지구상에서 가장 강력한 기도	피터 호로빈	7,500
61	지금은 싸워야 할 때	프랜시스 프랜지팬	8,000
62	천국경제의 열쇠	샨 볼츠	8,000
63	천국방문〈개정판〉	애나 로운튜리	11,000
64	축사사역과 내적치유의 이해 가이드	존 & 마크 샌드포드	18,000
65	출애굽기	잔느 귀용	10,000
66	하나님과 동행하는 사람들〈개정판〉	샨 볼츠	9,000
67	하나님과 사람에게 더욱 사랑스러운 자	듀안 벤더 클럭	10,000
68	하나님과의 연합	잔느 귀용	7,000
69	하나님으로부터 오는 능력	찰스 피니	9,000
70	하나님을 연인으로 사랑하는 즐거움	마이크 비클	13,000
71	하나님의 마음에 합한 사람	마이크 비클	13,000
72	하나님의 심정 묵상집	페늘롱	8,500
73	하나님의 아름다움을 바라보는 축복	허 철	10,000
74	하나님의 요새〈개정판〉	프랜시스 프랜지팬	8,000
75	하나님의 음성을 듣는 방법〈개정판〉	마크 & 패티 버클러	15,000
76	하나님의 장군의 일기〈개정판〉	잔 G. 레이크	6,000
77	항상 배가하는 믿음	스미스 위글스워스	10,000
78	항상 부족함이 없으리로다	하이디 베이커	8,000
79	혼동으로부터의 자유	릭 조이너	5,000
80	혼의 묶임을 파쇄하라	빌 & 수 뱅크스	10,000
81	쥰 비비어의 회개(화 있을진저 외식하는 서기관과 바리새인들 개정)	존 비비어	8,000
82	횃불과 검	릭 조이너	8,000
83	21C 어린이 사역의 재정립	베키 피셔	13,000
84	금식이 주는 축복	마이크 비클&다나 캔들러	12,000
85	승리하는 삶	릭 조이너	12,000
86	부활	벤 R. 피터스	8,000
87	거절의 상처를 치유하시는 하나님	데릭 프린스	6,000
88	그리스도의 제사장적 신부	애나 로운튜리	13,000
89	마귀의 출입구를 차단하라	존 비비어	13,000
90	통제 불능의 상황에서도 난 즐겁기만 하다	리사 비비어	12,000
91	어린이와 십대를 위한 축사사역	빌 뱅크스	11,000
92	알려지지 않은 신약성경 교회 이야기	프랭크 바이올라	12,000
93	빛은 어둠 속에 있다	패트리샤 킹	10,000
94	가족을 위한 영적 능력	베벌리 라헤이	12,000
95	목적으로 나아가는 길	드보라 조이너 존슨	8,000
96	컴 투 파파	게리 윈스	13,000
97	러쉬 아워	슈프레자 싯홀	9,000
98	그리스도 안에 거하는 삶	앤드류 머레이	10,000
99	지도자의 넘어짐과 회복	웨이드 굿데일	12,000
100	하나님의 일곱 영	키이스 밀러	13,000
101	너희 지체를 의의 병기로 하나님께 드리라	허 철	8,000
102	신부	론다 캘혼	15,000
103	추수의 비전	릭 조이너	8,000
104	하나님이 이 땅 위를 걸으셨을 때	릭 조이너	9,000
105	하나님의 집	프랜시스 프랜지팬	11,000
106	도시를 변화시키는 전략적 중보기도	밥 하트리	8,000
107	왕의 자녀의 초자연적인 삶	빌 존슨 & 크리스 밸러턴	13,000
108	초자연적 능력의 회전하는 그림자	줄리아 로렌 & 빌 존슨 & 마헤쉬 차브다	13,000
109	언약기도의 능력	프랜시스 프랜지팬	8,000
110	꿈의 언어	짐 골 & 미쉘 앤 골	13,000
111	믿음으로 산 증인들	허 철	12,000
112	욥기	잔느 귀용	13,000
113	포로들을 해방시키라	앨리스 스미스	13,000
114	나라를 변화시킨 비전: 윌리엄 테넌트의 영적인 유산	존 한센	8,000

No.	도서명	저자	정가
115	세상을 다스리는 권세의 회복	레베카 그린우드	10,000
116	예언적 계약, 잇사갈의 명령	오비 팍스 해리	13,000
117	창세기 주석	잔느 귀용	12,000
118	하나님의 강	더치 쉬츠	13,000
119	당신의 운명을 장악하라	알렌 키란	13,000
120	용서를 선택하기	존 로렌 & 폴라 샌드포드 & 리 바우먼	11,000
121	자살	로렌 타운젠드	10,000
122	레위기/민수기/신명기 주석	잔느 귀용	12,000
123	그리스도인의 영적혁명	패트리샤 킹	11,000
124	초자연적 중보기도	레이첼 힉슨	13,000
125	꿈과 환상들	조 이보지	12,000
126	나는 하나님의 음성을 듣는다	킴 클레멘트	11,000
127	엘리야의 임무	존 & 폴라 샌드포드	13,000
128	하나님의 초자연적인 능력	바비 코너	11,000
129	거룩과 진리와 하나님의 임재	프랜시스 프랜지팬	9,000
130	사랑하는 하나님	마이크 비클	15,000
131	천사와의 만남	짐 골 & 미쉘 앤 골	12,000
132	과거로부터의 자유	존 & 폴라 샌드포드	13,000
133	일곱 교회 이기는 자에게 주시는 축복	허 철	9,000
134	은밀한 처소	데일 파이프	13,000
135	일곱 산에 관한 예언(개정판)	조니 앤로우	13,000
136	일터에 영광이 회복되다	리차드 플레밍	12,000
137	악의 삼겹줄을 파쇄하라	샌디 프리드	11,000
138	초자연적 경험의 신비	짐 골 & 줄리아 로렌	13,000
139	웃겨야 살아난다	피터 와그너	8,000
140	폭풍의 전사	마헤쉬 & 보니 차브다	13,000
141	천국 보좌로부터 온 전략	샌디 프리드	11,000
142	영향력	윌리엄 L. 포드 3세	11,000
143	속죄	데릭 프린스	13,000
144	신의 성품에 참예하는 자	허 철	8,000
145	예언, 꿈, 그리고 전도	덕 애디슨	13,000
146	아가페, 사랑의 길	밥 멈포드	13,000
147	불타오르는 사랑	스티브 해리슨	12,000
148	그 이상을 갈망하라!	랜디 클락	13,000
149	순결	크리스 밸러턴	11,000
150	능력, 성결, 그리고 전도	랜디 클락	13,000
151	종교의 영	토미 펠라이트	11,000
152	예기치 못한 사랑	스티브 J. 힐	10,000
153	모르드개의 통곡	로버트 스턴스	13,500
154	예언사전	폴라 A. 프라이스	28,000
155	1세기 교회사	릭 조이너	12,000
156	예수님의 얼굴	데이비드 E. 테일러	13,000
157	토기장이 하나님	마크 핸비	8,000
158	존중의 문화	대니 실크	12,000
159	제발 좀 성장하라!	데이비드 레이번힐	11,000
160	정치의 영	파이살 말릭	12,000
161	이기는 자의 기름 부으심	바바라 J. 요더	12,000
162	치유 사역 훈련 지침서	랜디 클락	12,000
163	헤븐	데이비드 E. 테일러	13,000
164	더 크라이	키스 허드슨	11,000
165	천국 여행	리타 베넷	14,000
166	파수 기도의 숨은 능력	마헤쉬 & 보니 차브다	13,000
167	지저스 컬처	배닝 립스처	12,000
168	넘치는 기름 부음	허 철	10,000
169	거룩한 대면	그래함 쿡	23,000
170	선지자 학교	조나단 웰튼	12,000
171	믿음을 넘어선 기적	데이브 헤스	10,000

PURE NARD BOOKS

No.	도서명	저자	정가
172	꿈 상징 사전	조 이보지	8,000
173	삶을 변화시키는 성령의 권능	스티븐 브룩스	11,000
174	거룩한 기름 부으심	스티븐 브룩스	10,000
175	잔 G. 레이크의 치유	잔 G. 레이크	13,000
176	영적 전쟁의 일곱 영	제임스 A. 더함	13,000
177	영적 전쟁의 승리	제임스 A. 더함	13,000
178	기적의 방을 만들라	마헤쉬 & 보니 차브다	12,000
179	개인적 예언자	미키 로빈슨	13,000
180	어둠의 영을 축사하라	짐 골	13,000
181	보좌를 향하여	폴 빌하이머	10,000

모닝스타 코리아 저널 morningstar KOREA JOURNAL

No.	도서명	저자	정가
1	모닝스타저널 제1호	릭 조이너 외	7,000
2	모닝스타저널 제2호	릭 조이너 외	7,000
3	모닝스타저널 제3호 승전가를 울릴 지도자들	릭 조이너 외	7,000
4	모닝스타저널 제4호 하나님의 능력	릭 조이너 외	7,000
5	모닝스타저널 제5호 믿음과 하나님의 영광	릭 조이너 외	7,000
6	모닝스타저널 제6호 성숙에 이르는 길	릭 조이너 외	7,000
7	모닝스타저널 제7호 마지막 때를 위한 나침반	릭 조이너 외	7,000
8	모닝스타저널 제8호 회오리 바람	릭 조이너 외	8,000
9	모닝스타저널 제9호 하늘 위의 선물	릭 조이너 외	8,000
10	모닝스타저널 제10호 천상의 언어	릭 조이너 외	8,000
11	모닝스타저널 제11호 신의 성품에 참예하는 자	릭 조이너 외	8,000
12	모닝스타저널 제12호 언약의 사람들	릭 조이너 외	8,000
13	모닝스타저널 제13호 열린 하나님의 나라	릭 조이너 외	8,000
14	모닝스타저널 제14호 하나님 나라의 능력	릭 조이너 외	8,000
15	모닝스타저널 제15호 하나님 나라의 복음	릭 조이너 외	8,000
16	모닝스타저널 제16호 성령 안에서 사는 삶	릭 조이너 외	8,000
17	모닝스타저널 제17호 성령 충만한 사역	릭 조이너 외	8,000
18	모닝스타저널 제18호 초자연적인 세계	릭 조이너 외	8,000
19	모닝스타저널 제19호 하늘을 이 땅으로 이끌어내다	릭 조이너 외	8,000
20	모닝스타저널 제20호 견고한 토대 세우기	릭 조이너 외	8,000
21	모닝스타저널 제21호 부서지는 세상에서 견고히 서기	릭 조이너 외	8,000
22	모닝스타저널 제22호 소집령	릭 조이너 외	8,000
23	모닝스타저널 제23호 성도들을 구비시키라	릭 조이너 외	8,000
24	모닝스타저널 제24호 자유의 투사들	릭 조이너 외	8,000
25	모닝스타저널 제25호 땅을 차지하기	릭 조이너 외	8,000
26	모닝스타저널 제26호 도래할 시기를 준비하라	릭 조이너 외	8,000
27	모닝스타저널 제27호 하나님을 즐거워하라	릭 조이너 외	8,000
28	모닝스타저널 제28호 하나님을 영화롭게 해야 할 이유	릭 조이너 외	8,000
29	모닝스타저널 제29호 만물의 회복	릭 조이너 외	8,000
30	모닝스타저널 제30호 시대를 분별하는 지혜	릭 조이너 외	8,000
31	모닝스타저널 제31호 떠오르는 아들의 땅	릭 조이너 외	8,000
32	모닝스타저널 제32호 가장 위대한 다음 세대	릭 조이너 외	8,000

※모닝스타 코리아 저널은 한정판으로 출간되기 때문에 품절될 경우 구매하실 수가 없습니다. 그러므로 **품절 여부**를 확인하신 후 구매하시기 바랍니다